성공을 부르는
뇌 행복론
뇌를 알면 행복이 보인다

성공을 부르는 뇌 행복론
뇌를 알면 행복이 보인다

2010년 11월 25일 1판 1쇄 발행 / 2011년 3월 11일 1판 2쇄 발행

지은이 한만우 / 펴낸이 임은주 / 펴낸곳 도서출판 청동거울
출판등록 1998년 5월 14일 제13-532호
주소 (137-070) 서울 서초구 서초동 1359-4 동영빌딩
전화 02)584-9887(편집부) 02)523-8343(영업부) 02)584-9886(관리부)
팩스 02)584-9882 / 전자우편 cheong1998@hanmail.net

편집주간 조태봉 / 책임편집 김은선 / 관리 염성자

ISBN : 978-89-5749-133-1　(03320)

이 도서의 국립중앙도서관 출판시도서목록(CIP)은 e-CIP 홈페이지
(http://www.nl.go.kr/ecip)에서 이용하실 수 있습니다. (CIP제어번호:2010003869)

성공을 부르는
뇌 행복론

뇌를 알면 행복이 보인다

한만우 지음

청동거울

이 세상에 존재하는 천지만물은 모두 우주질서의 조화에서 비롯된 것이며, 그 중에서도 사람으로 태어나기는 정말 어려운 일이라 한다.

사람은 누구나 천시(태어날 때)와 지리(태어난 곳) 및 신비로운 인연의 조화로 귀중한 부모와 만나게 되고 소중한 한 생명으로 태어나게 되는 것이다. 부모는 가능한 한 가장 좋은 유전자를 물려주기 위하여 노력한다. 이렇게 귀중하게 얻은 생명이기에 단 일분일초라도 헛되이 살아선 안 되며, 처해진 상황이나 현실이 아무리 힘들고 어렵더라도 인생을 포기하지 말고 정도로 당당하게 살아가야 한다.

사람은 각기 다른 운명을 가지고 이 세상에 왔으며, 살아가는 지금 이 순간이 각자에게 가장 중요한 삶이다. 누구나 순간순간의 삶의 총집합이 그의 일생을 의미하고 얼마나 충실하게 살았는가로 한 생이 평가되어지는 것을 알기 때문에, 부모는 자녀들이 더 잘 살 수 있도록 노력하고 기대하며 자녀들을 기르고 가르친다.

옛부터 알려져온 선조들의 자식들에 대한 가르침을 살펴보면 대개 다음과 같은 내용을 담고 있다.

첫째, 부모 자신의 바른 행동만큼 훌륭한 가르침은 없다. 재물은 천만금을 남겨 주어도 이를 지켜내기 어렵고 오히려 방탕에 빠지기 쉽지만, 바른 삶의 방법을 알려 주면 자식은 나름대로 인생을 터득하고 행복을 맛보며 주위에 폐를 끼치지 않고 제대로 살아갈 수 있을 것이다.

둘째, 부모나 조상의 이삭을 주워 먹는 자식으로 기르기보다는 스스로 농사를 지어 수확하는 기쁨을 맛보도록 하는 것이 자식을 위해서 바람직하다. 자식들에게 재산을 남기기보다 스스로 농사를 지어 수확할 수 있는 방법을 가르쳐 주어라.

셋째, 자식은 자식 나름대로 타고난 복이 있으니 자식을 위해 너무 희생하지 말라. 자식을 위해 말이나 소가 되지 말라는 뜻이다.

위의 가르침을 보면, 부모는 자녀에게 나름대로 인생의 의미를 터득하고 행복을 맛보며 주위에 폐를 끼치지 않고 올곧게 살아갈 수 있게 하는 지혜로운 가르침, 재산을 많이 남겨 주기보다는 스스로 노력해서 어떤 결과를 맛볼 수 있도록 열정적으로 살아가는 성취하는 삶의 자세를 물려 주어야 한다. 또한 어떠한 상황 즉, 위기, 기회 등 인생의 갈림길에서 선택을 해야 할 기로에 맞섰을 때 스스로 대처해 내는 슬기로운 힘을 길러주어야 하는 것이리라.

나는 나의 부모에게 받은 가르침과 더 위로는 조상들에게 물려받은 지식과 지혜, 옛 선현들의 훌륭하신 가르침, 그리고 현재까지 살아온 환경과 특성, 내 능력들을 토대로 경험한 지식과 배움을 젊은 세대들에게 전해 주어야겠다는 마음에서 이 책을 쓰게 되었다.

나는 10대, 20대에 인생의 진로에 대해 친구들과 대화도 해보고 고민도 수없이 해보았지만 뚜렷한 지침을 만들 수 없어 답답했던 경험들이 있었다. 이 시대를 살아가는 젊은이들도 살다 보면 나와 같은 경험, 혹은 비슷한 경우에 맞닥뜨리게 될 때가 많을 것이라 생각한다. 그들에게 올바른 인생 진로를 선택하는 데 조금이라도 도움을 주는 것이 먼저 인생의 길을 걸

어온 선배로서 해야 할 사회적 역할이라고 믿고 있다. 아무쪼록 나의 경험
과 삶의 지혜가 지금 현재를 살고 있는 이들이 삶의 방향과 방법, 삶의 질
을 판단하고 개선하는 데 도움이 되고 시행착오를 줄일 수 있는 지침서가
되었으면 하는 바람이다.

　나의 말이 혹 시대가 다르고 상황에 따라 꼭 맞지 않을 수도 있을 터이
다. 또 요즘 젊은 세대들의 생각과 다를 경우도 있을 것이나, 잘 취사선택
하여 자신의 것으로 활용하기를 바란다. 이것은 전적으로 자신의 몫이라
생각한다. 말을 물가로 끌고 갈 수는 있지만, 물을 먹는 것은 자신의 의지
에 달려 있다.

2010년 겨울의 문턱을 넘으며
한만우

제1장 생각하는 대로 이루어진다

제2장 성공한 삶을 살기 위한 훈련

제3장 행복한 삶

제4장 바람직한 삶

제1장   생각하는 대로 이루어진다

1. 마음(Mind)은 무엇이며, 어디에 있는 걸까
2. 마음은 교육과 훈련을 통해서 발전된다
3. 의식이 몸을 지배한다
4. 생각하는 대로 이루어진다

우주의 보물창고는 당신의 마음속에 있다. 그 속에서 보물을 찾아내어 움켜쥐어라.

—머피의 성공 방법

마음Mind은 무엇이며, 어디에 있는 걸까?

마음은 어디에 존재하는가

우리는 인간의 마음은 가슴에 있다고 막연히 생각하고 슬플 때나 기쁠 때 가슴을 부여잡거나 쓸어내리곤 한다. 참고로 한국인은 80%, 일본인은 50%, 미국인은 30%가 마음은 가슴에 있다고 믿는다. 그러나 마음은 의식이며, 뇌의 어떤 활동에 의해 나타나는 것으로, 뇌가 없다면 의식도 없다고 하는 뇌 위치설로 의견이 모아지고 있다.

마음·의식·생각의 개념 정리

마음　과학용어가 아니다.

일반적으로 '정신'이라는 말과 같은 뜻으로 쓰이기는 하지만, '마음'은 '정신'에 비해 훨씬 개인적이고 주관적인 뜻으로 쓰이는 일이 많고, 그 의미 내용도 애매하다. 심리학에서 말하는 '의식'의 뜻으로 쓰이는가 하면, 육체나 물질의 상대적인 말로서 철학상의 '정신' 또는 '이념'의 뜻으로도 쓰여 왔다.

의식　마음의 과학적 용어이다.

감정, 느낌, 상징, 언어가 포함되어 있다.

꽃을 본다, 문제를 생각한다, 기쁨을 느낀다 등 개체가 현실에서 체험하는 모든 정신작용과 그 내용을 포함하는 일체의 경험 또는 현상을 말한다. 심리·경험·현상 등과 같은 의미로 자주 사용되기도 하며 또 '깨어 있는 상태'와 동일시된다.

생각　결론을 얻으려는 관념의 과정이다. 목표에 이르는 방법을 찾으려고 하는 정신 활동을 말한다. 사상思想, 사유思惟라고도 한다. 지각이나 기억의 활동만으로는 충분하지 않은 경우에 어떻게 이해하고 또 행동해야 할 것인가를 헤아리는 활동을 생각이라고 말한다.

무의식　뇌 작용에서 언어가 아닌 부분 즉, 지금 의식화되지 않은 부분을 말하는데, 뇌 활동 중 5%만 의식화되고 나머지 95%는 무의식에 해당된다고 한다. 무의식은 자신의 행위에 대해서 자각이 없는 상태를 말한다.

의식의 출현　낮 동안 하는 대부분의 일은 습관화된 무의식적 행동이다. 동일한 자극이 계속되면 그 자극을 의식하지 않으며, 자극이 바뀌는 순간에 의식한다. 그래서 움직임은 순간적으로 의식하게 된다.

의식은 정보를 수집, 처리, 보관하는 뇌의 고등기능을 말한다. 뇌가 없으면 의식이 없다.

마음(의식)이 없으면 뇌가 없고, 뇌가 없으면 마음(의식)이 없다

최근에 이르러 뇌에 관한 연구가 놀라울 정도로 발달하여 그동안 신비 속에 갇혀 있던 뇌의 구조, 기능, 작용에 관한 비밀들이 속속들이 밝혀지고 있고, 그 속도도 점차 빨라지고 있다. 머지않아 그것들에 관해 전부 밝혀지리라 예상되나, 그날이 언제가 될지는 정확하게 예측하기 어렵다.

지금까지 밝혀진 뇌와 마음의 관계를 개략적으로 살펴보면 우리의 마음 즉 의식은 뇌의 작용이며, 의식이 몸을 지배하며, 뇌가 생각하는 대로 모든 것이 이루어진다고 한다.

그러므로 우리가 살아가면서 어떤 일을 계획하고 노력하여 성공하는 것, 또 삶 속에서 부딪히는 어려움을 극복하고 행복을 느끼며 살아갈 수 있는 것은 결국 자기 자신의 마음(의식)을 어떻게 잘 관리하고 조절하느냐에 달려 있다고 하겠다.

인생의 최대 목적인 성공과 행복의 근원인 마음이 어떻게 뇌에서 생겨나며, 우리 몸에 어떠한 작용을 하는가에 대해 먼저 알아볼 필요가 있다.

상상은 삶의 핵심이다. 다가올 미래의 시사회다.
―알베르트 아인슈타인(1879~1955년)

대뇌

부위에 따라 대뇌피질, 대뇌수질, 변연계로 구성되어 있다.

대뇌피질은

❶ 후두엽, 즉 뇌의 뒷부분을 말하며 주로 시각적 작용과 관련 있다.

❷ 두정엽, 즉 뇌의 위쪽인데 주로 공간에 대한 형상화, 신체상에 대한 부분과 관련 있고, 통증, 온도, 압력, 사지의 자세를 인식하는 기능이 있다.

❸ 측두엽, 즉 뇌의 측편이며 언어기능, 청·지각처리, 장기기억과 정서를 담당한다.

❹ 전두엽, 즉 앞부분으로 기억력, 사고력 등의 고등행동을 관장한다.

변연계는 충동, 본능, 원시적 감정을 관장한다.

❶ 해마는 임시기억을 저장하는 기능을 한다. 해마를 다치면 이후의 일을 기억하지 못한다(기억을 창조하는 하드웨어).

❷ 편도체는 스트레스와 공포에 반응한다. 인간 생존과 관련하여 본능과 감각작용에 반응하는 기능이 있다.

좌·우반구(거울처럼 마주본다)

❶ 좌측 뇌는 우측 몸과, 우측 뇌는 좌측 몸과 연결되어 있다. 기본적으로는 흡사한 역할을 하고 한쪽에만 한정된 것도 있다.

❷ 좌반구는 특히 언어 즉, 말하는 것과 어떤 사물을 인식하고 이해하는 것을 관장한다. 논리적 사고, 계획, 인간으로서의 존재감, 과거·미래·현재의 인식, 소리나 음, 읽기와 쓰기, 계산 등의 기능이 있다.

❸ 우반구는 은유와 관련된 비정상에 대해 민감하다. 잘못됐을 경우 경고하고, 다시 시작하라고 명령한다. 따라서 좌·우반구의 충돌이 늘

있다. 그림 구성, 음악, 풍부한 표현, 표정 읽는 일을 잘한다.

❹ 정서적 차이

왼쪽 안면은 정서 표현에 더 강렬하게 참여하고, 오른쪽 안면은 기분 좋을 때 반응한다. 아무런 이유 없이 통곡하는 경우는 우반구의 괴도한 흥분 때문이다.

뇌량

좌우반구를 연결하여 좌뇌와 우뇌의 정보 교환을 가능하게 하여 좌우 반구의 기능을 조절한다.

소뇌

운동, 협응기능(협동하여 응하는)을 관장하고, 갑자기 움직이거나 협응 이 잘 안 되거나 부정확한 운동을 하는 운동실조를 표현한다.

뇌간

호흡 중추, 심장 박동, 체온 조절, 혈압 조절, 혈당 조절 등 생명 유지 와 관련된 기능을 담당한다.

뇌에서 소비하는 산소와 혈액의 양

뇌의 무게는 대략 1.4kg 정도이다. 몸무게 60kg의 사람이라면 2.3%에 지나지 않는다. 그러나 뇌에서 사용하는 혈액의 양과 산소의 양은 몸 전체의 15~20%를 차지하고 있다.

이것은 뇌가 다른 신체기관에 비하여 혈액 및 산소를 월등히 많이 사용한다는 것을 의미하며, 원활한 산소와 혈액의 공급이 뇌 활동에 그만큼 커다란 역할을 한다는 뜻이다.

이는 뇌가 다른 신체기관에 비하여 그만큼 중요한 역할을 한다는 증거이기도 하다.

사람은 자신이 알든 모르든 누구나 영상을 그린다.
영상 그리기는 모든 성공의 놀라운 비밀이다.
—제너비브 베런드(1881~1960년)

2 마음은 교육과 훈련을 통해서 발전된다

뇌의 피질에는 뉴런Neuron이란 160억 개 이상의 신경세포와 이 신경세포의 말단에 있는 각 1,000~20,000개의 시냅스Synapse로 구성되어 있는데, 의식은 이 뉴런과 시냅스의 작용의 결과라 할 수 있다.

신경세포는 하나의 핵을 가진 세포체, 한 개의 축색돌기와 다른 신경세포를 향해 뻗은 수상돌기로 구성되어 있다.

외부에서 자극이 들어오면 이 자극은 전기신호가 되어 신경세포의 수상돌기로 들어오고, 이 신호는 세포체를 거쳐 축색돌기로 전달되며, 이때 축색돌기 끝에 도달한 전기신호는 시냅스를 자극하여 신경전달물질을 분비시킨다. 이때 전기신호는 화학신호로 바뀐다. 이를 신경세포의 흥분이라고 한다.

신경세포의 네트워크 형성

신경전달물질은 다른 신경세포의 수상돌기 끝에 있는 시냅스로 전달되어진다(두 시냅스는 100만분의 2센티미터 떨어져 있음).

이렇게 전달된 신경전달물질은 다시 전기신호로 바뀌어 신경세포체를 거쳐 축색돌기로 가서 시냅스를 자극해 새로운 신경전달물질이 나오고, 이는 다른 신경세포의 수상돌기의 시냅스로 전달되어 전기신호가 되고, 또 계속 다른 신경세포로 전달된다. 신경세포는 이런 전기신호를 통해 서로 정보를 주고받는다.

의식을 구성하는 것은 결국 신경세포들의 조화로운 상호 간의 신경전달에 의한 것이고, 이 신호전달은 시냅스라는 구조를 통해서 이루어진다고 할 수 있다. 즉 시냅스 간의 상호작용의 결과라 할 것이다.

생각(의식)이란 것은 생명진화의 긴 과정을 통하여 운동성이 진화하면서 내면화된 것으로, 실제로 운동이 일어나는 과정은 여러 운동과 관련된 위와 같은 뇌 영역들의 상호작용이라 할 수 있다.

사람마다 의식(마음)이 다른 이유

사람은 모두 같은 뇌 구조를 가지고 있다. 그런데 사람의 뇌 속에는 160억 개 이상의 뉴런이 있고, 시냅스의 숫자는 16조에서 200조 개 이상으로 구성되어 있다. 이러한 방대한 뉴런네트워크에 투입되는 정보가 사람마다 다르기 때문에 의식(마음)이 달라질 수밖에 없다. 그 중에서도 가장 큰 원인은 부모(조상)로부터 물려받은 유전자에 코딩된 정보 차이에 기인한다.

사람의 지능은 80% 이상 유전되고 성격은 50% 정도 유전된다고 한다. 그리고 이런 유전자 이외에 태어나면서부터 받은 교육, 환경, 상황,

경험 등의 차이에 의해 각각 마음(의식)이 달라지게 된다.

사람의 중요한 가치관, 언어, 사랑, 증오 등은 유전되는 것이 아니라 교육과 훈련을 통해 뇌에 각인된다. 그래서 마음은 교육을 통해서 발전된다고 본다. 가치관 등이 교육과 훈련을 통해서 뇌 속에 주입되는 것이다. 이것이 사람마다 차이가 있는 이유이다.

3 의식(마음)이 몸을 지배한다

몸과 마음(의식)은 하나이다

몸과 의식 중 어느 하나가 없으면 나머지 하나도 생리적으로, 또는 심리적으로 존재할 수 없다. 또한, 어느 한쪽이 다른 한쪽을 더 많이 지배한다고 할 수 없다. 그만큼 서로가 서로에게 중요하다.

우리는 흔히 몸만 중요하다고 생각하나 그것은 우리가 항상 눈앞에 존재하는 것을 더 중요하게 여기기 때문일 뿐이다.

마음(의식)이 몸을 지배하는 예

임신한 지 3일 만에 출산한 예

임옥분 씨는 임신한 줄 모르고 37주를 지내다가 출산 3일 전에서야 임신한 줄 알았다. 평소 임신을 원하지 않았기 때문에 그 마음이 몸에도 영향을 미쳐, 몸도 임신이 아닌 것으로 움직인 것이다. 의식(마음)이 얼마나 몸에 큰 영향을 미치는가를 보여주는 한 예이다.

토끼의 경우 사랑을 받으면 몸도 변한다

콜레스테롤 중에서 저밀도 지단백이란 것이 산화되면서 동맥에 침착해 동맥경화가 되는데, 토끼의 경우 애정을 받으면 저밀도 지단백이 줄어드는 것으로 알려져 있다. 저밀도 지단백이 산화된 다음 동맥에 침착되는 것을 사랑받음으로써 예방하게 되는 것이다.

숨겨진 갈등으로 스스로 괴롭히다(심인성 가성 간질 발작)

간질의 경우 잘못된 전기가 뇌에서 생산되면 발생되는데, 뇌에 전기적 이상이 없는데도 간질 발작을 일으키는 경우를 심인성 가성 간질 발작이라고 한다. 이는 무의식 속에 있는 심리적 갈등 때문에 신체적으로 발작과 유사한 현상이 나타나는 것을 말한다. 주로 여자에게서 나타난다. 어릴 때 성폭행을 당한 후, 위험 상황에서 자기 방어를 위해 시작된 경우가 많다고 한다.

환지는 뇌 안에 실존한다

사고로 팔이나 다리를 잃어도 그 부위가 그대로 존재하는 것처럼 느끼는 것을 환지라 하고, 없어진 팔, 다리 부분이 아프고 가려우며 실제 있는 부분처럼 통증을 느끼는 것을 환지통幻肢通 Phantom limb paion이라 한다.

환지는 뇌의 착각에 의한 현상이며, 실질적으로 뇌 안에 존재한다. 뇌는 기계가 아니라서 실수할 수도 있고 엄청난 유연성을 지니고 있는 것이다.

믿음이 정말 깊어지면 기적이라고밖에 말할 수 없는 일이 일어난다.
—카렐 박사(외과의사, 1873~1944년)

4 생각하는 대로 이루어진다

좋게 생각하면 좋게 이루어진다

플라시보Placebo 효과 즉, 우리말로는 위약 효과為藥 效果라고 하며 실제로 치료에 생리적으로 도움이 되는 것이다. 약이 아닌데도, 단지 환자가 도움이 될 것이라고 믿고 복용함으로써 실제로 병세가 호전되는 현상을 말한다. 특히 심리적 상황이 포함된 병 즉, 가벼운 우울증, 불안, 불면증 등에 효력을 발휘한다. 병원 내방객의 70% 이상이 스트레스 관련 환자이고 이들에게는 거의 플라시보 효과가 있다고 한다.

미국의 과학저술가 존호간 박사는 플라시보 효과를 몸과 마음(의식)이 상호작용한다는 것을 입증하는 사례라고 말했다. 즉, 마음(의식)이 실제 세계에 영향을 주는 실례라 하겠다.

스스로 건강하다고 믿는 사람이 더 오래 산다

객관적으로 비슷한 건강 상태일지라도 자신이 얼마나 건강하다고 생각하느냐에 따라서 실제 건강과 수명이 좌우된다.

미국 뉴저지 주 러커스대학교의 사회학자 엘렌 아이들러 교수는 연구 실험 결과, 주관적으로 자신의 건강 상태가 좋지 못하다고 평가한 사람들이 최상으로 평가한 사람들에 비해 4~7년 안에 사망한 가능성이 더 높다는 사실을 발견했다.

나쁘게 생각하면 나쁘게 이루어진다

노시보Nocebo는 플라시보의 반대 개념이다. 나빠질 것이라는 불안감 때문에 몸이 나빠지게 된다.

노시보 효과는 플라시보 효과보다 더 강하여 생각보다 더 나빠진다.

김치에 회충알이 들었다는 뉴스를 들으면 김치를 먹은 사람들은 당장이라도 회충약을 먹어야 될 것처럼 심리적으로 불안해진다. 회충이 있고 없고를 떠나서 그렇다. 당장 약국으로 가서 회충약을 사먹어야 마음이 놓인다.

이것은 마음먹기에 따라 우리 몸이 어떻게 반응하는지 단적으로 보여주는 실례이다.

욕구 수준이 높을수록 쾌감도 크다

메슬로의 욕구단계설

메슬로 박사는 인간의 욕구를 크게 다섯 가지로 구분한다.

① 생리욕구 ② 안전욕구 ③ 소속감과 사랑에 대한 욕구 ④ 인정(승인)을 받으려는 욕구 ⑤ 자기 실현의 욕구가 그것이다.

이 다섯 가지 욕구는 계단을 오르듯이 낮은 차원의 욕구에서 점차 높은 차원의 욕구를 향해 단계적으로 상승한다.

가장 낮은 차원의 욕구는 생리욕구이다. 성욕, 식욕, 수면욕이 이에 속하며, 생존하는 데 필요한 가장 기본적 욕구이기도 하다.

이 기본적인 생리욕구가 충족되면 그 다음 차원의 안전욕구가 나타난다. 자신의 안전이 충족되면 다음 차원인 소속감과 사랑에 대한 욕구 충족을 추구하게 된다. 이렇게 하여 점차 그 차원의 욕구가 충족되면 다음 차원의 욕구 충족을 순차적으로 추구하여 마지막으로 자기 실현의 욕구 충족을 추구하게 된다.

이렇게 순차적으로 욕구 충족의 추구가 나아간다고 해서 욕구단계설이라고도 한다.

욕구의 수준이 높을수록 쾌감도 크다

사람의 뇌에는 기분을 좋게 하고 노화 방지 및 지연과, 치유력을 높여주는 호르몬인 베타엔도르핀βendorphin이 있다. 이는 사람의 마음이 좋고 편안할 때 분비된다. 다른 한편, 화를 내거나 스트레스를 받을 때 분비되는 노르아드레날린noradrenalin이란 호르몬이 있는데, 이 노르아드레날린은 강력한 혈압 상승제 역할을 하는 신경전달물질이기도 하다. 이처럼 마음가짐에 따라 몸이 좋아지기도 하고 나빠지기도 한다.

그런데 위의 다섯 가지 차원의 욕구들 중 낮은 차원의 욕구를 충족할 때의 만족도 및 쾌감의 정도보다 높은 차원의 욕구를 충족시킬 때의 만족도나 쾌감의 정도가 더 크다. 그만큼 베타엔도르핀이 더 많이 분비되는 것이다.

메슬로 박사는 가장 높은 차원인 자기 실현의 욕구를 달성한 사람들이 느끼는 최고의 정신 상태를 "지고경험"至高經驗이란 말로 표현하고 있는데, 이것은 뇌에서 베타엔도르핀이 끊임없이 분비하는 상태라 할 수 있다.

사람은 누구나 태어나면서 위와 같은 뇌를 가지고 태어나므로, 누구든지 뇌를 잘 활용하기만 하면 이웃과 사회를 위해 살아가면서 "지고경험"을 할 수 있기 때문에 이상적인 사회를 만들 수도 있다고 본다(창조주의 설계의지).

마음(의식)에 따라 몸은 변한다

매사를 좋은 방향으로 생각하는 그 자체가 효력이 뛰어난 약이다

믿음과 기대를 갖는 사람의 뇌에서는 도파민dopamine이라는 화학물질이 분비된다. 도파민은 동기 유발, 목표 추구와 관련이 있다. 도파민의 경로는 엔도르핀endorphin과 엔케팔린enkephalin의 경로와 연결되어 있는데, 엔도르핀과 엔케팔린은 사람을 기분 좋게 만들고 고통도 감소시킨다.

30년간 임상종양학자로 일해 온 미국 하버드 의과대학의 제롬 그루프

먼 교수는 희망이, 특히 미래가 불확실한 암환자를 치료하는 데 중요하다고 말했다. 믿음과 희망에 따라 몸은 변하기 때문이다.

플러스 발상(긍정적 사고)을 하면 두뇌에서 순식간에 몸에 이로운 호르몬을 만들어내 인체를 괴롭히는 질병을 물리친다.

그러나 잘못해서 마이너스 발상(부정적 사고)을 하게 되면 뇌에서는 인체에 해로운 호르몬인 노르아드레날린이나 아드레날린을 분비하여 질병에 걸리게 하거나 노화를 촉진시켜 빨리 죽게 된다.

이렇듯 자신이 가지고 있는 생각에 따라 건강이 좌우되므로 평소에 매사를 플러스 즉, 좋은 방향으로 생각하는 습성을 길러야 한다.

희망이 최고의 약이다

희망이란 실제 가능성은 희박해도 그와 상관없이 바람직한 일이 이루어질 수 있다는 믿음이다. 희망은 가장 강력한 플라시보 중의 하나로 그렇게 될 것이라고 믿으면 그렇게 된다.

따라서 자신이 무엇을 희망하는지를 깨닫고, 그 희망을 스스로 고양시키고 보전할 뿐 아니라 생활 속에서 통합하고 균형을 맞추어 나가는 방법을 배워야 한다.

희망은 사람에게 다음과 같은 효과가 있다.

첫째, 자신에게 직면한 모든 문제와 어려움, 장벽, 장애물을 바로 바라보고, 그 고난을 통하여 더 나은 삶을 발견할 수 있게 도와준다.

둘째, 신체적으로 혈액의 순환 및 호흡을 돕고 통증을 완화시킨다. 따라서 사람들은 더 건강해졌다고 느끼고, 그 느낌을 믿으며, 아주 힘겨운 치료를 견뎌낼 힘과 에너지를 얻게 된다.

희망의 힘으로 암을 극복한 사례

한만청 전 서울대병원장의 경우, 암을 박멸의 대상으로 보지 않고 친구나 동거인으로 생각하면서부터, 마음이 편안해지고 식사와 운동을 잘하게 되어 안정을 되찾고 암을 이거낸 수 있었다고 한다. 감기외 미친가지로 암도 언젠가 돌려보내면 된다고 생각하고 약도 먹지 않았다고 한다.

암전문의이면서 암에 걸린 영동세브란스병원 암센터 소장 이희대 교수의 경우, 아직도 몸에 암이 남아 있으나 자신은 건강하다고 생각한다.

보통사람들도 암세포를 가지고 있는데, 단지 암이 발병되지 않은 이유는 면역력이 이를 억제하고 있기 때문이라고 한다. 그만큼 그는 자신의 병에 대해 긍정적이고 희망적이다.

최근 의학의 발달로 암은 더 이상 죽고 사는 급성 질병이 아니라 평생 통제해야 할 만성질병이라는 긍정적 생각이 희망을 주었고, 자신의 욕심만 좇으며 삶의 의미와 목적을 등한시했다는 반성을 통해 고통 속에서 새로운 희망을 찾게 했다.

희망과 신앙이 최대의 무기인 셈이다.

진정한 희망을 이야기하라

희망은 감정적, 심리적, 정신적으로 앞으로 나아가고 충족감, 만족감, 성공을 주는 방식으로 개인의 삶을 꾸려나갈 수 있도록 도와준다. 희망은 노력이 필요하다. 단순히 바라기만 해서는 안 된다. 희망을 오래 지니기는 어렵기 때문에 정신과 마음의 노력이 필요하다.

그리고 환자에게 진실을 이야기하라. 의학에서 절대적으로 확실한 것은 없으며, 언제나 불확실성이 존재한다. 최선을 다할 가치는 얼마든지 있다. 진정한 희망을 이야기하라.

강한 믿음으로 병을 고친다

기도를 하면 정신적 안정과 신이 자신에게 내릴 것 같은 기대감, 또는 신이 자신을 고쳐줄 것이라고 믿는 기대감이 생겨 신체에 좋은 영향을 미친다. 기도란 특정 종교에만 해당하는 것이 아니고, 자신의 믿음이 어떤 효과를 가져올 것이라고 믿는 신앙은 모두 플라시보 효과가 있다.

자기를 위해, 또 다른 사람을 위해 기도하되, 본인이 그 기도 사실을 알고 있는 경우 직접적 연관성이 있어 그 효과가 크다.

기도는 모든 것을 신의 의지에 맡기고 신이 통제하도록 맡기며 또한 건강, 평화, 풍작 등을 위해 구체적으로 기도하는 이중성을 지니고 있다.

또한 기도는 명상과 함께 이완과 평화를 주는 효과가 있다. 기도는 신을 지향하며 인지적으로 이완을 도와주고, 명상은 생리적으로 이완을 유도한다.

기도를 할 때 특정한 방식은 없다. 진심을 다해 기도하면 효과가 있다.

실제로도 기도와 신앙에 더 많이 의존하는 사람일수록 건강하고 행복 수준도 높았다. 미국 듀크대학 헤롤드 코에닉 교수의 연구 결과에 의하면 긍정적 세계관이 영향을 주며 기도를 통해 고통스런 상황, 어려운 상황을 쉽게 이겨낼 수 있다고 한다. 기도가 치유를 돕고 사람들의 삶에서 희망과 의미, 목적을 끌어낼 뿐만 아니라 정신 건강도 개선시킨다는 것을 알 수 있다.

미국의 한 의과대학에서 수백 명의 수술 환자를 대상으로 믿음이 수술 결과에 미치는 영향 관계를 연구했다. 같은 질병으로 수술한 후 6개월

후 사망률은 무종교자의 경우 20%, 보통 종교생활자는 5%, 깊이 있고
지속적인 종교생활(매일 기도)자는 0%로 나타났다.

상상을 하면 이루어진다

상상의 위치

의식(마음)은 사람의 뇌 속에 있는 160조 개가 넘는 시냅스가 활동해
만들어낸 것이다. 그런데 160조 개가 넘는 시냅스가 어떻게 활동하는가
는 각자의 마음먹기에 달린 것이다.

좋은 정보를 많이 제공하고 이를 여러 각도에서 다시 조립하면 새로운
것이 만들어질 수 있다. 여기에는 외부에서 제공되는 정보와 경험 등 직
접적인 것뿐만 아니라 '상상'이라는 가공의 경험도 포함된다.

뇌의 이런 면을 이용하면 의외의 결과를 얻을 수 있다. 뇌는 실제 있었
던 기억과 외부자극에 의하지 않는 기억 즉, 상상에 의한 기억을 혼동하고
있을 수도 있다. 그만큼 '상상'은 뇌 속에서 많은 부분을 차지하고 있다.

상상만으로 일어나는 변화의 예

❶ 미국 클리블랜드병원 신경과학자 광예 박사의 실험

실제 근육강화는 하지 않은 채 마음속으로 근육을 강하게 수축시키는
상상훈련 즉, 이미지 트레이닝을 했다. 훈련시간 10~15분, 50회 정도
반복하고, 매 10초 정도씩 마음속으로 근육을 강하게 수축하라고 명령

을 내렸다. 4개월의 훈련 결과 젊은이, 노인 모두 15% 정도의 근육이 강화되었다.

생각만으로 근육을 키우는 것은 전두엽의 생각하는 기능 부분에서 근육을 키우라는 명령을 운동피질로 보내면 운동피질은 그 명령을 받아 각 근육에 강화 지시를 내린다. 그러면 근육이 강화되는 것이다.

❷ 황영조 마라톤 선수의 예

이미지 트레이닝으로 최적의 기술을 익힌다. 머리에 훈련 과정을 기억하게 하면서 근육에도 기억하게 만드는 것이다. 인간의 뇌는 신체 훈련과 이미지 트레이닝을 구분하지 못한다. 따라서 신체 훈련과 똑같은 효과를 볼 수 있어 자연스럽게 최적의 기술 훈련을 할 수 있다.

부정적인 무의식을 긍정적인 무의식으로 바꾸면 효과는 배가 된다.

황선수는 이미지 트레이닝으로 마라톤에서 우승했다.

❸ 스포츠 심리 훈련 : 상상의 최고 기록에 도전

스포츠 심리 훈련은 목표를 설정한 다음에 선 훈련인 이완 훈련, 집중 훈련을 한다. 그리고 이미지 트레이닝으로 시합을 할 수 있는 시나리오를 작성해서, 거기에 맞춰서 흔들림 없이 불안해지지 않고 시합에만 집중할 수 있도록 한다. 부정적 생각을 긍정적 생각으로 바꾸는 훈련도 포함시킨다.

역도 선수 장미란은 눈을 감고 시합하는 모습을 그려보고 나서 연습한다. 유도 국가대표 선수 이원희는 이미지 트레이닝으로 상대 선수와 미리 시합한다. 일본 아사리 준코 선수는 1993년 독일 세계 육상 선수권 대회 여자마라톤에서 우승했는데, 2년 전부터 뇌파를 재는 기계를 머리에 쓰고 알파파를 내는 훈련을 해왔다. 알파파를 내는 방법은 세계 육상 선수권 대회에서 우승하는 이미지, 시상대에서 상을 받는 이미지를 상상하며 그려보는 것이었다. 그렇게 정신을 안정시키고, 원하는 이미지가 그려질 때까지 매일 몇 시간씩 연습한 것이다.

명상하며 꿈과 희망에 집중하라

명상을 하는 사람들의 뇌파를 연구한 결과 알파파가 나올 때 몸의 불안과 긴장이 풀어지고 머리가 맑아졌다. 명상 상태가 더 깊어지면 5헤르츠 정도의 세타파가 나왔다(무아의 경지).

알파파가 많을수록 뇌는 집중해서 능력을 발휘할 수 있다. 명상을 하면 무조건 알파파가 나오는 것이 아니라, 알파파가 잘 나오도록 앞으로 할 것에 대한 기대감, 도전, 꿈, 희망 같은 의식을 가지고 명상을 해야 알파파가 잘 나온다.

때로는 상상이 현실이 되기도 한다

아주 간절히 원하면 기적 같은 일이 일어나기도 한다. 어떤 종류의 과제라도 상관없다. 마음속으로 그것을 어떻게 할 것인가를 생각하고 연습한다면 실제로 그것을 행해야 했을 때에는 무척 간단해지는 것이다. 이미 두뇌는 그 일을 하는 훈련을 해왔기 때문이다.

이미지 트레이닝은 운동뿐만 아니라 세미나 발표, 중요한 회의, 데이트 등 일상생활의 모든 부분에 사용 가능하며, 미리 데이터를 충분히 가지고 얼마나 구체적으로 하느냐에 달렸다.

좋은 생각이 좋은 일을 부른다. 멘탈트레이닝을 사용해 아사리 준코 선수가 우승하는 데 도움을 준 시가 가즈마사는 좋은 생각을 하면 우리 몸에 알파파가 생겨 건강에 좋다고 했다.

뇌와 창의성

창의성이란 무엇인가

창의성이란 문화 속에서 어떤 상징 영역을 변화시키는 과정을 의미한다. 새로운 노래, 새로운 사고, 새로운 기계는 창의성에서 만들어진다.

일반인들의 상태와 달리 창의적인 사람들은 매우 예민하게 감정을 느낀다. 그런데 창의성이야 말로 인간을 가장 인간답게 만드는 근본적인 원인으로 인간의 삶에 있어서 중요한 의미를 갖는다.

창의성은 어디에서 오는가

창의성은 뇌 전체 피질에서 발현되지만 그 뿌리를 추적해 보면 몸 전체에서 일어나는 작용이다. 즉 맨 아래의 면역 반응, 기본 반사, 대사 조절이 그 위의 통증, 쾌락으로 표현되고 쾌락에의 접근, 통증에 대한 회피 반응이 모여서 충동과 동기로 나타난다. 그것이 좀더 위로 통합되면서 정서로 표출되고 그 위로 창의성에 아주 밀접한 느낌까지 도달한다.

느낌이란 마음의 상태, 즉 의식의 상태까지 올라왔다는 것을 의미한다. 불확실한 충동, 어떤 낌새 같은 정보들이 모여서 느낌의 옷을 입는 순간 대뇌피질이 작동하여 의식화된다.

뇌 기능의 5%밖에 안 되는 영역이 의식 상태일 뿐인 뇌는 불확실한 입력이 초래한 문제를 해결하기 위해, 과거의 기억을 다양하고 새롭게 연결하여 상상과 추론을 한 결과 독특한 출력을 만들어낸다. 이런 뇌의 능력이 창의성이다

진화적으로 보았을 때 느낌의 세계는 불완전한 환경에 적응하기 위하여 개발되었다. 느낌이란 불확실하고 예측 불가능한 돌발적인 환경 입력에 대처할 수 있는 인지적 능력이기 때문이다. 이 느낌이 인간에게서 창의성으로 표출된다(의식 영역 5%, 무의식 영역 95%).

정보의 양이 창의성의 질을 바꾼다

창의성의 전제조건은 정보의 양 즉, 공부의 양이다. 독서 등으로 획득한 정보의 양이 임계치를 넘어서야 한다. 임계치를 넘는 정보는 질로 바뀐다. 쌓인 정보에서 편집이 일어나고 새로운 정보가 더해지는 과정에서 새로운 문제에 대해 해답을 내는 것이 바로 창의성이다.

"천재는 머리보다 땀"이라고 과학칼럼니스트 이인식 씨는 어느 실험 데이터를 설명하면서 말했다. 천재와 보통사람의 지적 능력 차이는 질보다 양이다.

융통성, 판단력, 비전이 탁월한 학습주도형 인간이 되려면

첫째, 지식 수준을 높일 것.

둘째, 질문을 품어서 성장시킬 것.

셋째, 학문에 미칠 것. 5년, 10년 단위로 분야별로 생각을 멈추지 말 것.

　넷째, 학습의 균형을 잡을 것. 예) 자연:인문＝7:3

　다섯째, 목표량 책 3,000권 이상을 50대 이전에 읽을 것.

　다산 정약용 선생은 강진읍에서 7년, 다산초당에서 11년, 모두 18년의 유배생활 동안 독서에만 전념할 수 있었다. 이를 바탕으로 목민심서, 흠흠신서, 경세유표 등 다수의 저술을 하여 실학의 대가가 될 수 있었다.

너희가 기도하며 구하는 것이 무엇이든
그것은 이미 받았다고 믿기만 하면 그대로 다 될 것이다.
—마가복음 11장 24절

제2장 성공한 삶을 살기 위한 훈련

하늘은 스스로 돕는 자를 돕는다.
―스마일즈(영국의 저술가, 1812~1904년)

성공이란 무엇인가

성공Success의 의미

성공의 사전적 의미는 "첫째, 목적 또는 뜻을 이룸. 둘째, 사회적으로 지위를 얻음"을 뜻하고 실패의 반대 의미로 풀이된다.

대부분의 사람들은 성공을 물질적, 재정적인 부에 결부시킨다. 그런데 돈과 소유물은 우리에게 편리함을 주지만 우리를 행복하게 하거나 평화롭게 만드는 데 필수 불가결한 요소는 아니다. 우리의 정신과 영혼은 여전히 배고픔에 시달릴 수 있으며, 역사상 위대했던 사람들은 소유와 무관했다. 공자, 예수, 소크라테스, 마더 테레사, 간디는 그들의 삶에서 돈이나 재물을 소유하지 않았다. 그러나 그들은 하나같이 위대한 삶을 살았고, 자신의 분야에서 성공한 존경받는 사람들이다.

성공은 돈이나 물질을 소유하고 있는 것 이상의 것을 의미하는 것이다. 성공의 의미와 가치 있는 삶이 무엇인가를 간단히 설명한다는 것은 어렵기도 하거니와 지극히 개인적인 문제이기도 하고 생각과 시각도 천차만별이라고 본다.

성공은 성취감, 건강, 원만한 가족관계 및 사회관계, 그리고 자신만의 재능과 능력의 실현을 의미할 수도 있고, 성실함과 믿음이 될 수도 있으며 다양하고 화려하게 삶을 즐기는 능력이 될 수도 있다.

그러므로 자신이 현재 믿고 있는 가치를 면밀히 따져보고 무엇이 진정으로 중요한 것인지, 무엇이 궁극적으로 만족과 행복을 주는지 생각해 보아야 할 것이다.

진정한 성공은 물질보다도 자신을 얼마나 발전시켰느냐에 의해 평가되어야 한다. 진정한 성공은 바로 성숙, 발전, 우정, 믿음 그리고 사랑 자체이기도 하다.

진정한 성공은 우리가 가치 있는 목적을 추구하고 자신을 이 세상에서 없어서는 안 될 구성원으로 만들 때 오는 것이다.

성공을 위한 덕목

지금까지 성공한 사람들을 살펴보면 다음과 같은 공통점이 있다.

목표를 세우되 실행될 수 있게 구체적으로 세우고, 항상 긍정적, 적극적으로 생각하고 대처하며, 시간 계획을 체계적으로 세워 소중한 것부터 먼저하고, 긍정적으로 말하는 습관을 키워나가고, 인간관계에서 친화력을 발전시켜 활용하고, 심신을 단련하여 에너지를 재충전하고, 목표 달성을 위해 전력을 투입하여 열정적으로 노력하고, 끝까지 포기하지 않고 참고 견디는 정신의 소유자들이었다.

그런데 성공을 원하면서도 중도에 포기하여 성공에 이르지 못하는 사람들은 무엇 때문일까.

목표 달성이 어렵다고 생각하여 처음부터 포기해 버리거나, 실천에는 노력과 고통이 따르기 때문에 견디지 못하고 의욕과 열정을 끝까지 지속하지 못하거나, 다른 일 때문에 바빠서 목표를 위해 노력할 시간이 없거나, 성과가 확실하다는 생각이 들지 않아 성과가 나오기 전에 포기하거나, 재력, 지혜, 인맥이 없어 능력이 모자란다고 생각하여 미리 포기하기 때문이다.

이상과 같은 장애 사유를 극복하고 성공한 사람들처럼 모두가 성공할 수 있는 방법은 없을까.

우리는 앞 장의 마음 연구를 통해서 마음이 몸을 지배하고 우리가 생각하는 대로, 상상하는 대로 이루어진다는 사실을 알 수 있었다.

사람은 각자의 능력, 환경, 개성이 다르고 인생관, 가치관, 인생의 보람, 목적 등이 다른 것이 사실이지만, 각자의 여건에 맞추어 자기 자신의 마음을 잘 관리하고 조절한다면 누구나 성공에 이를 수 있을 것이다. 진실로 간절히 마음속으로 성공을 기원한다면 누구나 자기가 바라는 성공을 이룰 수 있는 것이다.

이 장에서는 성공을 위한 공통적인 덕목들을 살펴보고 구체적 실천방법을 알아보기로 한다.

> 성공을 위해 가장 중요한 것은 즉, 성공하고야 말겠다는 확고한 결심이다.
> ─링컨

> 인생의 목적은 끊임없는 전진에 있다. 밑에는 언덕이 있고 냇물도 있고 진흙도 있다. 걷기 평탄한 길만 있는 게 아니다. 먼 곳을 항해하는 배가 풍파를 만나지 않고 조용히만 갈 수는 없다. 풍파는 언제나 전진하는 자의 벗이다. 차라리 고난 속에 인생의 기쁨이 있다. 풍파 없는 항해, 얼마나 단조로운가! 고난이 심할수록 내 가슴은 뛴다.
> ─니체

2 목표를 설정하라

목표의 중요성

인생의 의미와 목표를 찾는 일은 인류문명이 시작된 이래 전 세계가 관심을 가져온 가장 중요한 주제이다. 예수, 부처 등의 숭고한 목표를 향한 여정은 평생에 걸친 도전인 것이었다. 길은 계속되고 참된 영웅은 항상 모험의 부름에 응할 준비를 하면서 살아간다.

그러나 불행하게도 현대인들은 영웅의 여정을 가지 않는다. 그것은 인생의 의미를 찾아 나서기에 하루하루가 너무 바쁘기 때문이다. 우리에게 주어진 의무는 다하지만 더 가치 있는 무언가에 도전할 수 있을지는 자문하지 않는다. 강한 목적의식이 없으면 폭풍이 우리 삶에 불어 닥칠 때 여지없이 무너지고 만다. 목적의식은 우리 삶을 지속케 하는 유일한 에너지의 원천이며, 연료를 제공한다.

목표를 세우는 것은 모든 성공의 기초이다. 그리고 보이지 않는 것을 눈으로 볼 수 있는 현실로 만드는 첫 단계이다.

목표를 추구하는 진정한 이유는 성장하고 발전시키기 위해서이다. 목표를 달성하는 것 자체가 장기적인 행복을 가져다주는 것은 아니다. 장애를 극복하고 목표를 이루는 과정에서 자신이 누구인지 인식하고 내면 깊은 곳에서 오랫동안 지속하는 성취감을 느끼게 된다.

짧은 항해에 있어서도 목적지 없는 배는 풍랑에 좌초하기 쉽거늘 하물며 목표 없는 인생이랴 얼마나 위험하겠는가.

목표가 있는 인생은 우리가 가는 목적지를 정확히 이해하고 출발하는 것으로 긴 여정에서 순간순간 의미 있고, 행복감에 가득 찬 삶을 살 수 있으며 풍성한 결실을 맛보면서 인생을 마감할 수 있을 것이다.

원대한 목표가 더 큰 동기를 부여한다

못 오를 나무는 없다

흔히 '송충이는 솔잎을 먹어야 한다', '오르지 않으면 떨어질 일도 없다'고들 하면서 도전을 포기하고 시도조차 해보지 않는다. 일견 맞는 말씀 같지만 현실에 안주하는 안일주의자 및 패배심리에 젖어 사는 사람들의 변명에 불과하다.

가까운 예로 모래와 바람밖에 없던 해변에서 세계 굴지의 현대조선소를 건립한 고故 정주영 현대그룹 회장은, 부하직원들이 "불가능하다" 또는 "실패할 확률이 높다"고 건의할 때마다, "해보기는 했어?"라고 질책하고는 사업을 추진하여 끝내 성공하였다.

목표를 이루기 위해서는 중도에 포기하지 말아야 한다. 보험세일즈업계에 종사하는 자는 90%가 중도 탈락한다고 한다. 중도에 그만두는 가장 큰 이유는 실패에 대한 두려움 때문이다.

　마이클 조던은 열두 살에 MVP로 선정될 정도로 뛰어난 기량을 지니고 있었지만 고등학교 때는 학교 대표 팀에서 탈락하는 불운을 겪었다. 하지만 좌절하지 않고 이를 계기로 더욱 분발한 결과 세계 최고의 농구선수가 될 수 있었다. 루이스 라모르는 첫 책의 출판을 350번이나 거절당했으나 100편이 넘는 서부소설을 쓸 정도로 인기 있는 베스트셀러 작가가 되었다. 잭 캔필드와 마크 한센의 저서인 『영혼을 위한 닭고기 스프』는 출판되기까지 33곳의 출판사에서 거절당한 이력을 지니고 있다. 1천만 부 이상 판매될 정도로 큰 성공을 거둔 책임에도 불구하고 처음 시작은 그렇게 험난하기만 했다.

　모든 가능성을 다 시도해 보았다고 해도 반드시 명심할 말은 '그래도 여전히 가능성은 남아 있다'이다.

원대한 목표가 더 큰 동기를 부여한다

　자신의 잠재력을 발견하고 싶다면 한계를 뛰어넘어 도전정신을 자극할 만한 수준의 큰 목표를 세워야 한다. 목표는 자기의 한계를 뛰어넘어 무한한 능력의 세계로 들어서게 만든다. 그러므로 목표는 원대해야 한다.

　현재 우리가 사는 환경이 우리의 모든 잠재력을 반영하고 있는 것은 아니다. 현재의 결과는 그동안 우리가 가지고 있었던 목표의 질과 크기에 따른 것이다. 우리는 모두 위대한 꿈을 발견하고 또 창조해야 한다.

　처음 원대한 목표를 세울 때는 달성이 불가능해 보일 수 있다. 그러나 그 목표가 원대해야 우리를 흥분시키고 자신 안에 있는 잠재력을 충분히 발휘할 수 있도록 동기를 부여한다.

　목표를 세우는 것은 모든 성공의 기초이다. 그리고 눈에 보이지 않는 것을 눈으로 볼 수 있는 현실로 만드는 첫 단계이다.

실패의 긍정적인 고통은 성공의 안내자이다

만족스럽지 못한 결과에 대한 압박감과 불쾌함에서 오는 긴장감에는 어떤 힘이 작용한다. 이것은 즉시 새로운 행동을 하게 만드는 긍정적인 고통이다.

이러한 긍정적인 고통은 자신뿐만 아니라 주위 사람들의 삶을 계속 발전시키기 위해 밀고나가는 원동력이다. 때로는 실패도 진정한 목표를 이루는 길이 된다. 중요한 것은 목적 자체를 달성하는 것이 아니다. 목표를 추구하는 과정에서 겪게 되는 경험이다.

우리는 매순간 얻을 수 있는 즐거움을 하나도 놓치지 않고 마음껏 느끼며 살아야 한다. 우리가 추구해 가는 방향이 개별적인 목표 달성의 결과보다 더 중요하다는 것을 기억하라.

목표설정의 구체화

목표는 크고 원대해야 하겠지만, 그 목표를 달성하려면 그 목표가 실행 가능하도록 구체화되고 세분화되어야 한다. 실행 가능성이 없는 꿈은 꿈으로 끝날 뿐이다.

목표에 대한 정확하고 구체적인 인식이 필요하다

심리학자들은 달성 가능한 목표를 세우기 위하여서는 다음 다섯 가지 규칙을 사용하기를 권하고 있다.

첫째, 구체적이고 명확해야 한다(specific).

목표는 구체적이고 분명할수록 달성 가능성이 높다. 목표가 구체적이면 심리적인 부담이 줄어들어 곧바로 실행에 옮길 수 있고, 진행 과정을 생생하게 확인할 수 있기 때문에 목표 달성이 그만큼 쉬워진다.

둘째, 오감을 통해 측정 가능해야 한다(Measurable).

목표 달성을 위해 지속적으로 노력하려면 변화의 정도가 오감을 통하여 선명하게 관찰될 수 있어야 한다.

"영어 실력을 높인다"라는 막연한 목표보다 "하루에 단어 10개, 한 달 동안에 300개 외운다"라는 목표가 실행 가능한 것이고 성공 확률이 훨씬 높다. 수치로 달성의 정도를 확인할 수 있어서 그만큼 목표 달성 과정을 정확하게 파악할 수 있기 때문이다.

셋째, 행동 중심적이어야 한다(Action-oriented).

목표는 사고 중심적인 것이 아니라 행동 중심적인 것이 되어야 한다.

만약 돈을 모으고 싶으면 "돈을 낭비하지 않는다"라는 사고 중심적 목표보다는 "매주 월요일에 은행에 가서 십만 원 이상 저축한다"라는 행위 중심적 목표를 세워야 한다.

머릿속의 생각만으로는 아무것도 달성할 수 없으며, 목표가 무엇이든 반드시 행위를 통해서만 달성이 가능하다. 그러므로 성공하고 싶다면 사고 중심적인 목표가 아니라 행동 중심적 목표를 설정해야 한다.

넷째, 실현 가능해야 한다(Realistic).

세운 목표를 달성하려면 구체적이면서도 실현 가능한 작은 일에서부터 시작해야 한다.

알코올 중독자들의 자진모임인 금주동맹의 기본 강령 중의 하나는 "오늘 하루만Just For Today" 금주하기이다. 영원히 금주해야 한다는 목표는 부담이 커서 금주 계획을 포기하게 만들 수 있다. "오늘 하루만 금주하기"라 실현 가능한 목표를 설정하면 술과 거리를 두기가 더 쉽다.

작은 목표들을 달성하는 훈련을 하다 보면 보다 더 큰 목표도 달성할 수 있다는 자신감이 생긴다. 큰 목표를 달성하려면 반드시 실현 가능한 수준으로 단계를 나누고 점진적으로 공략해야 한다.

다섯째, 시간 배정을 적절히 하고 즉시 실천해야 한다(Timely).

성공적으로 목표를 달성하려면 다음 3가지 점을 고려하여 시간을 적절하게 배분해야 하며 즉각적인 실천이 뒤따라야 한다.

❶ 데드라인을 설정하되, 소요시간을 너무 짧게 잡지 말 것.

❷ 그렇다고 데드라인을 너무 길게도 잡지 말 것.

❸ 일단 목표가 설정되면 미루지 말고, 적어도 계획의 시작 부분은 반드시 즉시 실행할 수 있는 것일 것.

이상을 알파벳 첫 문자를 따서 SMART 원칙이라고 한다.

목표 설정의 구체화(분야별 목표)

위의 SMART 원칙에 의해, 분야별로 눈에 보이지 않는 꿈을 눈으로 볼 수 있는 현실로 만드는 작업이 필요하다.

① 자기계발 목표

1단계 : 자기계발을 위해 개선하고 싶은 것을 빈 종이에 모두 적어 본다. 적어도 5분간 생각나는 대로 적어라. 중간에 멈추지 말라.

시작하기 전에 검토하면 도움이 될 질문 몇 개를 참조하고 바로 자신의 목표 설정에 들어가라.

    (예) 배우고 싶은 것은 무엇인가.

        일생에 걸쳐 통달하고 싶은 기술은 무엇인가.

        계발하고 싶은 성격은 무엇인가.

        어떤 친구를 사귀고 싶은가.

        어떤 사람이 되고 싶은가.

2단계: 자기계발 목표가 작성된 후 각각 구체적 목표 항목마다 필요한 시간을 적는다. 얼마의 시간이 필요한지 적기만 하면 된다. 현 단계에서 어떻게 달성할 것인가는 중요하지 않다. 목표는 마감시간에 있는 꿈이라는 것을 명심할 것. 만약 1년 안에 이루겠다고 결심했으면 1년, 3년 안에 하겠다고 결심했다면 3년이라고 적어라.

3단계: 앞으로 1년 안에 달성해야 할 가장 중요한 목표를 선택하라. 올해 그 목표를 반드시 달성하겠다고 한 이유가 무엇인지 2분 안에 한 문단으로 써보라.

그런 이유가 끝까지 실천하기에 충분한 동기가 되지 못한다면 다른 목표를 찾거나 더 나은 이유를 찾아본다.

어떤 것을 하겠다고 결정했을 때 충분히 이해할 만한 확실한 이유가 있다면 그것을 달성할 방법은 항상 얻을 수 있다.

목표는 우리에게 감동을 주고 확고하게 동기를 부여한다.

② 경력 목표, 사업 목표, 경제적 목표

1단계 : 자신이 원하는 직업과 사업, 경제적 목표를 있는 대로 적어라. 5분 동안 수억대의 가치가 있는 아이디어를 적어 보라.

2, 3단계 : 위 2, 3단계와 같다.

③ 여가 목표, 탐험 목표

1단계 : 5분 동안 자신이 언젠가 한 번이라도 원했던 것, 가장 하고 싶었던 것, 하고 싶은 것 모두 써 내려가라.

2, 3단계 : 위 2, 3단계와 같다.

④ 봉사 목표

1단계 : 이 목표는 다른 사람들의 삶에 진정으로 큰 가치를 남길 수 있기 때문에 가장 매력적이다. 5분 동안 모든 가능성에 대해 떠오르는 대로 적는다.

2, 3단계 : 위 2, 3단계와 같다.

목표에서 눈을 떼지 않는다

❶ 구체적인 목표가 설정되면 세부적인 계획을 세우고 돌발 상황을 예상하고 또 변명거리에 대한 대책을 세워야 한다.

변명거리에 대한 대비책은 자신의 삶에 책임을 지도록 하며 목표를 보다 적극적으로 완수하려는 동기를 갖게 한다. 그것을 마련해 놓지 않으면 삶이 너무 많이 우연에 의해 좌우된다.

❷ 목표가 설정되면 그것을 달성한 자신의 모습을 상상하고 그렇게 행동하라.

성공한 사람처럼 생각하고, 목표를 달성한 것처럼 행동하면 놀랄 만한 기적이 일어난다. 우리의 온갖 에너지가 그쪽으로 쏠리기 때문이다. 어떤 느낌이 들고, 어떤 소리가 들리며, 무엇이 보이는지, 어떤 냄새가 나는지 등 오감 모두 동원해서 가능한 한 생생하게 상상하라. 마치 그런 것처럼 행동하면 우리의 뇌는 우리를 그런 방향으로 움직이게 만들 것이다.

❸ 목표에서 눈을 떼지 말라. 목표를 하루하루 현실로 만들라.

앞에서 설정한 네 가지 목표를 매일 매일 살펴보자. 욕실 거울이나 사무실 책상 위, 일기장 등에 붙여놓고 매일 매순간 읽어볼 수 있게 하라.

적어도 하루에 두 번은 소중한 목표들이 하나씩 이루어지는 것을 상상하고, 기쁨을 느끼도록 하라.

목적 달성을 위한 최고의 비결

❶ 목표 설정이 끝난 후 바로 행동을 취한다. 그리고 분야별 목표의 4가지 항목 중 중요 목표들을 성취했을 때 어떤 느낌일지 매일 한 번 이상씩 느껴보는 것이 중요하다.

❷ 장기적인 성공을 위해서는 어떤 목표를 세웠다면, 그것을 달성하기 전에, 이룰 날이 가까워지고 있다고 느낄 때, 마음을 사로잡는 더 높은 목표를 세워야 한다.

목표들 중 봉사가 궁극적 목표라는 것을 깨달아야 한다. 자신이 소중하다고 생각하는 사람들을 돕는 것은 한평생 활력을 준다.

더 높은 꿈이 있어야 뒤지지 않고 자신을 발전시킬 수 있다.

마음을 사로잡는 미래의 꿈이 우리의 영혼을 번창시킨다.

지속적이고 끊임없는 발전Constant And Neverending Improvement CANI은 우리의 평생 행복을 보장해 주는 종합보험이다.

❸ 성공을 향해 자신을 프로그래밍하라

자신을 한층 더 높은 수준으로 발전할 수 있도록 붙잡아 줄 수 있는 사람들 앞에서 자신의 목표를 공언하라.

마음(뇌)속으로 목표를 끊임없이 반복하여 생생하게 상상하라.

시각, 청각은 물론 신체의 모든 감각을 동원하여 목표를 생생한 현실인 것처럼 느껴라.

❹ 마음을 사로잡는 미래가 성장을 위한 열정을 창출한다.

그것은 목표를 달성하게 할 뿐만 아니라, 인생 그 자체에 의미를 주는 즐거움, 봉사, 성장에 대해 깊은 느낌을 갖게 해준다. 이제 행동으로 옮길 때다.

첫째, 앞으로 1년 안에 이루고 싶은 목표 네 가지를 찾아라.

둘째, 왜 그렇게 해야 하는지 분명히 이해하라.

셋째, 작성된 목표를 매일 점검하라. 그것이 이루어졌을 때의 즐거움을 열흘 동안 매일 반복해서 상상하라.

넷째, 목표 실현을 위해 계획을 세우는 데 도움이 될 만한 사람이나 역할 모델을 찾아라.

> 위대한 사람은 단번에 높은 곳으로 뛰어오른 것이 아니다.
> 많은 사람들이 밤에 단잠을 잘 때 그는 일어나서 괴로움을 이기고 몰두했다.
> 인생은 자고 쉬는 데 있는 것이 아니라 한 걸음 한 걸음 걸어가는 그 속에 있다.
> 성공의 한 순간은 실패했던 몇 년을 보상해 준다.
> ─로버트 브라우닝

3 긍정적 사고 및 신념체계의 확립

운명을 결정짓는 것은 사실이 아니고 태도 즉 사고방식이다

운명을 결정짓는 것은 결코 환경이 아니다. 운명은 삶에서 일어나는 여러 가지 사건에 달려 있는 것이 아니고, 그 사실을 내가 어떻게 해석하는가에 달려 있다.

부정적, 소극적으로 열등감과 패배의식에 젖은 사고방식(태도) 때문에 제대로 한번 시도해 보지도 못하고 패배당하는 수가 있다.

즉 우리가 그 사실을 실천에 옮겨 보기도 전에 심리적으로 그 사실에 억눌리고 마는 것이다. 그러나 그 반대로 우리가 긍정적, 낙천적, 적극적인 사고로 대처한다면, 그 사실을 보다 유연하게 실행할 수 있게 되거나 극복할 수 있게 되는 경우가 있다. 이렇듯 우리가 어떤 사실에 부딪치면 그 사실이 아무리 곤란하고, 절망적으로 보이더라도 그 사실 자체보다는, 우리가 어떻게 생각하는가 하는 태도, 즉 신념이 중요한 것이다.

> 태도는 사실보다 언제나 중요한 것이다.
> —칼 메닝거

신념이란 무엇인가

신념의 개념

신념이란 어떤 것에 대한 확실한 느낌을 말한다.

믿으려면 그것을 뒷받침하는 합당한 경험이 있어야 하고, 경험이라는 다리가 우리의 생각을 확실하게 느끼게 하고, 그것을 믿게 한다. 그때에 서야 그것은 신념이 된다.

그런데, 우리의 뇌는 상상한 것과 현실의 차이를 구별할 줄 모른다. 그래서 어떤 것이라도 실제로 경험한 것처럼 생생하게 상상만 할 수 있다면, 실제로 그런 일이 일어나지 않았더라도 강한 감정 상태에서 여러 번 반복하면, 우리의 신경 시스템은 그것을 진짜처럼 경험하게 된다.

인간의 능력은 상상을 훨씬 초월한다.

비관주의자는 실패하지만 낙관주의자는 성공한다.

낙관주의자는 부정적인 신념 대신, 상상력을 활용해서 다른 방법으로 성공의 장면을 머릿속에 그리며, 상상 속에서 확신의 참고 경험을 만들 어낸다. 그것이 끝까지 일을 밀고 나가게 하여 마침내 성공시키고 만다.

강한 신념이 주는 확신을 지닐 수 있다면, 우리는 다른 사람들이 불가 능하다고 믿는 그 어떤 것도 이루어낼 수 있다.

모든 진실은 오직 인간의 상상 속에서, 효과적이고 부인할 수 없는 존재성을 발휘한다.
발명이 아닌 상상력이 예술의 최고 장인이다. 인생에서 그러하듯.
—조지프 콘래드

신념의 힘

대부분 신념은 고통스러운 경험이나 즐거운 경험에 대한 자신의 해석을 기반으로 한 과거에 대한 일반론을 말한다.

신념은 감정 상태나 행동에만 영향을 끼치는 것이 아니다. 신체까지도 변화시킬 수 있으며, 신체 내에 작용하는 약효까지도 바꿀 수 있다. 또 우리는 순간적으로 병들게 하기도 하고 건강하게 할 수도 있다. 의학계의 보고에 따르면 우리의 면역 체계에도 영향을 끼친다.

신념은 일단 받아들여지면 우리의 신경계에 거부할 수 없는 명령을 내리게 된다. 그것은 현재와 미래의 모든 가능성을 창조할 수 있고 파괴할 수 있는 힘을 가지고 있다. 자신의 삶을 스스로 제어하고 싶다면 의식적으로 자신의 신념을 조절할 수 있어야 한다.

신념의 강도를 높여라

우리의 신념들은 각각 다른 차원의 감정적 강도와 확신을 갖고 있어서 그것들이 얼마나 강한 수준인지 알아볼 필요가 있다.

의견, 신념, 확신의 수준 정도

첫째, 의견Opinions : 상대적으로 확실하다고 느끼더라도 언제든지 바꿀 수 있는 것이어서 임시적인 것에 불과하다. 단지 몇 개의 경험에 기반을 두고 있기 때문에 쉽게 흔들린다.

둘째, 신념Beliefs : 의견보다 훨씬 더 많은 경험이라는 다리를 가지고 있고, 그 경험에 강한 감정이 연결되었을 때 생긴다. 신념이 있는 사람이 느끼는 감정은 너무나 확고하다. 그래서 새로운 정보의 문을 닫아버리는 일이 많다. 다만 충분히 친밀감을 느끼게 되면 다른 정보를 받아들이는 것도 가능하다

셋째, 확신Convictions: 확신은 감정의 강도에서 신념을 능가한다. 확신이 있는 사람은 어떤 생각에 대해 매우 확실한 느낌을 갖고 있을 뿐만 아니라, 자신의 경험에 대해 추호도 의심하지 않고 새로운 정보에 저항한다.

신념과 확신의 차이

기꺼이 행동을 취하는가의 여부이다. 확신을 가진 사람은 자신의 신념에 대해 아주 열성적이어서, 거부당하거나 조롱당할 위험까지도 기꺼이 감수한다.

확신의 경우 자신의 신념이 틀릴 수도 있다는 가능성을 고려하지 않는 탓에 경직되고, 장기적으로 실패에 이를 수도 있어 때로는 신념이 더 나을 수도 있다. 그러나 긍정적인 면을 살펴보면 확신은 행동을 수반하므로 우리에게 활력을 불어넣어 준다.

어떤 일을 하든 그것을 정복하기 제일 좋은 방법은 신념을 확신의 단계에까지 끌어올리는 일이다. 확신은 모든 장애를 뚫고 나아가도록 행동하게 하는 힘을 가졌기 때문이다.

확신을 만드는 방법

어떤 일을 하든 그것을 정복하기 제일 좋은 방법은 신념을 확신의 단

계까지 끌어 올리는 것이다.

확신을 만드는 방법은 다음과 같다.

첫째, 기본적인 신념에서 시작하라.

둘째, 새롭고 강력한 경험을 찾아서 신념을 강화하라.

셋째, 계기를 찾아라. 아니면 스스로 계기를 만들어라.

예컨대, 담배를 끊고 싶다면 흡연자들의 허파를 찍은 엑스레이 사진을 보라. 이런 경험들이 자신을 벼랑 끝으로 몰아 진정으로 확신하게 될 것이다.

넷째, 마지막으로 행동하라.

행동이 자신의 결단을 강화하고 감정의 강도와 확신의 수준을 높여줄 것이다.

부정적, 소극적 사고를 극복할 것

운명을 결정짓는 것은 사실이 아니고 태도 즉, 사고방식이라고 앞에서 설명한 바 있다. 그만큼 어떻게 사고하느냐, 긍정적 신념으로 생각할 것이냐, 부정적 신념으로 생각할 것이냐에 따라 순간적으로 사람의 운명은 바뀌게 된다.

따라서 성공과 행복을 바란다면 부정적, 소극적으로 생각하는 것에서부터 긍정적, 적극적으로 사고하는 태도로 바꾸어야 한다. 우리의 생각이 긍정적, 적극적으로 변한다면 우리의 행동이 달라질 것이고, 행동이 달라지면 그에 대한 세상의 반응도 불행과 패배로부터 행복과 성공으로 바뀌어질 것이다.

부정적인 생각을 불태워 버려라. 우리가 긍정적으로 생각하려고 노력하면 언제든지 긍정적인 요인을 발견할 수 있다. 어떤 처지에서도 낙천주의자는 웃을 수 있는 이유를 발견하듯이, 슈과들이기 나름이며 훈련과 연습으로 극복할 수 있다.

헬렌켈러(1880~1969)의 신념에 투철했던 일생은 "긍정적 신념 앞에 불가능은 없다"라고 하는 진리를 세상에 증명으로 남긴 인간 승리의 생애였다.

링컨 미국 제16대 대통령의 신념의 생애는,

1832년 직업 잃고 실업자가 됨, 주의회 의원 낙선

1833년 사업에 실패

1834년 주의회 의원 당선

1835년 연인이 죽음

1836년 노이로제병에 걸림. 주의회 의각에 낙선

1843년 국회의원 입후보 추천받는 데 실패

1846년 국회의원 당선

1848년 국회의원 후보 재 추천에 실패

1849년 국유 토지 관리국에 채용되는 것 거부당함

1854년 상원의원 낙선

1856년 부통령 지명에서 낙선

1858년 상원의원 낙선

1860년 제16대 대통령 당선

등 실패로 점철된 생애였지만 끝내 미국대통령에 당선되었다. 이는 실패할 때마다 부정적 사고를 극복하고 "성공에 이르는 지혜"를 찾아 긍정적 신념을 갖는 것이야말로 성공을 보장하는 길임을 보여주는 좋은 본보기이다.

어느 통계조사에 의하면, 사람들의 불안을 분석해 보면 40%는 지나간 과거에 대한 것이며, 50%는 아직 존재하지 않은 미래의 것이며, 다만 10%만이 현재를 위한 것이라고 한다.

또 신문 등의 미래 예측 기사 중 제대로 맞는 것은 5%에 불과하고 95%는 맞지 않는 허위의 예측보도라고 한다.

사람들은 대부분 아직 존재하지 않은 미래 때문에 불안 속에서 살고 있는 것이다. 이런 때일수록 부정적, 소극적 사고방식을 버리고 긍정적, 적극적 사고로 대처하여 살아간다면 보다 큰 행복과 성공을 얻고 인생의 의미를 더욱 크게 느끼며 살아갈 수 있을 것이다.

신념을 변화시키는 도구(방법)

고통은 신념을 변화시키는 가장 강력한 도구이다

우리가 삶에서 행하는 모든 일은 고통을 피하거나 즐거움을 얻으려는 욕망에서 비롯된다. 즐거움보다는 고통이, 고통보다는 다가올 고통에 대한 두려움이 우리를 더 움직이게 한다. 따라서 고통은 신념을 변화시키는 가장 강력한 도구의 하나이다.

성공한 사람의 삶을 모델로 삼자

우리의 삶을 좀더 발전시키는 방법은 이미 성공한 사람을 모델로 삼는 것이다. 모델링 작업은 효과가 강력하면서도 재미있다. 누구나 필요한 역할 모델을 자기 주변에서 쉽게 찾을 수 있다.

"나 자신을 발전시키려면 어떤 신념을 가져야 할까? 어떤 신념으로 다른 사람보다 낫게 살 수 있을까?"와 같은 질문을 스스로 해보자. 탁월한 성공을 한 사람을 찾아내어 그들의 신념, 가치관, 성공전략을 역할 모델로 활용하자.

지속적이고 끊임없는 발전훈련을 하라

직장에서나 개인적인 삶 속에서 우리가 가진 신념이 모든 결정과 그에 따른 미래를 좌우한다.

우리가 가진 신념 중 가장 중요한 것은 성공하고 행복하려면 "꾸준히 삶의 질을 개선하고 지속적으로 성장하고 확장해 나가야 한다"는 것이다.

삶의 성공 정도는 "지속적이고 끊임없는 발전CANI Constant And Neverending Improvement"을 위해 얼마만큼 실천했느냐에 달려 있다. 기분 좋을 때만 훈련해서는 안 되며, 행동으로 뒷받침하는 지속적인 실천의 과정이 결과를 가져오게 한다. 우리가 지속적이고 끊임없는 훈련을 통하여 하루도 빠짐없이 개선되고 능력이 향상되어 가고 있는 사실을 느끼게 되면, 보통 사람들이 꿈도 꾸지 못하는 인생의 안정감과 풍요로움을 경험하면서 살아갈 수 있다.

개선은 작은 것부터 해야 쉽다

긍정적 신념의 강화

성공의 핵심은 확신을 심어주는 데 있다. 그런 신념이 자신의 발전과 주위 사람들의 삶을 더욱 향상시키는 데 필요한 행동을 하게 한다. 자신의 신념 가운데 활력을 주는 신념과 활력을 빼앗는 신념이 무엇인지 찾아보라.

활력을 주는 긍정적 신념과 활력을 빼앗는 부정적 신념의 목록을 작성하여, 그 중에서 가장 활력을 주는 신념이라고 생각하는 것 세 개를 골라라. 그 신념들은 하려고만 한다면, 일이 잘못되었을 때 언제라도 반전시키는 방법이 있는 확실한 신념이었음을 알게 될 것이다.

이 신념들을 강화시켜 확신으로 발전시킬 필요를 느낄 것이다.

이러한 신념이 진실이기 때문에 앞날의 행동을 이끌어줄 수 있다는 확신을 갖고 그 느낌을 강화하면 된다.

오직 긍정적 신념으로!

그리고 부정적 신념 가운데 자신을 가장 약화시키는 것 2개를 골라내어, 당장 이 신념 때문에 치르게 될 대가를 더는 그대로 놔두지 않겠다고 결심하라. 그 신념을 의심하기 시작하고 의문을 가지자. 더 이상 우리를 망치지 않게 할 수 있다는 믿음을 갖자. 부정적 신념을 바꾸지 않게 되면, 현재 어떤 대가를 치르고, 미래에는 또 어떤 대가를 치르게 될지 상상해 보고, 그것을 강한 고통과 연결시켜 영원히 제거하자. 그리고 지금 없애기로 결심한 두 가지 제한적인 신념을 그것과 대조되는 새로운 신념을 찾아내 대체시키자.

마음속으로 어떤 사건에 대한 의미를 바꾼다면, 그에 대한 느낌과 행동이 곧 달라져 운명도 바뀌게 된다는 사실을 깨닫고 믿어라. 그 어떤 것도 우리가 의미를 부여하기 전에는 아무 의미가 없다는 사실을 기억하라. 그리고 의식적으로 자신이 선택한 운명과 일치하는 신념을 선택하라.

개선은 작은 것에서부터 시작하라

개선은 작은 것부터 시작하라. 그래야 행동에 옮기기가 쉽다. 위에서 본 바와 같이 긍정적 신념은 더욱 보강·강화시켜 확신으로까지 발전시키고, 부정적 신념은 영원히 제거하라. 그 대신 그에 대조되는 긍정적 신념을 찾아내 대체시키자.

진정으로 자신의 꿈을 실현시킬 힘을 키우고 싶다면 자신에게 활력을 주는 긍정적 신념을 선택하는 방법을 배울 필요가 있다. 그리고 선택한 그 신념이 자신의 마음속 가장 깊은 곳에서 부르는 자기 생명과 일치하도록 우리를 이끌어 준다는 확신을 하라.

세상이 무어라 예견하든, 내 운명을 결정하는 자는 오직 나 자신뿐이라는 것을 항상 기억하라.

가능성의 믿음에는 한계가 없다

사람은 가능성의 존재이다. 인간의 가능성에 대한 믿음에는 한계가 없다. 시도도 제대로 해보지 않으면서 "그것은 도저히 할 수 없어", "다른 사람은 할 수 있어도 나는 능력이 없어 불가능해" 하고 패배감에 젖어 미리 포기하는 경우가 많다.

에디슨은 14,000번 실패 끝에 전기발명에 성공할 수 있었다. 또한 TYK그룹의 총수 김태연 회장은 23세 때 가족과 함께 미국으로 이민을 가서 수없는 고생 끝에 오늘의 성공을 이루어냈다. TYK그룹은 현재 라이트하우스, 모닝플라넷, 데이터 스토어X, 엔젤헬링 등 업계에서 실적을 인정받고 있는 다수의 기업을 거느리고 있다. 그는 어려운 고비를 만날 때마다,

"He can do it, She can do it, Why not me?"
(그도 할 수 있고, 그녀도 할 수 있는데, 왜 나라고 못 하겠는가?)

라고 속으로 되뇌이면서 어려운 고비를 극복하고 현재에 이르렀다고 성공 스토리 TV 프로그램에서 실토한 바 있다.

김 회장은 "사람의 마음가짐이 인생을 결정짓는 중대한 역할을 한다는 사실을 잊어서는 안 됩니다. 안 된다는 생각 때문에 조바심을 내고 자학을 하는 것처럼 자신을 망치는 것은 없습니다. 다른 사람들이 다 할 수 있는 일을 왜 자신은 못 한다고 생각합니까. 자신의 마음속에 꿈을 가지고 그것을 실현시킬 수 있다는 생각을 하면, 그것이 곧 성공의 출발이 되는 것입니다"라고 강조한다.

미리 자신의 가능성에 대해 한계를 설정하지 말고 자신을 끝없이 믿자. 사람의 가능성에 대한 믿음에는 한계가 없다. 할 수 있다는 긍정적

신념으로 자신의 꿈을 실현시키기 위해 도전해 보자.

"나에게 힘을 주는 신념을 무기로 하여 나는 모든 일을 할 수 있다"라고 매일 다섯 번 이상 외워 보자. 그러면 정말 기적같이 신념을 배울 수 있을 것이다.

사람은 지금과 다른 어떤 변화를 싫어하고 두려워하는 잠재의식 때문에
더 발전할 수 있는 새로운 환경 앞으로 나가지 못하고 있다.
그러나 인생은 한 자리에서 서 있는 것이 아니고 앞으로 걸어가는 것이다.
만약, 당신에게 그 일은 절대 성공한다는 보장을 누가 확실히 해준다면,
당신은 서슴지 않고 나설 것이다.
남의 힘을 바라지 말고, 당신의 신념을 믿어라.
굳은 신념이 당신의 새로운 성공을 보장할 것이다.
―노만 V. 필

4 습관을 길들여라

습관은 인생의 중요한 요소이다

"우리가 생각의 씨앗을 뿌리면 행동의 열매를 얻게 되고, 행동의 씨앗을 뿌리면 습관의 열매를 얻는다. 습관의 씨앗은 성품을 얻게 하고, 성품은 우리의 운명을 결정짓는다"라는 격언에서 알 수 있듯이 우리의 성품은 근본적으로 습관의 복합체이다.

습관이야말로 일관성 있게, 주로 무의식적으로 끊임없이 매일매일 우리의 성품을 나타내고, 개인의 성공 또는 실패를 결정하는 데 중요한 역할을 한다. 따라서 습관이란 인생에 있어서 중요한 요소의 하나라 할 수 있다.

아리스토텔레스는 "사람은 반복적으로 행하는 것에 따라 판명된 존재이다. 따라서 우수성이란 단일행동이 아니라 바로 습관이다"라고 습관의 중요성에 대하여 말한 바 있다.

사소한 습관 때문에 삶의 귀중한 시간을 낭비할 뿐만 아니라 삶에 나쁜 영향을 받는다면 더 이상 그 습관은 사소한 것이 아니다.

나쁜 습관은 잡초와도 같이 게으름이나 성급함, 순간적인 쾌락을 제공하는 감정에 기반하여 자라나기 때문에, 굳이 씨를 뿌리지 않아도 생긴다. 한 번 생겨나면 생활 속에 깊이 뿌리내려 나중에 없애기 힘들다.

서커스단에서 어린 코끼리를 길들일 때 일정한 길이의 작은 쇠사슬에 다리를 묶어 놓는다. 아기 코끼리는 쇠사슬의 길이 이상 갈 수 없다.

이렇게 길들여진 코끼리는 성장하여 쇠사슬을 쉽게 끊어버릴 수 있음에도 불구하고 작은 쇠사슬을 끊어버릴 생각을 아예 하지 않는다. 어릴 때 자신을 구속했던 작은 쇠사슬을 당연한 것으로 받아들이고 쇠사슬을 끊어보려는 생각조차 포기해 버렸기 때문이다.

반대로 좋은 습관은 농작물과 비슷하다. 처음에는 아무런 수확도 없지만 많은 노력을 기울여 정성껏 힘들게 가꾸어야 한다.

좋은 습관은 계속 주의를 기울이지 않으면 게으르고 귀찮아서 잡초에게 자리를 내어주듯 나쁜 습관으로 바뀐다. 나쁜 습관은 솎아내고 좋은 습관을 가꾸어 생활하는 것은 곧 자신의 삶을 경작하는 것과 같다.

습관의 형성

습관의 내용

우리가 생활하면서 무엇인가를 습관화하기 위해서는 무엇을 해야 하고 또 왜 필요한지에 대한 지식과, 어떻게 하는가에 관한 기술과 하고 싶어 하는 욕망의 세 가지 요소를 모두 갖추어야 한다.

예를 들어, 상대방과 효과적인 대인관계를 갖기 위해서는, 상대방의 말을 경청하는 것이 반드시 필요하다는 사실을 알고 있다. 하지만 우리는 다른 사람이 하는 말을 진지하게 경청하는 기술을 알아야 하고, 나아가 경청하고 싶다는 욕망이 없다면 생활 속에 습관이 되지 못한다. 습관을 만들기 위해서는 위 세 가지 요소가 모두 필요하다.

습관의 형성

습관은 학습될 수 있고 학습을 통해서 변화시킬 수도 있다.

그런데, 학습은 하루 이틀의 짧은 기간에 형성되는 것이 아니라 비교적 장기간을 요한다. 습관의 형성은 하나의 과정이고 무한한 결의와 몰입을 요구한다.

"세살 버릇이 여든까지 간다", "소 도둑이 바늘 도둑 된다"라는 속담은 습관의 형성 과정과 그 위력을 단적으로 설명하고 있다.

또 "습관은 밧줄과 같은 것이다. 우리는 습관이란 밧줄을 매일 짜고 있다. 그런데 이처럼 짜여진 습관은 절대로 파손되지 않는다"라고 호레이스 만Horace Mann도 습관에 대해 말한 바 있다.

습관은 좋은 습관이든 나쁜 습관이든 고치기 어렵다. 그러므로 우리는 좋은 습관을 길들이기 위해 부단히 노력해야 한다. 어려서부터 좋은 습관을 길들이기 위해 가르치고 훈련해야 한다.

명품 인생을 만드는 10년 법칙

경제전문가 공병호 씨는 그의 『명품 인생을 만드는 10년 법칙』이란 책에서 직업인으로서의 성공은, 타고난 능력보다 10년 전후의 시간을 통해 이루어지는 변화된 의식과 습관에 달려 있다고 이야기하고 있다.

인간의 습관과 관련하여, "10년 법칙the 10-year rule"이란 용어를 처음 사용한 스웨덴의 스톡홀름대학교의 앤더스 에릭슨 박사에 의하면, "10년 법칙"이란 "어떤 분야에서 최고 수준의 성과와 성취에 도달하려면 최소 10년 정도는 집중적인 사전 준비를 해야 한다"는 것을 의미한다.

교육심리학자 하워드 가드너는 뛰어난 업적을 남긴 일곱 명의 창조적 거장들을 연구한 결과 "어느 분야의 전문지식에 정통하려면 최소한 10년 정도는 꾸준히 노력해야 한다. 물론 더 오랜 세월이 필요했던 인물도 있을 것이지만, 대다수는 또 다른 10년 후에 다시 한 번 중대한 혁신을 이루었다"면서 위 "10년 법칙"을 수긍하는 결과를 내놓았다(하워드 가드너, 『열정과 기질(Creating Minds)』).

세계적인 피아니스트들은 악보 없이도 피아노를 칠 수 있고, 눈이 멀어도 첫 음계가 나오면 무의식적으로 손가락을 움직인다. 그러나 그들도 처음부터 무의식적으로 잘할 수 있었던 것은 아니다. 그들은 새로운 곡을 기억하기 위해 한 소절 한 소절 정성껏 수없이 되풀이하여 치는 연습 끝에 손가락을 자연스럽게 움직일 수 있었던 것이다. 이렇게 현재의 습관은 10년이란 긴 기간 동안 무의식적으로 손가락이 움직이는 수준까지 끊임없이 노력한 결과라 하겠다.

자신의 인생을 명품으로 만들려면, 자아상 확립이든 어떤 분야이든 적어도 10년 이상 자연스럽게 무의식적으로 몸에 밸 때까지 좋은 습관을 길들여야 할 것이다.

좋은 습관 길들이기

유대인의 자녀 습관 길들이기

유대인 가정의 자녀들은 어릴 때부터 지켜오는 바른 습관들이 많이 있다. 유대인 교육의 핵심은 습관 교육이다.

대표적인 것만 살펴보면 다음과 같다.

첫째, 시간의 소중함을 알고 행동하는 습관이다.

가장인 아버지가 귀가하기 전에 샤워를 하고 옷을 갈아입는 것이 습관화되어 있다. 아버지가 귀가해서 샤워를 끝내는 즉시 가족 모두가 단란한 분위기에서 식사를 하기 위해서이다.

둘째, 고기를 주는 대신 고기 잡는 법을 가르친다(원리교육).

셋째, 잠결에 들려준다. 하루 생활 중 가장 중요한 시간은 자녀들을 침대에 눕히고 그 곁에서 잠들 때까지 함께하는 시간이다(베갯머리 교육).

넷째, 생활 속에서 가르친다(현장 교육).

어려서부터 부모의 손에 이끌려 장을 보러 가서 시장을 구경하거나, 장사를 하는 부모를 돕거나, 일찍부터 이재理財에 눈이 뜨이고 장사하는 감각을 익힐 수 있게 한다.

다섯째, 밥상머리에서 가르친다.

밥을 먹으면서 가족과 대화를 나누면서 아이들을 위해 웃음과 칭찬, 격려를 하면서 자연스럽게 대화하는 방법을 배우게 한다.

여섯째, 남을 생각하는 법을 가르친다.

어머니는 아이의 성품 교육을 태아와 유아기 때부터 시작한다.

남의 아픔을 내 아픔처럼 생각하며 사는 자세를 어려서부터 익혀 습관이 되도록 한다.

일곱째, 오른손으로 벌을 주고 왼손으로 껴안아 준다.

벌을 줄 때에도 잠자리에 들 때는 정답게 다독거려 주어 좋지 않은 앙금이 어린 가슴속에 남아 있지 않게 한다.

(유대인 루스 실로 여사의 『유태인의 자녀를 낳고 기르는 53가지 지혜』 및,
이영희 박사의 『유대인의 밥상머리 자녀교육』에서)

이상은 유대인의 자녀 습관 길들이기의 대표적인 것들인데, 우리도 이를 취사선택하여 자녀 습관 길들이기에 활용할 가치가 있다고 생각된다.

그런데, 이러한 습관 교육방법은 유대인들만의 특유의 방법이 아니고, 우리 나라의 경우도 옛부터 표현방식은 다를지 모르지만 이와 유사한 교육을 해왔다. 이를테면 태교, 인사하는 법(소학 참조) 등 태중아기 때부터 나름대로 습관 교육을 해왔으나, 일제강점기를 거치는 동안 전통교육과 현대 교육제도가 단절되는 바람에, 옛 선조들의 훌륭한 전통교육을 제대로 전수받지 못했다. 우리 스스로가 계승하지 못하여 생긴 일시적 현상이라 할 수 있다.

앞으로는 유대인의 유아 습관 길들이기 교육과 우리의 전통적 습관 교육을 적절히 조화시켜 어릴 때부터 좋은 습관 길들이기 교육을 실시해야 할 것이다. 우리 어른들에게는 아이들이 성장하여 성공적이고 행복한 삶을 살아가게 해줄 의무가 있다고 생각한다.

나쁜 습관은 힘이 들더라도 고치자

할 일을 뒤로 미루는 버릇, 성급함, 변명하는 버릇, 비교하는 버릇, 단정하는 버릇, 쓸데없이 걱정하는 버릇, 상대에 대한 혹평이나 비판, 이기심 등 몸에 밴 나쁜 습관은 고치기 힘든 것이 사실이지만, 단호한 의지로 꾸준한 노력을 아끼지 않는다면 바른 습관으로 고쳐 나갈 수 있다. 새로운 습관을 몸에 익히려면 나쁜 습관이 몸에 뱄을 때와 마찬가지로 어느 정도 시간이 걸리기 마련이다.

> "새로운 습관은 꾸준함, 자리 잡음, 자신감, 확신이라는 과정을 거쳐 무의식적인 습관으로 뿌리 내린다. 이런 과정을 거쳐 새로운 습관을 많이 만들어 쌓아가는 것이 바로 새로운 자아상을 만드는 길이다."
>
> (사토 도미오의 『성공을 부르는 긍정의 힘』에서)

성공하려면 자신을 믿고 성공한 사람처럼 생각하고 행동해야 한다

성공한 사람처럼 생각하고 목표를 달성한 것처럼 행동하면 우리에게 놀랄 만한 일이 일어난다. 우리의 에너지가 그쪽으로 쏠리기 때문이다. 승자가 되려면 목표를 성취한 자신의 모습을 상상하는 데 매일 일정한 시간을 할애해야 한다. 원하는 바를 생생하게 상상할 수 있다면, 그 사람은 이미 마음속에 그것을 성취한 것이다.

> "나 자신을 믿어야 한다. 나는 고아원에 있을 때도, 음식을 구걸하러 거리에 나섰을 때도 '나는 이 세상에서 가장 위대한 배우다'라고 자신 있게 말했다."
>
> (찰리 채플린, 희극배우)

좋은 습관을 자기 것으로 만들어 풍요로운 삶의 밑거름이 되게 하자

습관은 우리의 인격이 입고 있는 의복과 같다. 그것은 우연의 산물이 아니고, 자신에게 들어맞기 때문에 그것을 입고 있는 것이다. 습관은 자신의 자아 이미지와 성격 패턴과도 일치한다.

사람에 따라서 개성이나 환경, 적성, 능력, 목표 등에 따라 좋은 습관은 그 수가 많고 다를 수가 있을 것이지만 대표적인 것 몇 가지만 살펴보면 다음과 같다.

첫째, 목표를 세우고 자주 점검하는 습관이다. 목표는 지도와 같다. 단기, 중기, 장기에 걸쳐서 목표를 분명하게 세우고 이것을 자주 점검하는 습관을 길러라.

둘째, 시간을 아껴 쓰는 습관이다. 시간은 모든 사람에게 똑같이 하루 24시간이 주어지지만 그것을 어떻게 쓰는가는 사람마다 다를 수밖에 없다.

셋째, 자기 이미지를 관리하는 습관이다. 현대는 이미지 시대이다. 이미지를 관리하지 않으면 그 알맹이가 아무리 좋아도 주목받지 못한 채 묻혀 버린다. 자기 이미지를 파악하고 끊임없이 관리 개선하는 습관은 현대인의 필수 성공 요소이다.

넷째, 메모하고 기록하는 습관이다. 사람의 기억력은 의외로 부실하다. 기록으로 인하여 살아가면서 망각으로 잃게 되는 중요한 정보, 소중한 느낌, 순간의 아름다운 감상을 고스란히 보존할 수 있다는 것은 삶에 귀중한 보탬이 된다. 일기, 비망록, 메모 등 생활 속에서 비록 작지만 기록하는 습관을 가져라.

이상의 네 가지 이외에도 자신의 삶에 도움이 되는 습관을 발견한다면 주저 없이 자기 것으로 만들어 풍요로운 삶의 밑거름이 되게 하자.

다음을 꼭 지키면 십중팔구는 성공한다.
그것은 자신을 갖는 일, 그리고 그 다음에 전력을 다하는 일이다.
―토마스 윌슨

5 소중한 것부터 먼저 하라

시간을 다스리는 자가 인생의 승리자가 된다

시간이란 무엇인가

시간이란 "때"와 "때" 사이의 간격을 말하며 이 간격이 어떤 일로 채워진다는 의미가 내포되어 있다. 스티븐 호킹은 우주의 탄생 즉, 빅뱅Big Bang 순간에 시간과 공간이 동시에 생기게 되었다고 주장한다. 본질적으로 시간은 사건이나 사상事象을 기술하는 일종의 그릇과 같은 것이다. 그릇에는 무엇이든지 담을 수 있듯이 시간은 가장 기본적인 물리적인 척도가 된다.

시간이 무엇인가 하는 문제는 "시간의 흐름"과 관계가 있다.

고대문명은 끝없는 미래까지 시간이 순환적 성격을 지닌 것 즉, 역사상의 사건은 주기적으로 일어나고, 그 반복이 시간 자체의 본질의 반영이라고 믿었다(예컨대 불교의 윤회사상).

그런데 대부분의 현대인들은 시간을 선형적인 것으로 보고 있다. 오늘날 우리는 시간을 시, 분, 초로 세분할 수 있는 양으로 생각하고 있다. 과학자들은 시간의 시작에 관해서 추측해 오긴 했으나, 실제로 시간이 시작을 갖는 선형적인 현상인지, 아니면 순환적인 성격을 갖는 것인지에 대해서는 모르는 것이다.

시간은 어떻게 구분되는가

시간을 보다 잘 이해하고 활용하기 위해서는 다음과 같이 시간을 구분하기도 한다.

첫째, 실시간real time이다. 거리(공간)에 관계없이 하나의 사건이 동일한 시점時點에 접하는 것을 의미한다. 컴퓨터와 통신기술의 발달로 지구 반대편에 있는 곳의 상황도 그곳과 동일한 시점에 인식하게 된다.

둘째, 물리적 시간physical time이다. 계측기기에 의해서 나타나는 시간으로 시, 분, 초, 밀리초, 나노초, 플랑크 시간(5.36×10^{-44}) 등이 있다.

셋째, 심리적 시간psychological time이다. 이는 기간의 질적인 속성과 관계가 있다. 심리적 시간에 영향을 주는 것은 시간 마인드에 따른 시간관에 달려 있지만, 환경의 영향도 무시할 수 없다. 보통사람이 느끼는 시간과 수행중인 수도승이 느끼는 시간, 또 연애중인 청춘남녀의 시간은, 물리적으로 같은 시간이라 하더라도 심리적인 시간은 다르다.

넷째, 종교적 시간religious time이다. 종교적 시간은 그 사회의 세계관世界觀을 반영해 준다. 불교에서 말하는 겁劫이나 찰나刹那 등이 이에 해당한다.

다섯째, 문화적 시간이다. 문화에 따라 시간관이 다르다는 것을 반영한다. 온대지방에서는 봄, 여름, 가을, 겨울이 시간관의 기초가 되지만, 극한지방의 에스키모 인들에게는 여름과 겨울이 시간관의 기초가 된다.

시간의 속성

시간을 효율적으로 활용하기 위해서는 다음과 같은 시간의 속성을 알 아둘 필요가 있다.

첫째, 시간은 무형의 자원이다. 시간은 보이지 않는 자원이며, 형태를 지니지 않는다. 시간에 대한 정확한 개념과 안목이 없는 사람에게는 시 간은 모습을 드러내지 않는다.

둘째, 시간은 모든 일에 반드시 필요한 자원이다. 모든 일들은 시간 속 에서 일어나고 시간을 반드시 소모한다.

셋째, 시간은 공평하게 주어진다. 시간은 남녀노소 부귀빈천에 관계없 이 누구에게나 공평하게 주어진다. 공평하게 주어진 시간은 결국 사용 자의 의지와 사용방법에 따라 그 가치가 달라진다.

넷째, 시간은 저장할 수 없고, 사용하지 않아도 자연 소멸된다. 사람에 게 공평하게 주어진 시간이란 자원은 사용하지 않으면 재고로 남지 않 고 사라지게 된다. 또 전기와 달리 저장할 수도 없다.

다섯째, 시간은 대체 불가능한 자원이다. 쌀이 없으면 보리나 밀로 대 체할 수 있으나 시간은 어떤 것으로도 대체할 수 없는 고유자원이다. 그 리고 시간은 양도하거나 매매할 수도 없다. 아무리 돈을 많이 주더라도 시간을 사서 생명을 연장할 수는 없다.

여섯째, 지나간 시간은 되돌아오지 않으며, 비탄력적이다. 지나간 시 간은 영원히 과거라는 역사 속으로 사라지며, 아무리 시간의 수요가 증 가해도 개인에게 주어진 시간은 늘어나지 않는다.

시간은 인생 그 자체이다

인생은 시간의 집합이다. 인생에서 시간을 빼면 삶이 끝나게 된다. 사람은 시간과 공간을 축으로 한 좌표에 존재한다. 그리고 그 축은 이동한다. 그 축의 이동이 정지한다는 것은 곧 죽음을 의미한다. 인간은 시간의 축을 건너뛸 수 없다. 따라서 삶의 순간순간 일초일분이라도 무의미한 시간은 존재하지 않는다.

즐거운 시간, 괴로운 시간, 유익한 시간, 무익한 시간은 시간 자체에서 나오는 것이 아니다. 그것을 사용하는 사람 자체가 만들어 내놓는 것이다. 자신에게 주어진 시간을 생산적이고 창조적으로 활용하는 사람은 인생을 풍요롭고 값지게 살아가는 사람이다.

시간을 낭비하는 것은 인생을 낭비하는 것이고, 시간을 파괴하는 사람은 자신의 삶을 파괴하는 것이다.

"인생은 시간의 집합이다"라는 말은 시간을 사랑하는 것이 곧 인생을 사랑하는 것이라는 뜻이다.

효율적 시간 관리

효율적 시간 관리의 필요성의 증대

시간은 모든 사람들에게 공평하게 하루 24시간, 1,440분이 주어지지만 그 시간의 가치는 사람의 시간 사용 기술 즉, 어떻게 효율적으로 관리하느냐에 따라 달라진다. 경영자, 학자, 운동선수, 근로자의 각 시간의 가치는 차이가 있다.

시간의 가치는 투입한 시간 비용에 대비한 가치 창조의 성과를 의미한다.

$$시간 \ 가치 = \frac{성과}{투입시간 \times 시간기술비용} - 기회비용$$

컴퓨터, 자동차의 구입 등 시간의 가치를 높이는 장비를 구입하여 활용하거나 생활 습관의 개선, 시간 낭비 요소의 제거나 시간 관리의 기술 향상 등을 통하여 시간 가치를 높일 수 있다.

비교적 획일적인 구조를 지닌 농경사회나 산업사회는 시간 가치의 격차가 좁은 사회이다. 그러나 현대 정보화 사회는 첨단기술의 발달, 다원적 가치관, 각종 분야에 있어서 수명 주기life cycle 단축 등으로 시간 가치의 차이가 큰 사회이다.

이제 우리는 정보화시대에 걸맞는 시간관과 시간문화를 창조해 가야 한다. 그것은 시간을 중요한 자원으로 보아 시간 가치의 중요성을 인식하고 이를 전략적이고 효율적으로 관리해 나가는 것이라고 할 수 있다.

특히 정보화 사회에서 시간 가치를 높일 필요성이 증대하는 이유는 다음과 같다.

첫째, 사회의 변화 속도가 가속적으로 빨라진다는 점이다. 변화의 속도에 대응하지 못하는 경우 모든 생명체는 결국 쇠퇴하거나 도태될 수밖에 없다. 즉 "생존 및 경쟁"에 관련된 문제이다 (앨빈 토플러의 『미래의 충격Future Shock』).

둘째, 첨단과학기술의 발달로 인한 통신망의 구축, 첨단운송장비의 등

장은 시간의 가치를 새롭게 혁신시켜 준다. 컴퓨터, 이동통신기기 등은 시간 가치의 중요성을 증대시켜 주고 이를 이용함으로써 시간 투입을 줄일 수 있게 되었다.

셋째, 개인의 여유 시간에 대한 욕구가 증대하고 있다는 점이다. 정보화 사회에서는 개인은 경제적, 물질적 풍요뿐만 아니라 자기 인생을 자기 스스로 통제하고 조절할 수 있는 시간적 여유를 요구하고 있다.

시간 관리 목표의 설정

시간 관리에 있어서도 시간 목표의 설정은 중요하다.

시간 목표를 설정하지 않고 행동하면 잡을 수 있는 시간이 그냥 흘러가 버린다. 효율적 시간 관리를 위해서는 먼저 시간 관리에 대한 종합적인 시간 목표가 정립되어야 한다. 즉 모든 행동의 기준이 시간이 되어야 한다.

또 종합적인 시간 계획을 수립하기 위해서는 사용 시간에 대한 목표, 시작과 마감 시간, 어떤 일에 얼마만큼의 시간과 장비가 필요한가, 보다 효율적으로 처리할 수 있는 방법은 무엇인가, 창조한 시간(관리로 인하여 벌어들인 시간)은 어디에 사용할 것인가 등, 충분히 반영하여 시간 계획을 수립하여야 한다.

생애 설계Life Planning를 할 경우, 인생에 대한 종합적인 시간 계획이므로 자신에게 남아 있는 재고시간을 충분히 파악한 후 설계에 들어가야 한다.

시간 사용내역서(시간일지)의 작성 및 분석

보다 효율적인 시간 계획을 세우기 위해서는 실제로 자신의 시간이 어떻게 사용되었는지에 관해 시간일지(내역서)를 작성하고, 그 결과를 분석하여, 그것을 토대로 계획을 수립해야 보다 완벽한 계획을 수립할 수 있다.

시간 사용내역서의 작성 요령은 연필과 수첩을 가지고 다니면서 활동의 내역을 적고 시작되는 시간과 끝나는 시간, 소요 시간을 적고 수면, 텔레비전 시청 등 구체적 내용을 모두 적는다. 아침부터 가능하면 30분 단위로 적는다.

하루의 시간 내역서를 다 기록했다면 그 기록을 다음 요령으로 분석해 본다.

첫째, 시간 내역에서 줄여야 하거나 줄이고 싶은 시간을 파악하고 그 빈도와 시간을 기록하라. 둘째, 이러한 활동들이 나타나는 환경이나 조건을 알아보라. 셋째, 가치 있는 활동에 사용된 시간과 낭비된 시간의 합계를 계산해서 비교해 보라. 넷째, 어느 시간대가 가장 생산적이었고 비생산적이었나, 그 이유는 무엇인가. 다섯째, 내일은 오늘보다 시간을 더 효율적으로 이용하기 위해서 무엇을 할 것인가 등이다.

시간 사용내역서를 작성·분석해 보면 여러 가지 유용한 결과를 얻을 수 있다. 즉, 평소 자신이 유용하게 사용하고 있는 시간을 얼마나 과대평가하고 있는지를 알게 되어 시간을 생산적으로 사용할 수 있는 방법을 찾게 된다. 또한 낭비된 시간을 과소평가하고 있다는 사실을 깨닫게 해주어, 시간 낭비 요인을 검토하고 이를 제거할 대안들을 모색할 수 있게 해준다. 지난 일들에 대한 시간 사용 내역서를 검토해 보면, 시간을 낭비하지 않기 위해 어떤 계획을 세워야 하는지 연구할 수 있게 해준다.

시간 관리 계획서의 작성

이상의 시간 사용내역서의 분석을 참고하여 다음과 같은 요령으로 하루 시간 계획서를 작성하여 실천하도록 한다.

첫째, 중점주의로 계획을 세운다. 가장 중요한 일부터 먼저 할 수 있도록 일의 순위를 정해서 진행하도록 한다.

둘째, 그날 먼저 해야 할 일을 계획한다. 가장 중요한 일은 아니지만, 시간적으로 제일 먼저 해야 할 일을 골라서 처리하도록 한다.

셋째, 비슷한 일들은 함께 처리하도록 한다.

넷째, 계획은 시간적으로 내용상 여유 있게 세운다.

다섯째, 계획에 없는 일은 되도록 하지 않는다.

"시간을 기록할 것, 시간을 관리할 것, 시간을 일체화할 것, 이 세 가지 과정은 경영자가 시간을 관리하는 기초다."

―피터 드러커(Peter Druker)

소중한 것부터 먼저 하라

우선 순위 결정의 어려움

현대사회는 정보의 홍수시대이며 동시에 여러 가지 업무가 동시 다발적으로 몰려온다. 동시 다발적 업무는 우선 순위에 따라 일을 처리해 나가야 일의 생산성을 높이고 시간을 효율적으로 활용할 수 있다.

우선 순위란 먼저 해야 할 일을 최우선 과제로 삼고 중요도에 따라 일을 처리해 나가는 것이다.

시간도 한정된 자원이기 때문에 주어진 시간에 무엇을 할 것인가를 현명하게 선택하려면 기회비용을 따져 보아야 한다. 현명한 선택은 의사 결정 과정에서 선택한 것의 가치가 포기한 것의 가치보다 클 때, 즉 기회비용이 최소인 쪽을 선택하는 것이다. 따라서 우선 순위가 잘못 설정되면 시간적, 물질적 손해를 볼 수밖에 없다. 그런데, 우선 순위를 결정하는 문제는 굉장히 어려운 일이다. 우리가 과거에 가지고 있던 정신적 습관과 깊이 관련되어 있기 때문이다.

업무 처리에 있어서 대부분의 경우는 우리가 과거에 가지고 있던 경험, 지식, 가치체계에 의존하는데, 해결해야 할 업무는 정형적인 것만이 아니고 비정형적이고 새로운 것이 더 많다. 더구나 현대 정보화 사회의 급격한 변화와 다양성은 과거의 지식, 경험, 가치체계만으로 대처하기에는 역부족이다.

중요성과 긴급성의 갈등

우리가 매일 처리해야 할 업무 중에는 중요한 일도 있고, 중요하지 않은 일도 있다. 또 긴급한 일도 있고, 급하지 않은 일도 있다. 어떤 일들은 긴급하면서도 중요하기도 하고, 어떤 일들은 긴급하면서 중요하지 않기도 하다.

우리가 현명하게 시간을 관리하려면 처리해야 할 업무의 중요성과 긴급성을 고려하여 우선 순위에 따라 업무를 처리해야 한다. 우리는 우선 순위를 정하는 데 있어서 종종 중요성과 긴급성을 혼동하기도 하고, 어느 것을 선택할 것인가를 놓고 마음의 갈등을 일으켜 우선 순위를 판단하지 못하는 경우도 있다.

소중한 것부터 먼저 하라

긴급한 일 때문에 중요한 일을 미루면 그 일들은 시간이 갈수록 더욱 해결하기 어려워진다. 긴급성에 굴복해서 중요성을 무시하는 일은 가난과 불행으로 가는 지름길을 선택하는 것과 같다. 인생이란 당장 즐거움을 주는 긴급한 일과, 장기적인 보상을 주는 중요한 일 중에서 한 가지를 선택해야 하는 일종의 거래와 같다. 시간은 한정된 자원이며 대체 불가능한 자원이다.

실패하는 사람들은 목표와 무관한 일, 장기적으로 중요하기보다는 순간적인 즐거움을 주는 일, 어려운 일보다는 쉽게 할 수 있는 일을 먼저 선택한다. 단기적으로 고통을 피하고 즐거움을 얻으려하기 때문에 장기적으로 혹독한 대가를 치른다. 그러나 성공하는 사람들은 목표 달성에 중요한 일, 당장은 재미가 없더라도 필요한 일, 남들이 포기했던 어려운 일을 우선적으로 선택한다.

성공적인 삶을 살고 싶다면 순간적인 즐거움으로 유혹하는, 또는 긴급하지만 중요하지 않은 일들을 과감하게 물리치고, 소중한 일부터 먼저 선택해야 한다.

소중한 일부터 먼저 하기 위해서 참고할 것들은, 첫째 인생의 목표가 분명해야 하고, 둘째 해야 할 일의 우선 순위를 정해야 하며, 셋째 미래의 관점에서 판단하고, 넷째 선택과 포기를 명확히 하고, 다섯째 해야 할 일들의 목록을 작성하여 그 일을 집중적으로 실천해 나가야 한다.

물론 경우에 따라서는 특별히 긴급을 요하는 일들이 있을 수 있겠지만, 이런 경우도 정말 긴급한 것인지 아니면 긴급하게 보이는 것인지를 검토하여 중요한 사항을 우선시할 수 있도록 노력해야 할 것이다. 그리고 핵심적인 중요한 일은 직접하고, 나머지 일들은 위임할 수 있으면 적임자에게 위임하여 처리해야 한다.

> 오늘을 붙들어라. 되도록이면 내일에 의지하지 말라.
> 그 날 그 날이 일 년 중에서 최선의 날이다.
> — 에머슨 (미국 철학자, 1803~1882년)

시간 낭비를 없애라

시간 낭비의 습관들

자신의 시간 낭비 습관들을 찾아내어 없애거나 중단하는 것이야말로, 소중한 일에 쓸 수 있는 시간을 더 많이 벌어들일 수 있는 유일한 방법이다.

시간을 낭비하고 있는 사람들이 가지고 있는 습관들은 다음과 같다.

첫째, 시간은 무한하다고 생각한다.

둘째, 자신의 시간 사용내역을 정확하게 파악하지 못하고 있다.

셋째, 계획성 없는 생활, 잘못된 생활 태도나 버릇 때문에 시간을 낭비한다.

넷째, 사전 준비 소홀, 또는 정보 부족, 잘못된 커뮤니케이션으로 인해 시간을 낭비한다.

다섯째, 중요한 일보다 사소한 일을 먼저 한다.

여섯째, 잘못된 공간 배치, 복잡한 절차 및 비표준화로 인해 시간 낭비가 있다.

일곱째, 부당한 요구를 거절하지 못한다. 주변으로부터 부당하게 시간의 낭비를 강요하는 불필요한 부탁을 거절하지 못해 시간을 낭비하는 경우가 많다. 진정으로 자신을 시간 낭비로부터 보호하고 싶다면, 불필요한 요구에 단호하되 지혜롭게 거절하는 것이 최선의 방법이다.

미루는 습관을 버려라

사람들 중에는 중요한 일은 나중에 하기로 하고, 자기가 진정으로 하고 싶은 일을 뒤로 미루는 버릇이 있는데, 이런 사람들은 훗날 반드시 그 대가를 치르게 되어 있다. 그럼에도 불구하고 온갖 핑계를 대며 소중한 일들을 내일로 미룬다.

중요한 일을 뒤로 미루는 까닭이 있다.

첫째, 그 일이 즐겁지 않기 때문이다.

둘째, 너무 많은 일에 관심을 가져 쉽게 주위가 분산되기 때문이다.

셋째, 무슨 일을 하려면 완벽하게 준비가 되어 있어야 한다고 생각하기 때문이다.

넷째, 실패에 대한 두려움을 갖고 있기 때문이다.

미루는 습관에서 벗어나려면

첫째, 하기 싫은 일부터 먼저 해야 한다.

둘째, 일정기간 한 가지 일에만 집중해야 한다.

셋째, 완벽한 상황을 기다리지 말고 일단 시작해야 한다.

넷째, 실수를 받아들이고 그것을 통해 배워야 한다.

자투리 시간 사용에 승패가 달려 있다

자투리 시간의 활용이 인생의 승패를 좌우한다

계획된 일과에 의해 정해진 시간 사이에 생기는 버려지는 시간을 자투리 시간 또는 토막 시간이라고 한다.

우리에게 주어진 시간을 늘리는 방법은 이 버려지는 자투리 시간을 활용하여 생산적으로 사용하는 것이다. 하루 1분 절약하면 1년이면 6시간이 된다. 하루 8시간씩 주 5일 일하는 경우, 하루 10분을 절약하면 1년 동안 1주일하고도 3일분의 일하는 시간이 증가되고, 일생 동안 50년을 일한다고 가정하면 1년 반을 더 추가하는 셈이 된다. 만약 하루 1시간씩 절약할 수 있다면 무려 8년이라는 계산이 나온다.

위와 같은 계산 결과를 보면 인생의 승패는 자투리 시간을 어떻게 사용하느냐에 달려 있다고 해도 과언이 아닐 것이다. 관심을 가지고 자투리 시간을 잘 활용한다면 다른 사람보다 8년간의 인생을 더 살 수 있으니까 말이다.

여기저기 널려 있는 자투리 시간들

우리가 무심코 지나쳤던 일상생활 속에서 자투리 시간들은 곳곳에 널려 있다. 출퇴근 시간, 식당이나 병원에서 기다리는 시간, 친구나 고객과의 약속 시간을 기다리는 시간, 긴 여행을 할 때 목적지로 이동하는 시간 등 우리가 흘려버리는 시간을 찾아보면 여기저기 널려 있다.

송나라 때의 유학자 구양수는 자투리 시간을 매우 효율적으로 활용했던 사람으로 유명하다. 그는 책을 읽거나 생각하기 좋은 장소로 침상枕上, 측상厠上, 마상馬上을 쳤다. 즉 잠들기 전의 침대 위, 화장실에 있을 때, 말을 타고 이동 중일 때를 말한다(이를 삼상지학三上之學이라고도 한다).

잠들기 직전이나 잠이 들었을 때는 긴장감이 이완되는 시기로 창조적인 아이디어가 많이 떠오르는 시간이다. 화장실 역시 사고하기에 좋은 장소이다. 화장실에서 보내는 시간 역시 잘만 사용한다면 생산적으로 활용 할 수 있다.

직장인들의 경우 평균 출퇴근 소요 시간을 조사해 보았을 때 평균 1시간 56분, 약 2시간으로 나타났다. 일주일에 5일 근무를 한다면 하루 2시간씩 10시간이고, 한 달을 4주로 계산하면 무려 40시간이나 된다. 하루 근무시간을 8시간으로 계산할 때, 한 달 중 일주일을 낭비하고 있는 셈이 된다. 이렇듯, 우리가 조금만 관심을 가지고 살펴보아도 도처에서 자투리 시간 벌이가 가능해진다.

자투리 시간의 활용

"티끌 모아 태산"이라는 속담처럼 무심코 흘려보낸 토막 시간들을 꾸준히 활용하면 큰 일을 이룰 수 있다. 성공적인 삶을 사는 사람들은 공통적으로 이 자투리 시간을 그냥 흘려보내지 않고 잘 활용하는 습관을 가지고 있다.

그런데, 많은 시간을 유용하게 사용하는 것은 그리 어렵지 않으나 저은 시간을 활용하는 습관은 꾸준히 실천해 나가야 얻어진다. 자투리 시간을 잘 활용하겠다는 굳은 의지와 끊임없는 노력이 뒤따라야 그 시간들을 제대로 활용할 수 있는 것이다.

자투리 시간을 활용하는 대표적인 방법으로 다음과 같은 것이 있다.

첫째, 직장과 가까운 곳에 살 것.

둘째, 조금 일찍 출근 할 것, 즉 러시아워 시간을 피할 것.

셋째, 자투리 시간에 할 수 있는 일을 준비할 것.

넷째, 운전하는 시간을 잘 활용할 것 등이다.

이외에도 각자 마음먹기에 따라서 자투리 시간을 활용하는 방법은 수없이 많다고 본다.

성공하는 사람들은 적은 시간을 크게 사용한다. 큰 일을 하기에는 시간이 부족하다고, 또는 여건이 안 된다고 불평하지 말고, 자투리 시간을 낭비하지 말아야 한다. 대신 그 시간을 생산적으로 활용하는 방법을 찾아 더 효율적으로 사용하자.

인생의 승패가 여기에 달려 있는지도 모를 일 아닌가.

집중하라

파레토 법칙

노력과 성과 투자와 산출량은 반드시 정비례하지 않고 일정한 불균형이 존재한다. 이탈리아 경제학자 빌프레도 파레토는 전체 인구의 20%가 부의 80%를 차지하고 있다는 사실을 영국의 부와 소득의 유형에 대한 연구를 통해 발표한 적이 있다. 이는 "파레토 법칙, 불균형의 원리", "80/20" 등으로 불린다.

이 원칙은 사회의 여러 분야에 적용하여 많은 문제들을 효과적으로 해결할 수 있다. 전체 매출의 80%가 전체 고객 중 20%에 의해 달성되는 것, 교통 정체의 80%가 전체 교차로의 20%에서 발생하는 것, 전체 생산량의 80%가 전체 근로자의 20%에 의해 달성되는 것 등 20%에 집중 투자 관리함으로써 문제를 해결할 수 있는 예가 많이 있다.

이 파레토 법칙은 사회적 문제에만 적용시킬 수 있는 것이 아니고, 개인이 시간을 효율적으로 관리하는 데도 적용할 수 있다.

시간의 경우도 투자한 시간에 정비례하여 성과가 있는 것이 아니다. 투자한 시간의 20%에 의하여 전체 성과의 80%가 달성된다. 따라서 적은 시간을 투자해서 최고의 성과를 내기 위해서는 성과를 낼 수 있는 시간에 최대한 몰두하고 집중해야 할 필요가 있다.

집중하는 방법

"정신일도하사불성精神一到何事不成"

정신을 집중하면 이루지 못할 일이 없다는 주자의 옛 명언처럼 무슨 일이든지 그 성과는 투자한 시간에 비례하기보다는 몰두하고 집중하는 정도에 비례한다. 또 몰두와 집중의 정도는 개인의 성격, 일의 성질, 주변의 상황에 따라 달라질 수 있고, 일의 승패는 집중력에 달려 있으며, 집중력은 훈련과 연습에 의해 그 정도가 달라진다

고도의 집중력을 유지하려면 다음 사항을 고려해야 한다.

첫째, 오래 일하는 것에 대한 자부심을 버려라.

둘째, 최고의 성과를 낼 수 있는 시간대를 찾아내라.

셋째, 활동 범위를 줄이고 생각하는 시간을 가져라.

넷째, 자신의 한계를 파악하고 그 일정기간만 몰두하라.

다섯째, 자신만의 여유시간을 가져라

여섯째, 부담스러운 일들은 세분화하라.

일곱째, 첨단 정보기술을 잘 활용하라.

성공을 하려면 남을 떠밀지 말고, 또 제 힘을 측량해서 무리하지 말고
제 뜻한 일에 한눈팔지 말고 묵묵히 나가야 한다.
평범한 방법이지만 이것이 성공을 가져다주는 것이다.
―프랭클린

6 말을 다스려라

말의 위력

의사소통 방법으로서의 말

세상에 존재하는 모든 동물들은 나름대로 의사소통을 한다. 그 중에서 사람만이 유일하게 "언어" 즉, 말로 의사를 소통하는 동물이다. 사람도 처음부터 말을 사용했던 것은 아니고, 처음에는 다른 동물들과 마찬가지로 "몸짓"으로 의사를 소통해 오다가 좀더 발전하여 "그림"으로 의사소통을 하다가, "말"로 의사소통을 하기까지 발전해 온 것이다.

사전에 의하면 말은 "사람의 생각이나 감정을 나타낸 음성(소리)", "그것을 문자로 나타낸 것, 언어"라고 하고 있다. 사람들은 서로 관계를 맺고, 그 사이에서 일어나는 많은 경험들에 의미를 부여하기 위하여, 이 특별한 의사소통 체계인 "말"을 사용하게 되었다.

한마디 말, 그것이 모든 것을 변화시킨다

인류 역사상 위대한 지도자들과 사상가들은 사람들의 감정을 변화시키기 위하여, 자신들의 주장에 사람들의 지지를 이끌어내기 위하여, 운명의 행로를 정하기 위하여, 말의 힘을 이용해 왔다.

> "말은 감정을 만들어낼 뿐만 아니라, 행동을 유발시키기도 한다. 그
> 리고 행동으로부터 삶의 결과가 나온다."
>
> —앤소니 라빈스Anthony Robbins

패트릭 핸리Patrick Henry의 "다른 사람은 어떻게 생각할지 모르겠지만 나에게는 자유가 아니면 죽음을 달라"는 이 말 한 마디는, 미국의 독립 운동의 단초를 제공했고, 끝내는 영국 식민지에서 벗어나게 하여 독립을 성취시켰다. 이렇듯, 말은 자신을 감동시키고 도전하게 하고 정신을 강화하고 스스로 행동하게 하며, 삶에 더욱 풍부한 의미를 부여한다.

자신이 한 말은 곧 그 자신을 드러낸다

> "선한 사람은 마음에 쌓은 선에서 선을 내고, 악한 자는 그 쌓은 악에
> 서 악을 내나니 이는 마음 가득한 것을 입으로 말함이니라."
>
> —성경 누가복음 6:45

사람은 자신의 마음속에 들어 있는 것에 의해 현재의 자신이 된다. 또 마음은 모든 말을 쌓아두는 곳으로, 자연스러운 대화를 통해 진실이 드러난다. 우리가 감정을 숨기려고 할 때에도 '말'은 우리 안에 쌓여 있는 것을 드러낸다. 자신이 한 말은 곧 자신을 드러내는 것이다.

일상으로 하는 '말'이 우리의 운명을 만든다

말은 사물을 설명하는 기본적인 도구이다. 표현할 말이 없으면 그 경험에 대해 생각해 볼 방법 자체가 없다. 예를 들면, 어느 아메리카 인디언 부족의 언어에는 '거짓말'을 뜻하는 단어가 없다고 한다. 거짓말이라는 말이 그들의 언어체계에 없으므로 사고방식이나 행동 패턴에도 '거짓말'이 존재하지 않는다고 한다. 또 어휘력이 모자라는 사람은 감정적으로도 모자라는 삶을 살게 된다.

이처럼 말이 우리의 생활을 반영하기도 하고, 생활에 영향을 미치기도 한다. 우리는 대개의 경우 자신이 익숙하게 사용하는 말이 어떤 영향을 미치는지 생각해 보지 않고 무심코 사용한다. 그러나 습관적으로 사용하는 말이 자기 자신과 또 남과 의사소통을 하는 데 영향을 미치며, 결과적으로 자신의 경험에도 영향을 준다. 말이 우리의 신념을 형성하고 나아가 행동에도 영향을 미치는 것이다.

습관적으로 사용하는 말, 즉 삶의 감정을 묘사하려고 빈번히 사용하는 그 말을 바꾸는 것만으로도 생각하는 방식, 느끼는 방식, 살아가는 방식까지 변화시킬 수 있다.

말은 살아 있다. 무심코 내뱉은 한마디가 누군가의 가슴에, 마음에 들어가서 좋은 쪽이든 나쁜 쪽이든 영향을 미친다.

"말은 파괴하거나 치유하는 힘을 갖는다.
진실하고 친절한 말은 세상을 변화시킬 수 있다."

―석가모니

말을 선택하여 하라

말 선택의 중요성

습관적으로 쓰는 말을 바꾸면 경험도 함께 바뀌므로, 삶을 바꾸고 나아가 운명을 개척하려면 사용하는 말을 신중하게 선택하여야 하며, 사용할 수 있는 어휘력의 폭을 넓히기 위하여 끊임없이 노력해야 한다.

『콤튼 백과사전comton Encyclopedia』에 의하면 영어에는 50만 개 이상의 단어가 있고, 그 중 일상적으로 사용하는 단어는 2천에서 1만 개 사이라고 한다. 여기에서 감정과 관련된 단어는 3,000여 개이고, 그 중 긍정적 감정에 관한 단어가 1,000여 개, 부정적 감정에 관한 단어가 2,000여 개로 부정적 감정에 관한 단어가 더 많다고 한다.

우리가 사용하는 수많은 부정적, 긍정적 감정에 관한 단어들은 그 사용하는 방향에 따라 각각 긍정적 또는 부정적으로 우리의 감정과 행동에 영향을 미쳐 우리의 운명까지도 좌우할 수 있으므로, 평소 어휘의 선택에 신중을 기해 사용할 필요가 있다.

활력을 제공하는 긍정적인 말을 선택하라

내가 사용하는 말들이 활력을 빼앗는 부정적인 영향을 주고 있다면 당장 입을 닫고 싶을 것이다. 그 말을 절대로 사용하지 말고 대신, 활력을 주는 긍정적인 말을 사용하라.

"폭동, 스트레스, 죽음, 독약, 전쟁, 감옥, 파멸, 비열하다, 더럽다" 등의 부정적인 말들 대신 "신뢰, 승리, 칭찬, 평화, 축하, 찬사, 천국, 희망, 행복" 등의 긍정적이고 활력을 주는 말들을 선택하라. 때에 따라서는

"걱정스러운"을 "편치 않은"으로, "불안한"을 대신해 "조금 염려스러운", "실망한"은 "조금 난처한"으로, "녹초가 된"은 "조금 지쳐 있는"으로, "좌절한"보다는 "조금 난처한"으로 표현하여 부정적 감정을 누그러뜨리자. 또한 "괜찮은"은 "최상의", "근사한"은 "끝내주는"으로, "흥미를 느끼는"을 "도취한"으로, "괜찮아"를 "완벽해"로 표현하여 더욱 고조시키자.

사용하는 말의 변화가 사람의 행동 패턴을 완전히 바꾼다. 실생활에서 보다 활력을 주는 긍정적 어휘의 사용 방법을 연구하라. 때와 장소에 따라 적절하게 감정을 누그러뜨리거나 고조시키는 말로 바꾸어 보라.

내뱉은 말은 자신에게 되돌아온다

말은 생각을 형성하고 생각은 행동을 결정하며, 자기의 운명이 만들어진다. 긍정적이고 성취를 다짐하는 말을 주로 한 사람은 그 말대로 성공하는 사람이 되고, 부정적인 말을 많이 하는 사람은 그 말대로 실패한 사람이 된다.

뿐만 아니라 상대방에게 "당신은 성공할 수 있습니다", "이런 점이 뛰어나군요" 등의 칭찬을 했을 경우, 상대방에게만 그 영향을 미치는 것이 아니라, 그 말을 전한 자신의 대뇌 자율신경계도 "성공할 수 있다", "뛰어나다"는 말을 받아들여, 기분 좋은 상태가 됨과 동시에 그 말에 어울리는 행동을 하게 한다. 상대를 칭찬하는 말이 곧 자신을 축복되게 하는 말이 되는 것이다.

상대방 마음을 열게 하는 말을 하라

삶을 축복하고 용기를 북돋아 주는 말을 하라

"잠에서 깨어날 수 있는 하루하루는 기쁨이 넘치는 날이다. 들이쉬는
모든 호흡은 더 좋은 날에 대한 희망으로 가득하다. 그리고 모든 말은
나쁜 일을 뭔가 좋은 일로 바꿀 수 있는 기회가 된다."

—월터 모슬리Walter mosley

나쁜 점보다는 좋은 점을, 잘못된 것보다는 옳은 것을, 어두운 그림자
보다 밝고 아름다운 것을, 슬픔보다 기쁨을 찾아보라. 그렇게 좋은 점들
을 찾아 다른 사람들과 나누면서 하루를 기쁨으로 시작할 수 있게 상대
방에게 축복과 용기를 북돋아 주는 말을 하라.

칭찬의 말을 하라

"인간이 가진 본성 중 가장 깊은 자극은 중요한 사람이라고 느끼고
싶은 욕망이다."

—존 듀이Jhon Dewey

수족관의 고래를 훈련시킬 때 조련사들이 쓰는 방법 중 가장 효과적인
방법은 칭찬을 하는 것이다. 그러면 고래도 조련사의 요구대로 관객 앞
에서 기쁘게 춤을 춘다고 한다. 다른 사람에게 호의를 베푸는 가장 좋은

방법은 그가 가장 좋아하는 것을 가져다 주는 것이다. 그리고 항상 "정직하고 진심 어린 칭찬"을 할 때 효과가 나타난다. 상대방에게 관심을 가지는 말, 용기를 북돋아주는 격려의 말, 그리고 칭찬의 말은 언제나 서로에게 이득이 된다.

사랑의 말을 하라

사랑의 말은 상대방의 장점을 발견하는 데서 나온다. 특히 오래된 커플(부부)들은 다음 네 가지 의사소통의 덫에 빠지기 쉽다.

첫째, 말수가 적고 대화하지 않으며, 무의식적으로 파트너를 그냥 거기 있는 가구쯤으로 여긴다.

둘째, 서로에 대해 당연한 듯 생각하고 종종 감사의 마음을 표현하거나 인식하는 것을 잊어버린다.

셋째, 정신적으로 나태해져서 판에 박힌 말만 한다. 관계를 형성하는 사랑의 말은 점점 줄어들고 마침내는 사라져 버린다.

넷째, 파트너에게 불평, 불만, 비난, 요구 등의 구실로 막말을 하기 시작한다.

이상의 문제들은 부부의 관계를 손상시키기 쉽다. 그러나 약간의 관심과 노력을 기울인다면 쉽게 고쳐질 수도 있다.

문제 인식 자체가 첫 번째 해결 단계이며, 두 번째 단계는 긍정적인 말, 사랑의 말로 상대방의 응어리진 마음을 풀어나가야 한다. 친구들에게도 '당연한 존재'라고 생각하지 말라. 때때로 약간의 긍정적인 말로 관계를 개선시켜 갈 필요가 있다.

'친구'란 말은 어떤 언어로 표현하는가와 상관없이 가장 강력한 긍정적 말 중의 하나이다. 친구로 불린다는 것은 크나큰 칭찬을 받는 것이다. 서로의 관계가 손상되었을 때, 가장 힘이 되는 말은 "내가 잘못했어", "미안해" 이 두 마디이다. 어떻게 보면 가장 말하기 어려운 두 마디일지도 모른다. 그러나 두 사람 사이 관계의 치유를 위해서는 꼭 필요한 말이다.

친절한 말을 하라

> "'부탁드립니다'와 '고맙습니다'는 마법의 말이다.
> 만일 당신이 좋은 일이 생기기를 바란다면 그 말을 하면 된다."
>
> —필 파커Phil Parker

인생은 일련의 문제들의 연속이다. 그 문제들을 들고 한탄만 해야 하는가, 아니면 해결하기를 원하는가. 불평불만을 늘어놓는다고 얻어지는 것이 무엇일까. 불평불만은 오히려 문제를 악화시킬 뿐이다. 이런 때일수록 상대방에 대하여 좀더 존경하는 태도로 예의바르고 정중하게 공손하고 친절하고 사려 깊고 우아하고 점잖은 말로 대해 주어야 할 것이다.

> "친절한 말은 친구를 많게 하고, 적을 누그러뜨린다.
> 우아한 입술은 다정한 환영의 말을 불어넣는다."
>
> —시라크 금언

웃음을 주는 재미있는 말을 하라

웃음은 면역 체계를 활성화시키고 강화해 주며, 스트레스를 해소해 주고 더 많은 산소를 들이마시게 해서 몸을 상쾌하게 해준다. 웃음은 혈압을 낮추고 고혈압을 예방한다. 웃음은 전혀 부작용이 없고 돈도 들지 않고 어디서나 쓸 수 있는 명약의 효과를 지니고 있다.

그러나 우리 모두가 재미있게 말할 수 있는 재능을 갖고 있는 것은 아니다. 하지만 우리가 조금만 노력하면 주변에서 항상 웃음거리를 발견할 수 있다.

우리 주위에는 늘 웃음을 주는 요소들이 있으며, 그것은 충분히 나눌 가치가 있다. 우선 그것을 찾아내어 기록해 두어야 한다. 잡지나 신문기사 또는 전문적인 책에서 웃음을 주는 농담거리를 찾을 수 있을 것이다.

이렇게 노력해서 모은 재미있는 애깃거리를 하루 한두 가지 이상 다른 사람들과 대화할 때 꾸준히 사용하다 보면, 자연스럽게 습관이 되어 상대방에게 웃음을 선사하게 될 것이다.

"유머는 중요한 것이다. 난 그것이 모든 비용을 들여서라도 보존해야 할 우리의 가장 위대한 천연자원 중의 하나라고 생각한다."

―제임스 터버James Thurber

질문이 답을 만들어낸다

질문이 생각의 수준을 좌우한다

스스로 행복한 삶, 성공적인 삶을 살았다고 자부하는 사람들은 말보다 질문을 많이 한 사람들이다.

생각한다는 것은 질문하고 답하는 과정이다. 우리가 하루에 하는 일의 대부분은 질문하고 대답하는 과정이라고 하겠다. 따라서 삶의 질을 높이고 싶다면 습관적 질문을 바꾸어야 한다. 질문들은 생각의 초점을 조절하고 그 결과 생각하는 방법과 느끼는 감정을 변화시키기 때문이다.

성공한 사람은 더 나은 질문을 하고, 더 나은 답을 얻는 데 노력한다. 성공한 사람은 어떤 상황에서도 자신이 원하는 결과를 얻을 수 있도록 활력을 주는 긍정적인 대답을 찾아낸다. 따라서 훌륭한 질문이 훌륭한 인생을 만든다.

질문의 힘

자신의 능력의 한계에 대하여 의문을 갖게 되면 인생의 벽, 사업의 벽, 인간관계의 벽을 허물 수 있게 된다. 사람의 모든 발전은 새로운 질문에 의해 진행된다. 그리고 운명을 결정짓는 것은 우리가 던지는 질문뿐만 아니라 제대로 묻지 않는 질문도 포함된다. 자신의 소망을 구체적으로 깊이 생각한 후 질문으로 표현하라. 그 질문은 우리에게 소망을 향해 가는 길을 안내해 준다. 그러므로 질문은 상상을 초월하는 힘을 발휘한다. 의미 있고 값진 삶을 살려면 꾸준히 자신에게 수준 높은 질문을 던져야 한다.

질문의 효과

질문은 순간적으로 생각을 변화시켜 우리의 감정을 바꾼다.

머릿속에 무엇인가를 주입시키려 하지 말고 대신 질문을 하라. 그러면 감정을 느낄 수 있는 현실적인 이유가 생각날 것이다.

우리는 단지 생각을 바꿈으로써 자신의 감정을 즉각적으로 바꿀 수 있다. 위기의 순간에 활력을 불어넣는 질문은 인생에서 가장 힘들 때 나를 이끌어주는 가장 결정적인 기술이다.

"지금 이 순간 내가 진정으로 행복해하는 것은 무엇인가", "이 상황을 어떻게 활용할 수 있을까?" 등 시간을 가지고 이런 질문에 대한 답을 생각해 보라. 그렇게 하면 생각을 바꾸고 감정 상태를 바꾸어 원하는 결과를 얻을 수 있을 것이다.

질문은 우리가 집중하는 것과 삭제하는 것을 바꾸는 힘이 있고 우리의 잠재능력을 고양시킨다.

어느 순간이든 자신에게 던지는 질문은 "나는 누구인가, 어떤 능력을 갖추고 있는가, 나의 꿈을 실현하기 위해 무엇을 할 수 있는가?"에 대한 인식을 할 수 있게 만든다.

의식적으로 질문을 조절하는 방법을 배운다면, 인생의 궁극적인 목표를 성취하는 데 큰 도움을 줄 것이다.

문제 해결에 활력을 주는 긍정적인 질문을 하라

일상생활 속에서 어떤 문제를 만났을 때, 그 문제 해결을 위한 방편의 하나로, 우리에게 문제를 해결하고 활력을 주는 긍정적인 질문을 항상 할 수 있도록 습관화할 필요가 있다.

문제 해결을 위한 질문의 내용은 다음을 참고해 보자.

첫째, 이 문제의 좋은 점은 무엇인가.

둘째, 아직 완전하지 못한 점은 무엇인가.

셋째, 내가 원하는 대로 해결하기 위해 무엇을 할 것인가.

넷째, 내가 원하는 대로 해결하기 위해 무엇을 포기할 것인가.

다섯째, 내가 원하는 대로 해결하기 위한 노력을 하면서 어떻게 그 과정을 즐길 것인가.

묻는다는 것은 존중과 겸손의 표시이다

삶에 활력을 주는 긍정적인 질문은 자신뿐만 아니라 다른 사람들에게도 도움을 줄 수 있다.

자신이 잘 알고 있는 내용이지만 전문가인 상대방에게 그 분야에 대해 묻는다는 것은 존중과 겸손의 표시이다. 상대방에게 스트레스를 날릴 수 있는 질문을 하라. 상대방이 스트레스를 해소하고, 활력을 얻을 수 있는 질문은 상대방을 고양시킬 수도 있다. 언제나 사람들에게 활력을 주는 긍정적인 좋은 질문들을 선물하라.

이런 대화 습관은 고치자

첫째, 업무 능력에 지장을 주는 대화 습관

도덕적 설교만 늘어놓는 것, 남의 권위를 내세워 잘난 척하는 것, 자기의 권위를 내세우는 것, 자신의 가치관만으로 모든 것을 판단하는 것,

근거를 말하지 않고 결론짓는 것, 건전한 대안의 제시 없이 트집만 잡는 것, 단순한 몇 개의 정보만으로 섣불리 결론짓는 것, 궤변으로 자신의 의견을 주장하는 것, 난해한 말로 연막을 치는 것, 구체적인 예를 들지 않고 추상적이고 어려운 말을 하는 것은 업무능력의 향상에 큰 장애가 되고, 업무에 지장을 주는 대표적인 대화 습관들이다.

둘째, 이성 교제에 지장을 주는 대화 습관

끝난 일을 계속 문제 삼는 것, 무엇이든지 의심하고 억측하는 것, 감정에 쉽게 휘둘리는 것, 자기 의견을 말하지 못하고 망설이는 것, 자기 말만 하는 것, 상대방이 관심 없는 말을 늘어놓는 것, 낮은 수준으로 해석하는 것, 어떻게 해서든지 눈에 띄게 하려는 것 등은 이성과의 교제에 장애가 되는 대표적인 대화 습관들이다.

셋째, 인간관계를 악화시키는 대화 습관

자기 자랑만 늘어놓는 것, 허세를 부리는 것, 다른 사람의 말에 귀를 기울이지 않는 것, 아부만 하고 자기 의견을 말하지 않는 것, 감정의 기복이 심한 것, 정론만 내세우는 것, 흔한 말만 하는 것, 불평만 얘기하는 것, 어떤 화해든 항상 똑같은 이야기로 끌고 가는 것, 차별의식을 말로 표현하는 것, 다른 사람의 생각을 비판 없이 받아들이는 것, 너무 쉽게 감동하는 것, 지나치게 친절한 것, 이상론만 말하는 것 등은 인간관계를 악화시키는 대표적인 대화 습관들이다.

앞서 언급한 세 가지, 즉 업무 능력 향상에 지장을 주며, 이성과의 교제에 지장을 초래하고, 인간관계를 악화시키는 나쁜 대화 습관들은 과

감히 던져 버려라.

스스로 나쁜 대화 습관을 분석한 후 업무 능력을 향상시키고, 이성 교제에 도움이 되게 하며, 인간관계를 회복시키고, 고양하는 긍정적인 대화 습관이 자연스럽게 몸에 배도록 노력하며 고쳐 나가자.

늘 불평을 말하고 남에 대한 욕을 입에 올리는 사람이 성공한 예는 없다.
어느 한 가지 일에 성공한 사람을 보면 그들은 입을 통제할 줄 알았다.
다시 말해 쓸데없는 말을 입에 올리지 않았던 것이다.
묵묵히 자기 자신을 채찍질하면서 나아가는 동안에
비로소 사람은 기회와 성공을 만나게 되는 것이다.
―탈레랑

7 인간관계의 비결을 터득하라

인간관계의 중요성

인간관계 능력이 성공을 좌우한다

사람은 혼자서는 못 산다. 한자로 사람을 나타내는 '人'이란 글자 자체만 봐도 두 사람이 서로 기대어 협력해야만 살 수 있다는 뜻을 담고 있다. 우리는 하루에도 많은 사람들을 만나고 또 그 만남을 통해 우리의 생활이 이루어진다. 오늘날처럼 생존경쟁이 날로 치열해져 가고 있는 정보화 사회에서는 끈끈한 인간적 교류 없이 사업의 성공은 물론 의미 있고 풍요로운 삶을 살아갈 수 없다.

대인관계의 권위자였던 데일 카네기도 "인생 성공의 85%가 대인관계에서 결정된다"고 하면서 인간관계의 중요성을 강조했다.

동양의 전통 유교에서도 인간관계의 중요성을 많이 강조했다. 삼강오륜 자체가 기본적인 인간관계에 관한 가르침이지만 그와 별도로 인간 사귐의 두 가지, 즉 소교素交와 이교利交를 나누어 설명하고 있다. 소교란 명예, 이익 등을 전제로 하지 않은 순수한 인간적인 사귐을 말하고, 이교란 이익을 전제로 한 사귐을 말하는 데 권력 있는 사람, 어떤 목적을 위해, 또는 이해관계를 위하여 생각하고 사귀는 것 등으로 세분할 수 있다. 좋은 인간관계를 유지하려면 이교를 멀리하고 소박하고 가식 없는 소교를 가까이할 것을 강조하고 있다.

학창시절에 수석을 했던 친구가 나중에 사회에 나와서 크게 성공하지 못하는 것은 무엇 때문일까. 그것은 지능지수IQ는 높지만 감성지수 Emotional Quotient(EQ)가 낮기 때문일 가능성이 크다.

감성지능은 감정 인식, 감정 조절, 자기 동기화, 인간관계 능력 등 정서 및 사회성과 관련된 능력을 포함한다. 이 중에서 인간관계 능력이 성공에 가장 중요한 요소의 하나이고, 지능지수보다 감성지수가 성공에 더 중요한 영향을 미친다는 것이 최근 심리학 연구에서 확인되었다. 이처럼 독불장군이나 외톨이보다는 평소 인간관계에 원만하고 능숙한 사람이 인생에 있어서 성공할 가능성이 높다는 것을 알 수 있다.

인간관계가 삶에 영향력을 미치는 이유

인간관계는 다음에서 보듯이, 우리의 삶에 지대한 영향을 미친다.

첫째, 삶에서 느끼는 만족감은 대부분 인간관계에서 발생하기 때문에 문제가 생기면 모든 일에 영향을 미친다.

둘째, 다른 사람들과의 갈등은 불안, 분노, 우울 등 부정적 감정을 일으켜 생산적인 일에 사용할 에너지와 시간을 낭비하게 된다.

셋째, 아이디어와 정보는 대부분 다른 사람들과의 교류를 통해 수집되므로 고립된 사람은 그만큼 손해를 보게 된다.

목표가 무엇이든지 그것을 달성하려면 반드시 협력자가 필요하다. 원만하고도 바람직한 인간관계를 원한다면 호감을 사는 비결을 배우기 전에, 다른 사람들이 싫어하는 나의 행동이 무엇인지 찾아보고 개선해야 한다. 인간관계는 호감에 의해서도 좌우되지만 혐오감에 의해서도 좌우되기 때문이다.

인간관계를 그르치게 하는 대표적인 예를 들어보면, 자기 중심적으로 행동하는 것, 칭찬, 감사, 사과할 줄 모르는 태도, 상대방의 약점을 잡아 인격을 비난하고, 상대방 주변 인물까지 비난하는 것, 대화 도중에 끼어들기, 부담스럽거나 민감한 화제를 꺼내는 것, 대충 짐작해서 판단하고 다른 사람과 비교하는 것 등이 있다.

사람을 움직이는 3원칙

사람은 이성적으로 사물을 판단하기보다 감정적으로 판단한다. 상대방을 설득하거나 내가 의도하는 방향대로 움직이게 만들려면 이성적, 논리적 접근보다는 감정적으로 접근하는 것이 효과적이다. 상대방의 감정에 호소하여 스스로 움직이고 싶은 기분을 불러일으켜야 한다.

① 다른 사람을 비난하지 말라

사람은 감정의 동물이고 편견에 가득 차 있으며, 자존심과 허영심에 휩싸여 행동하는 존재이다. 다른 사람을 비난하는 것은 아무에게도 도움이 되지 않는다. 비난하는 사람은 감정이 격앙되어 이성을 잃기 쉽고, 비난받는 사람은 방어 태세를 갖추고, 어떻게 해서든지 자신을 정당화하려 하고, 자존심이 상하게 되면 반항심이 생겨나게 되므로, 서로의 관계가 악화되기 십상이다. 상대방이 왜 그런 행동을 하게 되었는지 곰곰이 생각해 보도록 힘쓰고 상대방을 이해하도록 노력해 보자.

"다른 사람의 단점을 절대로 끄집어 내지 않으며, 장점만을 부각시킨
다."
　　　　　　　　　　　　　　　　　　　　　　　　－벤자민 프랭클린

② 원하는 것을 충족시켜 준다

사람의 마음을 움직이게 하는 비결은 그 사람 스스로 움직이고 싶은
기분을 불러일으키는 것이다.

사람은 대개 식욕, 성욕, 수면욕, 재물욕, 자손 번식욕, 자기 자신의 중
요성, 인정 욕구 등의 여러 가지 욕구가 있다. 이중에서 "자기 자신의 중
요성(중대한 인물이 되고 싶어 하는 욕구)"에 대한 욕구는 좀처럼 충족시키
기 힘들다.

심리학자 지그문트 프로이트 박사는 인간의 모든 행동은 두 가지 동
기, 즉 "성충동과 위대해지려는 욕망"으로 압축할 수 있다고 했다.

철학자이며 교육가인 존 듀이 박사도 인간의 가장 원초적 충동은 '중
요한 인물이 되고 싶은 욕구'라고 말했다. 이처럼 인간은 누구나 칭찬
받기를 원한다. 인간이 지닌 성질 가운데서 가장 강한 것은 상대방에게
인정받고자 갈망하는 마음이다. 이처럼 누구라도 어떤 면에서는 내 자
신보다 뛰어난 면이 있기 마련이다. 자신의 장점만을 생각하기보다 상
대방의 장점을 깊이 생각해 보고 마음속으로부터 우러나오는 칭찬을
하라. 칭찬을 들은 상대방은 마음속 깊이 간직하고 평생 잊지 않을 것
이다.

③ 입장을 바꾸어서 생각해 보자

우리는 자신이 원하는 것에 주로 관심을 갖게 되며, 너나없이 자신의 일에만 정신이 팔려 있다. 그러므로 상대방을 움직이게 하는 방법은 상대방이 원하는 문제를 함께 이야기하고, 그것에 대해 조언해 주는 것이다.

사람의 행동은 마음속의 욕구에서 생겨난다. 따라서 사람을 움직이려면 먼저 상대방의 마음속에 강력한 욕구를 불러일으키도록 만들어야 한다. 상대방의 지지를 불러일으키는 사람은 만인의 지지를 얻는 데 성공할 것이며, 그렇지 못한 사람은 한 사람의 지지도 얻지 못할 것이다.

그러면 어떻게 해야 상대방으로 하여금 그렇게 하고 싶다는 기분을 불러일으킬 수 있을까? 그것은 상대방의 입장이 되어 보고, 상대의 마음을 이해하고, 자신의 입장과 상대방의 입장을 동시에 비교하여 사물을 볼 수 있는 능력을 갖추면 된다.

이미 이룬 일에 대해서는 말하지 말라.
이미 일을 시작한 것에 대해서는 충고하지 말라.
기왕에 저지른 일에 대해서는 나무라지 말라.
그들은 이미 결과가 어떻게 되었다는 것을 너보다도 더 잘 알고 있다.
— 공자

남으로부터 호감을 얻어라

"탐욕하는 마음을 버리고 성급하게 화를 내지 말며, 말과 행동에 바보스러움이 없다면 남들이 좋아하는 사람이 될 것이다."

―석가모니

성실한 관심을 가져라

남이 자기를 좋아하는 사람이 되기 위해서는 자신이 먼저 상대방에게 성실한 관심을 가지고 좋아해야 한다. 그러한 예는 가까운 곳에서 찾아볼 수 있다.

개는 꼬리를 흔들어 "나는 당신을 좋아합니다"라고, 감정을 사람에게 표현할 수 있는 동물이기 때문에 사람들은 유난히 개를 좋아한다. 개는 자기를 싫어하는 사람에게는 가까이 가지 않고, 자기를 좋아하는 사람에게만 애정을 표현하고 충성을 다한다. 개의 애정 표시는 먼저 사람이 보인 애정에 대한 반응이라고 할 수 있다.

사람이 사람을 좋아하고 호감을 갖는 것과 동물을 좋아하고 애정을 보이는 것과 차이가 있는 것은 사실이다. 한 번 싫다고 느낀 사람을 좋아하고 호감을 갖는다는 것은 여간 어려운 일이 아니다. 바로 여기에 인간관계의 어려움이 있는 것이기 때문에 의식적인 노력이 지속적으로 필요하다.

씨는 뿌리고 가꾸어야 수확을 거둘 수 있듯이, 내가 먼저 상대방에게 성실한 관심을 보일 때 상대방도 나에게 반드시 호감을 가질 것이다.

"우리는 늘 자기 자신에 대해 관심을 갖기 마련이다. 사람에게 인기 있는 사람이 되기 위해서는 상대방에게 성실한 관심을 가져야 한다."

―로마 시인 파브릴리우스 시루스. 기원전 100년에

항상 미소를 잊지 말라

미소 짓는 것만큼 밑천 없이 남을 즐겁게 해주는 일은 없을 것이다. 상냥한 미소는 상냥한 마음에서 나오는 것이고 무뚝뚝한 표정은 무뚝뚝한 마음의 표현일 것이다. 당신이 상대방에게서 호감을 받고 싶으면 항상 미소 짓는 얼굴로 대하라. 얼굴에 나타나는 표정은 화려한 옷보다, 거침없이 뛰어난 화술보다 훨씬 더 값지다. 얼굴에 나타나는 표정은 바로 마음의 거울이기 때문에 대인관계에 있어서 항상 마음을 열고 친근감이 밖으로 나타나도록 하는 것이 중요하다.

"웃는 얼굴에 침 못 뱉는다", "한 번 웃으면 한 번 젊어지고, 한 번 화내면 한 번 늙는다"는 우리 속담을 통해 옛 선조들이 웃음을 미덕으로 여기고 중요하게 생각했음을 알 수 있다.

서양 사람들은 엘리베이터 안에서 처음 만난 사람에게도 자연스럽게 미소 지으며 인사하는 것이 습관화되어 있는데, 우리의 경우는 미소 짓는 습관이 아직 그렇게까지 익숙하지 않은 것이 사실이다.

이는 항상 근엄해야 하고 경솔하게 미소 짓는 것을 경계한 우리 전통문화에서 비롯된 것으로, 항상 정중하고 근엄한 표정을 짓는 것이 습관화되어 왔기 때문이라고 본다. 불쾌한 마음을 억제하면서 밝은 표정으로 미소 짓는다는 것이 그리 쉬운 일은 아닐 것이다. 그러나 전혀 방법이 없는 것은 아니다.

데일 카네기는 이럴 때, 억지로 웃어 보거나, 혼자 있을 때면 휘파람을 불던가 콧노래를 부르든지, 행복해서 어쩔 줄 모르겠다는 듯이 행동해 보라고 권하고 있다. 그러면 신기하게도 진짜 행복한 기분이 될 것이다. "태도는 사실보다 중요하다"는 긍정적 시각이 감정의 변화를 가져올 수 있을 것이다.

그런데 미소와 웃음이 상대방에게 무조건 호감을 주는 것은 아니다. 법정에서 형을 선고할 경우나 장례식을 주관할 때와 같은 경우처럼 때와 장소에 따라서 경건한 표정으로 바꾸어야 할 것이다.

상대방의 이름을 기억하라

사람은 남의 이름에 대해서는 별로 관심을 갖지 않지만, 자신의 이름에 대해서는 본능적으로 특별한 관심을 가지고 있다. 합격자 명단에서 자신의 이름을 볼 때, 그리고 신문이나 잡지기사에서 자신의 이름을 볼 때, 누군가가 자신의 이름을 기억했다가 불러준다는 것은 매우 기분 좋은 일이다. 어떤 어설픈 칭찬의 말보다 훨씬 효과적인 방법이다.

이와 반대로 자신이 잘 알고 있다고 생각하는 사람이 자신의 이름을 잊어버렸다든가 틀리게 부르거나 잘못 쓰면 불쾌함을 느끼게 되는 것이 사람의 공통된 속성이기도 하다.

강철 왕 앤드류 카네기가 열 살 때 기르던 토끼가 새끼를 낳아 혼자 기르기 벅차게 되자, 토끼풀을 많이 뜯어오는 동네 아이의 이름을 토끼에게 붙여주기로 약속했다. 그러자 자신의 이름이 붙은 토끼를 먹이기 위해 아이들이 풀을 뜯어와 잘 돌보았기 때문에 더 이상 토끼 기르는 데 신경 쓰지 않아도 되었다. 이 이야기는 사람들이 이름을 얼마나 중요하게 생각하느냐를 보여주는 좋은 예라 하겠다. 카네기는 장성한 후에도 그때의 경험을 잊지 않고, 이와 같은 인간의 심리를 적절히 이용하여 사업에 성공할 수 있었던 것이다.

카네기는 거래처의 상호는 물론 사장 그리고 직원들의 이름까지 기억하고 존중했다. 이것이 그가 성공하게 된 비결이었다.

대개 사람들은 다른 사람들의 이름을 잘 기억하지 못한다. 다른 중요한 일들이 많아서, 바빠서, 시간적 여유가 없다는 이유를 대기도 한다. 이것은 성의의 문제이다. 처음부터 이름을 잘 기억하는 사람은 없다. 상대방의 이름을 불러주는 것이 그 사람과의 인간관계에 미치는 영향이 얼마나 큰 것인가를 정확히 인식하고 상대방의 이름을 기억하고 불러주기 위해 노력하며, 이를 체질화해야 한다. 상대방의 마음을 움직이고 나를 좋아하게 만드는 비결은 바로 상대방의 이름을 기억하여 정확히 부르는 것이다. 이름은 그 사람에게 가장 중요한 것이다.

남의 이름을 쉽게 기억하기 위해서는 다음과 같은 방법을 사용해 보라.

첫째, 이름을 정확히 듣는다. 상대방의 이름을 분명하게 알아듣지 못했을 때는 "미안하지만 다시 한 번만 말씀해 주십시오"라고 부탁하여 이름을 정확히 확인한다.

둘째, 명함을 받으면 앉아 있는 순서대로 명함을 책상 위에 놓고 명함에 기재된 이름을 확인하면서 이름을 불러가면서 대화를 한다.

셋째, 상대방의 이름을 몇 번 되풀이하여 외워 본다. 한 번 들은 이름을 즉시 되풀이해 봄으로써 기억력을 굳게 하고 인상을 깊게 할 수 있다.

넷째, 상대방의 이름을 다른 뜻과 연관시켜 생각해 본다. 명함 뒤에 그 사람의 인상을 적어두는 것도 하나의 방법이다.

상대방의 말을 잘 들어라

"신은 인간에게 두 개의 귀와 한 개의 입을 주었다. 인간은 말하는 두
배를 들을 의무가 있다."
—그리스 철학자 제논

사람은 자기 중심적 심리를 가지고 있기 때문에 내 자신의 이야기를
잘하는 것보다 상대방의 말을 잘 들어주는 것이 상대방으로부터 호감을
사는 방법이다.

상대방의 말에 귀를 기울여 준다는 것은 상대방에게 표현할 수 있는
최고의 경의이다. 사업을 성공적으로 이끄는 별다른 비결은 없다. 무엇
보다 당신에게 이야기하고 있는 사람에게 전적으로 주의를 기울이는 것
이 가장 중요하다. 이것보다 더 효과적인 사업의 비결은 없다. 장사를
잘하는 사람들은 일방적으로 팔고자 하는 물건에 대해 선전하기보다는
상대방이 이야기하는 것을 열심히 들어준다고 한다.

우리는 남의 말을 들을 수 있는 관용성이 부족하거나 자만심 때문에
아래와 같이 인간관계를 그르치는 잘못을 저지르는 경우가 많다.

첫째, 상대방의 말을 건성으로 듣는다.

둘째, 자기 자신만 계속 이야기한다.

셋째, 상대방이 말하고 있는 도중이라도 생각이 떠오르면 말을 가로채
자기의 의견을 거침없이 말한다.

넷째, 자신이 상대방보다 우월하다는 자만심으로 상대의 이야기를 들
을 필요가 없다고 생각하여 중도에서 대화를 중단한다.

상대방으로부터 호감을 사고 좋은 인간관계를 갖기 위해서는 상대방

111

의 말을 귀담아들으며, 상대방이 쉽게 대답할 수 있는 질문을 하고, 상대방이 자신을 자랑할 수 있도록 대화를 유도해야 한다. 또한 오직 상대방에게만 관심을 집중하며, 내가 이야기할 차례는 항상 상대방보다 다음이라는 것을 잊지 말아야 한다.

상대방의 관심사를 놓치지 말라

상대방의 관심사를 사전에 파악하라. 다른 사람의 마음을 끌 수 있는 또 하나의 방법은 상대방이 가장 관심 있게 생각하는 문제를 꿰뚫어보고, 그것에 대해 관심을 가지는 것이다.

상대방의 호감을 얻으려면 상대방의 관심을 환기시키려고 하기보다는 상대방에게 순수한 진심을 보이는 것이 최선의 방법이다.

영국의 수상이었던 디즈레일리는 "사람들과 대화를 할 때는 그 사람의 관심 사항과 그 사람 자신에 관한 것을 화제로 삼아라. 그렇게 하면 상대방은 몇 시간이라도 이쪽의 이야기를 들어줄 것이다. 이것이 인간관계의 근본이다"라고 말한 바 있다.

뉴욕 통신회사에서 어느 단어가 통화 중 가장 많이 사용되는가에 관해 통계조사를 한 바 있는데, 5,000번의 통화 중에 무려 3,690번이나 "나"라는 일인칭 대명사가 사용되었다고 한다.

상대방으로부터 호감을 사려면 먼저 남을 위해 힘써 줄 줄 알아야 한다. 남을 위해서 자신의 시간을 들여 상대방의 관심사를 알고 난 후 대화하는 것이 그 사람의 마음을 움직이고 자기편으로 만들 수 있는 길이다.

마음으로부터 칭찬하라

사람들은 누구나 주변 사람들로부터 인정받고 싶고 자기가 중요한 존재라는 것을 느끼고 싶어 한다. 이처럼 주변 사람들로부터 마음속으로부터의 인정과 아낌없는 칭찬을 받고 싶은 것이 인간의 공통된 심리이다.

당신이 다른 사람들로부터 칭찬받기를 원하고 있듯이, 상대방도 칭찬받기를 원하고 있다. 칭찬이란 상대방을 인정해 주는 동시에 사랑의 표현이기도 하다. 우리는 남을 칭찬하는 데 인색한 습관이 있다. 훌륭한 일을 했을 때뿐만 아니라 사소한 일에도 칭찬을 아끼지 말자. 항상 다른 사람에게 칭찬과 격려의 말을 하는 습관을 길러 두자.

이 세상에 칭찬을 싫어하는 사람은 없으며, 누구나 칭찬을 받으면 기분이 좋아지고 아울러 감사함을 느끼게 된다. 상대방이 입은 옷이 멋있게 보이면 "옷이 썩 잘 어울립니다"라고 느낀 대로 칭찬하는 것이다. 아는 사람이 매스컴에 소개되었을 때 바로 전화나 짧은 글로써 축하의 뜻을 전할 때, 의외로 상대방은 큰 호감을 갖게 될 것이다.

또 자기가 하고자 하는 일에 대하여 상대방에게 "당신의 의견은 어떻습니까, 좋은 충고를 부탁합니다" 하고 부담 없이 요청을 하면 그 말에는 "당신은 훌륭한 사람입니다"라는 뜻이 포함되어 있기 때문에 상대방을 간접적으로 칭찬하는 효과가 있다.

그리고 칭찬은 받아들이는 상대방에게 보다 구체적일 때 진지하게 가슴에 와닿기 때문에 그 효과가 크다. 그리고 위선이나 입에 발린 칭찬을 바라는 사람은 없다. 본인도 몰랐던 장점에 대하여 칭찬할 때, 공개적으로 또는 제3자를 통하여 전달하는 방식도 좋다. 누구든지 생각지도 않았았던 이로부터 칭찬을 듣는다면 그는 더욱 감사를 느낄 것이다.

아무리 작은 일이라도 아낌없이 격려하고 칭찬하라.

어떤 높은 곳이라도 사람이 도달하지 못할 곳은 없다.
그러나 결의와 자신을 가지고 올라가지 않으면 안 된다.
―안데르센

설득하는 능력을 갖추어라

설득의 중요성

설득이란 상대방이 납득할 수 있는 여러 가지 방법을 깨우치게 함으로써 자신의 의견이나 주장에 자발적으로 동의하도록 하는 것을 말한다.

설득은 대부분 말이나 글로써 하지만 때로는 행동까지도 포함될 수 있다. 상대방을 자신의 생각에 따르게 하고, 마음으로부터 자신의 주장을 찬성하게 하는 기술인 설득 능력을 갖춘다면, 인간관계를 주도적으로 이끌어 나갈 수 있기에 인생에 있어서 그만큼 성공할 가능성이 크다고 할 수 있다.

말솜씨를 가다듬고 문장력을 높여라

① 상대방을 설득시킬 수 있는 수단은 역시 말과 글이다

상대방이 쉽게 듣고 읽을 수 있으며, 상대방의 마음에 와닿을 수 있도록 말하는 능력과 문장력을 향상시켜야 한다. 어느 직업에 종사하더라도 말하는 능력과 문장력은 그 분야에서 앞서나가는 데 필수적인 요건이다.

② 좋은 말과 명문장은 발견하는 대로 메모하는 습관을 기르자

말하기와 글솜씨는 관심만 갖는다면, 일상생활 속에서 얼마든지 발전시킬 수 있다. 신문이나 텔레비전 또는 책에서 나오는 말이나 문장 가운데서 명언이나 명문장, 인상적인 것 등을 메모해 두었다가 활용하는 것도 좋은 방법이다. 메모하는 습관은 노력을 반감시켜주며, 모아둔 자료는 나중에 아이디어뱅크 역할을 해준다.

말하는 능력을 향상시키는 방법

'말을 잘한다, 말솜씨가 좋다'는 인정을 받으려면 적어도 다음 세 가지를 갖추어야 한다.

첫째, 상대방에게 자신의 의도를 완벽하게 전달한다.

둘째, 군더더기 없이 명료하고 확실하게 말한다.

셋째, 상대방의 마음을 편하게 하고 감명을 주며 흥미가 있도록 말한다.

말솜씨(말하는 능력)를 향상시키기 위해서는 녹음테이프를 활용하는 방법도 있다. 명강연, 명연설 테이프를 반복해서 들으면 말의 억양이나 강약, 호흡 조절과 말의 리듬까지 배울 수 있어 말하기의 방법을 배울 수 있다. 그리고 자신의 목소리를 녹음해서 들어보자. 그러면 많은 것을 짧은 시간에 고쳐나갈 수 있을 것이다. 제스처도 거울을 보며 연습해 보자.

문장력을 향상시키는 방법

여기서 말하는 문장력은 자신의 의사를 완벽하고 간명하게, 읽는 이에게 호감을 줄 수 있는 수준 높은 문장을 일상적으로 구사하는 것을 의미한다.

글로 표현하는 경우가 말로 표현하는 것보다 여러 면에서 장점이 있다. 발신자와 수신자 사이에 시간과 장소에 구애됨이 없이 의사전달이 가능하며, 한 번에 이해가 되지 않더라도 되풀이해서 읽으면, 발신자의 의도를 잘 파악할 수 있다. 상대방을 설득할 때 문장력이 갖는 효력은 적지 않으며 경우에 따라서는 말보다 글이 더 설득력을 지닌다.

문장력을 높일 수 있는 몇 가지 요령을 터득하면 더욱 효과가 있을 것이다.

첫째, 문장의 내용과 발신자의 의도를 명확하게 전달하기 위해서는 육하원칙(누가, 언제, 어디서, 무엇을, 왜, 어떻게)에 맞게 써야 한다.

둘째, 쓰기 시작하면 중단하지 말고 끝을 맺어야 하고, 결론부터 제시한다. 만약 요점이 확실하다면 문법에 너무 구애받지 않아도 된다. 한 번에 완벽을 바라지 않더라도 최후의 한마디는 인상 깊게 써야 한다.

셋째, 평소 문장력을 향상시키기 위해 몇 가지를 노력해 보자. 즉, 문장에 관심을 가질 것, 명문장을 많이 읽을 것, 간결하고 이해하기 쉬운 어휘로 구체적으로 표현할 것, 생략하는 요령을 익힐 것 등이다.

설득하는 방법

① 논쟁을 피하자

어떤 주제를 가지고 두 사람이 논쟁한다고 할 때 결론이 쉽게 나지 않

을 것이다. 설사 자신의 논리가 잘못되었다고 스스로 인정하더라도 잘
못을 상대방에게 시인하지 않으려 하는 것이 인간의 공통된 속성이다.
잘못을 시인하기보다는 오히려 상대방에 대해 나쁜 감정을 품게 되는
것이 흔한 인이다.

벤자민 프랭클린은 "논쟁을 해서 상대방을 굴복시키고 승리를 쟁취하
고 무한한 성취감을 느낄 수 있을 것이다. 그러나 한 사람의 벗을 잃게
되기 때문에 그 승리는 공허한 것이 되고 말 것이다"라고 말했다.

논쟁하지 말라. 논쟁을 하게 되면 소비자의 마음만 상하게 되어 구입
하고 싶었던 물건이라도 그 사람에게서는 절대로 사지 않게 된다. 상대
방을 설득하고자 할 때 상대의 논리가 옳지 않다고 확신이 가더라도 논
쟁만은 피해야 한다.

"논쟁에서 이길 수 있는 방법은 단 한 가지가 있는데, 그것은 논쟁을
하지 않고 피하는 길이다. 독사나 지진을 피하듯이 논쟁을 피하라"고 데
일 카네기는 강조하고 있다.

② 상대방의 마음을 열게 하라

논리정연하게 이론적으로 납득이 가도록 설득하는 방법도 중요하지
만, 사람은 감정의 동물이기 때문에 이론보다는 감정에 호소하는 편이
더 효과적으로 사람을 움직일 수도 있다.

심리학자들의 연구결과에 의하면 사람들은 85%가 논리보다 감정에 따
라 행동한다고 한다. 사람을 움직이게 하는 데는 다섯 가지 동기가 있다.
그것은 자존심, 이익, 필요성, 사랑, 그리고 공포이다. 사람은 이 다섯 가
지 감정 요인 가운데 어느 것인가에 반응을 보임으로써 행동하게 된다.

사람을 설득하기 위해서는 그 대상을 잘 관찰하고 그 사람이 위 다섯 가지 가운데 어느 쪽에 가장 관심을 보이는가를 파악하는 것이 중요하다.

사람의 마음을 열게 되는 경우는 자기 관심사가 나올 때, 마음이 편하고 상대가 무조건 마음에 들 때, 유머가 있고 분위기가 좋아서 경계심과 긴장이 풀릴 때, 화제가 자기의 이익과 관계 있을 때, 자기의 자존심이 높아지고 칭찬을 들을 때이다.

상대방의 마음을 열게 하는 구체적 방법은 첫째, 상대방의 입장에서 생각해 보는 습관을 기르고, 그 사람의 생각과 소망을 이해하고 상대방에게 동정을 표시하는 것이다.

둘째, 상대방이 "네"라고 대답할 수 있는 이야기부터 시작한다. 그리고 자신보다 상대방이 더 많이 이야기하도록 한다. 적을 가지기 원한다면 친구들보다 뛰어나면 된다. 친구를 얻고자 한다면 친구들이 더 뛰어나도록 만들어야 한다.

셋째, 상대방이 생각해내도록 한다. 그 의견이 상대방 자신에게서 나온 것처럼 느끼게 해야 한다.

이렇게 상대방의 숭고한 마음에 호소하라. 그의 마음이 곧 열릴 것이다.

③ 예의바르고 공손하게 말한다

상대방을 설득하고자 할 때는 우선 예의바르고, 공손하게 말해야 한다. 공격적인 대화는 삼가야 한다. 상대방에게 일단 예의가 없고 오만하다는 인상을 갖게 하면, 좋은 인상을 회복하기가 힘들고 설득은 실패에 그칠 확률이 많다. 반면에 "예의바른 사람"이라는 인상을 심어주면 설득하고자 하는 내용이 다소 마음에 들지 않더라도 성공할 가능성이 높다. 그 이유는 상대방의 자존심을 먼저 높여주었기 때문이다.

첫 대면에서 가장 인상 깊게 느끼게 되는 것은 예의 있는 태도이다. 친절하게 인사하고, 밝은 표정으로 대하며, 고운 말씨를 쓰고 경어를 알맞게 섞어 사용하는 것, 바른 걸음걸이와 흐트러지지 않는 태도와 상대방을 앞세우고 양보하는 태도, 깨끗하면서도 검소한 복장 등 예의란 일상생활 속에서 그 대상에 따라 적절히 지켜야 할 바람직한 행동규범이다.

예의바르고 공손하게 말하는 태도는, 자신에게는 수양이 되고 상대방에게는 호감을 주게 되어 상대방의 마음을 움직일 수 있게 해준다.

> 1갤런의 물보다도 한 방울의 꿀을 사용하는 편이 더 많은 파리를 잡을 수 있다.
> —에이브럼 링컨, 미국 제16대 대통령

상대방의 실수를 비판하지 말라

① 상대방의 단점을 지적하지 말라

상대방의 단점이나 잘못한 것을 꼬집어 내거나 질책하거나 비난하는 것은 자신에게 아무런 도움이 되지 못한다. 비난받은 상대방은 곧 방어태세를 갖추고 어떻게 해서든지 자신을 정당화하려 들 것이다. 더구나 자존심이 상한 상대방은 결국 반항심을 갖게 되어 필사적으로 당신을 공격해 올 것이다. 자신의 잘못이 있을 때, 자기 자신은 그것을 인정해야 한다. 그리고 상대방이 말을 부드럽게 하면 자신의 솔직함과 대범함에 긍지를 느낄 수 있다. 그러나 상대방이 강제로 밀고 들어온다면 반발

심만 생기게 되어 오히려 저항하게 된다.

② 비난하는 습관

상대방의 자존심을 상하게 하는 비난은 여러 가지 부작용을 불러옴에도 불구하고 우리는 대부분 비난하는 습관에서 자유롭지 못하다. 거기에는 여러 가지 이유가 있다.

첫째, 비난이나 비판은 당사자가 파악하지 못하고 있는 문제점을 지적하여 상대를 긍정적으로 변화시킬 수 있다고 생각하기 때문이고(예컨대 자녀교육) 둘째, 다른 사람을 비판하면서 자신이 옳다고 생각할 수 있으며 스스로에 대해서 만족감을 느낄 수 있기 때문이고 셋째, 비판받는 것이 두렵기 때문에 방어적으로 다른 사람을 비판하는 경우 등의 이유가 존재한다.

③ 비난하는 습관을 고치는 방법

첫째, 처음 대하는 사람들을 좋은 것, 싫은 것으로 바로 정하지 말자. 싫다고 느꼈던 사람도 사귀어 보면 친해질 수 있는 사람이 많다.

둘째, 비판적인 버릇을 고치자. 그렇지 않으면 사람과 전혀 접촉이 없는 직업으로 갈 수밖에 없는 손해를 입게 된다.

셋째, 일 주일 동안 누구에게도 비판적인 말을 한마디도 하지 않기로 결심하고 이를 실천해 보자.

넷째, 좋은 사람이건 나쁜 사람이건 상대방을 신뢰할 줄 아는 사람이 되자.

다섯째, 상대방에게 한 가지 결점이 보이면 그 사람에게서 두 가지 장점을 찾아보자.

④ 부득이 비판할 경우의 방법

부작용을 최소화하면서 상대방의 행동을 효과적으로 변화시키려면 다음사항을 고려해야 한다.

첫째, 분노에 찬 마음을 가라앉힌 후에 비판할 것.

둘째, 비판하는 이유를 분명히 밝힐 것.

셋째, 모호한 비판은 피하고 구체적으로 지적할 것.

넷째, 가능한 한 공개적인 장소를 피할 것.

다섯째, 문제점을 지적하고 개선 방향을 제시할 것.

여섯째, 다른 사람과 비교하지 말고 인격적인 면이 아닌 행동 면을 비판할 것.

일곱째, 긍정적인 면을 먼저 제시하고 문제점을 지적할 것.

한비자는 비판의 어려움을 그의 저서의 〈세난 편〉에서 '역린지화逆鱗之禍'라는 말로 표현하고 있다. 즉, "용은 순한 짐승이다. 길들이면 사람이 올라타고 다닐 수도 있다. 그런데 목 근처에 한 자나 되는 거꾸로 난 비늘이 있는데 이것이 역린이다. 만일 이것을 건드리면 용은 반드시 그 사람을 죽여 버린다. 군주에게도 이 역린이 있으니 임금에게 유세하려는 사람은 이 역린을 건드리지 않아야 한다"는 것이다.

이 역린을 사람들은 다 가지고 있다. 그 사람의 핵심 콤플렉스가 바로 역린이다. 다른 사람과 좋은 관계를 유지하려면 상대방이 자극받고 싶지 않은 민감한 부분이 무엇인지 알아야 한다.

자신의 실수를 인정하고 먼저 사과하라

자기의 잘못을 솔직히 인정하는 행위는 그 사람의 가치를 끌어올리고 스스로 고결함과 환희를 느낄 수 있게 한다. 또 잘못을 인정하고 백기를 든 상대방을 끝까지 공격하기는 심리적으로 어려운 일이다.

진심 어린 사과는 두 사람의 관계를 더 돈독하게 해준다. 사과하고 화해하는 과정에서 오히려 더 친해질 수 있다. "비 온 뒤 땅은 더 굳어진다"는 속담이 바로 그러한 의미를 담고 있다.

그리고 사과를 하는 데에도 요령이 필요하다. 변명은 나중에 하고 사과부터 먼저 해야 하며 시기를 놓치지 말고 가능한 빠른 시간 안에 해야 한다. 무엇보다도 잘못과 책임을 확실히 인정할 것이며, 조건을 달지 말고 사과해야 한다. 상대방의 감정에 공감을 표시함은 물론, 재발 방지를 약속하는 것도 중요하다. 가까운 사람부터, 사소한 일부터 사과하고 이왕이면 공개적으로 하라.

사람과 사귀는 비결

성공적이고도 행복한 삶의 터전

사람은 자기 일신이 안락하다 하더라도 이웃이나 사회로부터 친밀감과 유용하고 고마운 호칭을 받는 정도가 아니면, 영구적 행복한 생활을 성취했다고 할 수 없다.

일상생활 속에서 대인관계를 잘 유지하기 위해서는 여러 가지를 주의할 필요가 있다. 다른 사람과의 사귐에 있어서 스스로 원만하게 하고 다른 사람을 돕고 베풀면서 덕을 쌓아두어야 어떠한 경우라도 성공적이고 행복한 삶을 살 수 있을 것이다.

사회인으로서 성공하려면 상당한 학문을 연마한 후에 좋은 친구와 직업을 갖고, 생활이 안정을 얻으면 적당한 혼기에 좋은 배우자와 결혼해야 한다. 그런 연후에 사랑하는 자손을 잘 기르고, 끊임없는 수양과 노력으로 인격을 높이고, 자신도 성공하고 남도 성공하도록 도와서 사회적으로 행복한 사람이 되어야 한다.

따뜻한 가정은 성공의 토대가 된다

가족 간에 하나같이 서로 믿고 사이좋게 지내면서 서로 도울 수 있는 가정은 진실로 인생의 안식처가 된다. 가정에서 정신생활의 따뜻함과 성실한 마음을 맛볼 수 있다면 진정한 인생의 행복에 젖을 수 있다. 그러한 가정적 행복의 근원은 결혼이므로 인생에 있어서 결혼보다 더 중요한 것은 없다.

상대방의 미모나 일시적 감정만으로 결혼하게 되면, 나중에 여러 가지 문제로 가정불화가 생기게 되어 불행 속에서 일생을 살아가게 되는 경우도 있다. 서로 믿고 사랑하며, 서로 돕고 의좋게 지내는 그런 가정이야말로 크나큰 행복이고 인생의 첫 번째 성공이라고 할 수 있다.

서로의 단점은 끈기 있게 덮어주고 극복하라

결혼을 하기 전에 배우자는 신중하게 선택할 문제이다. 일단 결혼을 한 이상은 상대방에게 다소의 결점이 발견되더라도, 그것은 하늘이 자신에게 주는 시련이라고 생각하고 결코 불평을 입 밖에 내지 말고 전력을 기울여 개선의 노력을 기울여야 한다.

　나쁜 버릇은 성의를 다하면 대개 반드시 고칠 수 있다. 가정을 평화롭게 유지하기 위해서는 경제적인 면에서의 안락을 보장할 만한 수입도 중요하지만 정신적 평화도 중요하다. 각자의 장점과 단점을 알고 서로의 인격을 존중해 가면서 불유쾌한 싸움을 하지 않아야 한다. 가정이 평화롭기만 하면 건강도, 용기도 증가하여 반드시 성공할 수 있다.

　가정의 평화를 위하여 "평화법"을 부부 사이에 정해 놓는 것도 한 방법이 될 수 있다. 예컨대, 의견불일치가 있을 경우 두 번까지는 서로의 의견을 주장할 수 있으나, 세 번째에는 반드시 "가위, 바위, 보" 게임을 해서 이긴 쪽의 의견을 따르도록 한다든지 하는 식으로 나름의 규칙을 정해 둔다.

식구들에게 적당한 일을 분담시킨다

　집안 식구들에게는 각자 적당한 일을 분담시켜서 각자 너무 많은 여가가 없도록 하는 것도 가정평화를 지키기 위한 한 방법이다. "소인이 한거閑居하면 불선不善을 하다 미치지 아니한 곳이 없다"란 옛 성현의 말씀처럼 소인뿐만 아니라 누구나 여가가 너무 많으면 불평이나 과실의 근원이 될 수 있으므로, 가족에게는 각자 좋아하는 일을 분담시켜 그 일의 효과가 각자에게 돌아가게 하는 게 좋다. 집안 식구에게 원예나 화훼, 수예 등의 취미생활을 하게 하여 그 일에 전념하게 하는 것도 가정평화상 필요불가결한 수단이다.

손님은 돈보다 수고를 들여 대접한다

손님에 대하여 대접을 하는 데는 마음으로부터 할 것이며, 식탁에 무엇을 놓느냐에 달린 것이 아니므로, 무리하지 말고 빚지지 말고 있는 것으로 대접하면 된다. 이렇게 하면 여러 명의 손님이 와도 부담이 되지 않고 곤란하지 않기 때문에 싫어하는 빛이 얼굴에 나타나지 않는다. 하나를 반으로 나누어 화목하게 먹는다. 손님은 기뻐하며, 자기도 모르게 집안의 가족처럼 즐길 수 있다. 이러한 마음가짐과 성의를 손님도 배우게 될 것이며 기쁜 마음으로 돌아가고, 손님의 가정도 그 영향을 받아 다른 가정으로 이어져 사회가 개선될 수 있다.

반대를 받아들이는 아량과 지고 이기는 법

본래 인생의 실패는 적의 힘에 의하는 것보다 오히려 자기 스스로의 힘에 의한 경우가 많다. 적의 힘으로 넘어진 경우는 재기할 희망이 있으나, 자기 스스로 넘어진 경우는 영원한 실패로 끝날 가능성이 많다. 그러므로 자기가 일부 또는 전체의 지도자가 되었을 때 반대 주장이 있을 경우 이를 환영할 뿐만 아니라, 나아가서 그 반대자를 포용해서 그의 경쟁력을 활용하여 자기 것으로 동화시키는 도량이 없으면 안 된다.

"자신은 물론 친구들에게 신세진 것이 많다. 그러나 잘 생각해 보면 적에게 신세진 것이 더욱 많은 것 같다. 대체로 인간의 본질은 애무보다도 예리한 칼날에 의하여 눈을 뜨게 된다. 애무는 그대들을 잠들게 하지만 칼날은 너희들의 지루함을 고쳐주고 똑바로 일어나게 해준다."

—앙드레 지드

화가 날 때 주의할 점

화가 났을 때는 먼저 침착하게 내게 잘못이 있었던 것이 아닌가, 성의가 모자라지 아니했나, 또 서로의 입장을 바꾸어 보면 어떠한가 등을 생각해 보도록 한다. 그렇게 하면 대개의 경우 화를 내지 않게 된다. 그래도 화가 나면 크게 노한다. 다만 그 노함을 밖으로 나타내지 말고 마음속으로만 터뜨리고, 그 화난 활력을 자기의 일에 나타나도록 한다. 그러면 자연히 일에 흥미가 솟아나 재미가 있으므로 화가 난 원인(불평, 불만)을 잊어버리고 유쾌하게 되어 오히려 성공에 도움이 될 수 있다.

먼저 상대방의 장점을 찾는다

칭찬은 봄비와 같이 사람을 소생시키고 화창하게 하지만 잔소리는 가을서리와 같아서 사람을 상하게 하고 위축시킨다.

가능하면 상대방의 장점을 찾아내어 칭찬을 하라. 잔소리를 할 경우도 칭찬하는 것을 80%, 주의를 20% 정도 하는 것이 효과적이다.

이외에도 다음 사항을 사람들과의 교제 시 고려하면 도움이 될 것이다.

❶ 끝난 일, 지나간 일은 책망하지 말고, 이미 이루어진 일은 다시 설명하지 않는다.

❷ 남이 청하기 전에는 먼저 강의하지 않는다.

❸ 한 번 맡은 일은 어떤 사소한 일이라도 될 수 있는 대로 친절히, 그리고 확실히 한다.

❹ 사회에 대하여 특히 동료들에게 나쁜 감정을 주는 거동은 삼간다.

❺ 혼자만이 잘되기를 바라지 않는다. 성공은 대부분 동료나 사회의 덕분이므로 자기의 공으로 하지 않고 될 수 있는 대로 남에게 양보하도록

한다.

❻ 과거를 잊으면 교만하게 되는 원인이 된다.

❼ 고맙다는 인사나 문병을 즉시 실행한다.

❽ 자만은 손해를 초래하고, 겸손은 이익을 얻게 된다. "대체로 스스로 높은 체하는 자는 낮게 취급되고, 자기를 스스로 낮게 취급하는 자는 높이 취급된다."(「신약성서」)

❾ 말과 행동을 책임지는 신용 있는 사람이 된다.

❿ 먼저 베풀고 의리를 지킨다.

더울 때에 솜옷을 입은 사람이 곁에 앉았거든
비록 뜨겁더라도 더운 것을 말하지 말 것이요,
홑옷을 입은 사람을 보고 추운 겨울이라도 춥다고 하지 말라.
—명심보감

8 삶은 견디는 것이다

즐겁게 일하자

세상에 공짜는 없다

일하는 사람이 바로 인생에서 성공하는 사람, 승리하는 사람, 행복한 사람이다. 세상에 공짜는 없다. 점심식사를 공짜로 주는 사람은 없다. 대가 지불의 중요성을 알아야 한다.

"공짜는 없다"라는 말을 잊지 말자. 성공한 사람들의 특징은 일과 성실성이다. 성공한 사람들은 공통적으로 성실을 중요하게 생각했다. 당신이 일과 성실성 속에 사는 사람이라면 어떤 고민거리도 다 순조롭게 해결할 수 있다. 일과 성실성은 모든 성공의 토대이다.

"일은 모든 사업의 기초이다. 그리고 모든 풍부의 근원이요, 모든 발명의 뿌리이다. 일은 부모보다 자식을 발전하게 만들고 그들을 부자로 만든다. 일은 돈을 저금할 수 있도록 만든다. 그리고 일은 모든 행운의 기초이다. 일은 인생을 맛있게 만드는 소금이다. 그러나 일의 축복과 일의 결과를 기대하기 전에 우리는 일을 사랑해야 한다.

우리가 일을 사랑한다면, 일은 우리의 인생을 즐겁게 가치 있게, 그리고 열매가 풍성하게 만들 것이다.”

—작자 미상

일을 하면 거의 모든 문제가 해결된다

사람들이 일한 대가가 바로 성공이라고 볼 수 있다. 일의 부산물이 성공이요, 돈인 것이다. 그러므로 남들보다 배로 일하면 남들보다 더 큰 성공을 기대할 수 있다고 해도 과언이 아니다.

장애물이 있건 없건 그것은 문제가 안 된다. 꾸준히 열심히 일하라. 장애물이 생기면 장애물을 역이용하라.

80% 이상의 사람들이 퇴근시간을 알기 위해 시계를 차고 다니면서 “금요일 이후에는 좀 일할 기분이 납니다”라고 말한다. 즉, 대부분의 사람들은 시간가는 줄 모르고 일하는 일꾼이 아니다. 퇴근시간만을 기다리는 게으름뱅이인 셈이다.

이렇듯 자신의 일에 대해 소극적인 자세로는 성공할 수 없다.

미국 굴지의 고무제품 생산회사 사장이었던 윌 로저스는 “성공하려면 당신이 무슨 일을 하고 있는지 알아야 한다. 그리고 당신이 하는 일을 좋아해야 하고 당신이 하는 일을 믿어야 한다”고 말하면서 자신이 하는 일을 재미있게 처리할 것을 강조했다.

즐겁게 일할 수 있어야 한다

성공한 사람들은 한 가지 공통점을 가지고 있는데, 그것은 그들이 자신의 일을 사랑했다는 점이다. 그들은 시간 가는 줄 모르고 일했다. 그들은 일하는 것을 마치 골프를 치고, 낚시를 하고, 테니스를 치듯 취미를 즐기는 것처럼 생각했던 것이다. 그들은 일이 저주가 아니라 축복이라고 생각했기 때문에 일을 하는 과정 속에서 기쁨을 느낄 수 있었던 것이다. 그렇기 때문에 일에 대한 자신의 마음자세가 중요한 것이다.

일찍이 공자는 "아는 것은 좋아하는 것만 못하고, 좋아하는 것은 즐기는 것만 못하다子曰 知之者 不如好之者 好之者 不如樂之者"라고 하며 일에 대해 좋아하는 경지를 넘어 즐기는 경지가 가장 바람직한 자세라는 것을 일깨워 주었다.

육체적인 노동뿐만 아니라 학문을 함에 있어서도 처음에는 다소 고통스러운 면이 있지만, 계속 노력하면 그 일을 즐기면서 살 수 있게 되는 경지에 도달할 수 있다. 자신의 직업을 천직이라고 확신하고 한눈팔지 말고 전심전력 노력하다 보면 익숙하게 되고, 취미가 붙게 되고, 자연스럽게 재미가 붙게 되고 나아가서 고통이 아니라 즐기는 경지에까지 이를 수 있게 된다.

일의 재미는 노력의 도에 비례한다. 노력이 크면 클수록 유쾌함은 더 크다.

"천재란 근면함을 말한다."

−괴테

기회는 준비된 자에게만 찾아온다. 자신의 상품가치를 높이고 성공하려면 지금 당장 "해야만 하는 일"을 "하고 싶은 놀이"로 만들어야 한다. 배우기를 즐기는 학생이 공부를 잘하게 되고, 가르치기를 즐기는 교수가 강의를 잘하게 되고, 비즈니스를 재미있게 하는 사업가가 부자가 된다는 것은 너무나도 평범한 진리이다.

세계 어디를 가도 노력과 노동에 대해서는 보수와 기쁨이 있다.
—괴테(독일시인, 1749~1832년)

받는 것 이상으로 일한다

가치 있는 인간이 되려면 일을 하라

인생을 보람찬 것으로 만들려면 일을 해야 한다. 일하지 않고서는 아무런 보람찬 업적을 남길 수 없다.

돈에는 천한 것과 귀한 것이 없듯이 일에도 천한 것과 귀한 것이 없다. 일은 거짓말, 도둑질처럼 비정상적인 것을 제외하고는 다 신성한 것이다. 처음 일을 시작한다는 것은 쉽지 않다. 그러나 일단 시작하면 일이 재미있다는 것을 알게 된다.

사다리의 첫 계단을 올랐다면 다음 계단도 오를 수 있다.

일을 시작하라. 시작이 반이라는 사실을 잊지 말라. 당신이 해야 할 일이 보람 있는 것이라면 즉시 일을 시작하라. 그러면 그것을 끝낼 수 있을 것이다.

일은 시작해야만 끝낼 수 있다. 사다리도 첫 계단부터 올라가야만 정상에까지 오를 수 있다. 천리 길도 한걸음부터 시작한다는 말을 반드시 기억하라.

받는 것 이상으로 일한다

남에게 이익을 주지 않으면 이익을 받을 수 없다.

어느 조직에나 세 종류의 사람들이 있다. 하나, 조직에 도움이 되지 않는 사람으로 보수만큼도 일하지 않는 사람. 둘, 조직에 도움이 되지만 있으나 마나한 사람으로 받는 만큼 일하는 사람. 셋, 조직에 꼭 있어야할 사람으로 보수보다 훨씬 일을 많이 하는 사람이다.

보통 사람들은 주는 만큼 받는 것을 가장 편하게 느낀다. 즉 받는 만큼 일하는 것을 스스로 매우 합리적이고 현명하다고 생각한다. 그런데, 고용주의 입장에서 본다면 받는 만큼 일하는 사람은 언제든지 대체 가능한 인력에 불과할 뿐이다. 그들의 입장에서는 받는 것보다 더 일하는 사람, 회사에 없어서는 안 되는 사람을 요구하고 있다. 그가 더 많은 봉급을 주기 바란다면 그에게 당신은 더 가치 있는 사람으로 변해야 한다. 더 많은 노력, 더 많은 열정, 더 많은 시간, 더 많은 책임감을 감수해야 한다.

남보다 배로 일하면 될 것이다. 이렇게 하면 바라던 직장, 돈 그리고 승진을 기대할 수 있을 것이다. 남보다 배로 일한다면 놀라운 결과가 생길 것이다. 남에게 이익을 주지 않으면 결코 이익을 받을 수 없다.

먼저 뿌려야 거둘 수 있다

'받는 만큼 일한다'는 생각으로 일하고 있는 사람들은 다음과 같은 불이익을 감수해야 한다.

첫째, 보수 때문에 하는 일은 노동이 되기 때문에 일 자체에 재미를 느낄 수 없고 생활에 만족감을 느끼지 못한다.

둘째, 스스로 돈의 노예로 취급당하는 느낌이 들어 자긍심이 떨어진다.

셋째, 보수 이상의 일은 가외의 일이라 생각해 의무적으로 일하기 때문에 일을 통해 배우거나 창의성을 계발할 수 없게 된다.

넷째, 어디서두 환영받지 못하므로 더 좋은 조건에서 일할 수 있는 기회를 놓치게 된다.

반면에 받는 것 이상으로 일을 하게 되면 다음과 같은 좋은 점이 있다.

첫째, 보수를 생각하지 않고 일을 하면 그때의 일은 노동이 아니라 놀이가 되기 때문에 생활에서 즐거움과 만족감을 느끼게 된다.

둘째, 일에 보수 이외의 부가적 의미를 둘 때, 상상력과 독창성을 발휘하게 되므로 더 많은 것을 배우고 창의성을 계발할 수 있다.

셋째, 누구에게나 환영을 받을 것이고 장기적으로 더 많은 보수를 받게 된다.

결국 받는 것 이상으로 일해서 생기는 가장 큰 이득은 서비스를 제공하는 사람에게 되돌아간다.

농부는 씨를 뿌리고 뿌린 것보다 더 많이 거둔다. 인간관계에서 무엇인가를 수확하려면 먼저 뿌려야 한다.

이것은 시대를 초월한 진리이다.

천재란 1%의 영감과 99%의 땀으로 만들어진다.
— 토마스 에디슨

인내하라

인내는 자기 수양의 거울이다

인생은 인내의 연속이라고 해도 과언이 아닐 것이다.

무조건 인내하라는 것이 아니라 다음 승리를 위해 참고 견디며 실력을 쌓는 것이 진정한 의미의 인내라 하겠다.

인내의 반대가 "성급함"인데 사람들은 이 성급함 때문에 얼마나 많은 손해를 보고 실패를 거듭하게 되는지 모른다.

> "재상이 될 수 있는 자격은 여러 가지 있지만, 그중에 가장 귀중한 것은 인내력이다."
>
> —영국 재상 윌리엄피트

인내력이란 따지고 보면 자기 지배력의 근본이라고도 할 수 있다. 자기 자신을 통제할 수 있는 능력이요, 힘이다. 인내력은 "참고 견딘다. 기다린다. 계속한다. 다음의 큰 승리를 위해 지금은 굴복한다. 큰 이익을 위해 작은 것을 희생한다"는 의미를 포괄적으로 포함한다고 할 수 있다. 이러한 행위들은 자신의 욕망이나 감정을 억제하는 힘이 있음으로써 가능한 것이다.

따라서 인내란 "자기의 수양의 정도를 비치는 거울"이라고 할 수 있다. 인내력, 끈기, 그리고 땀 없이는 어떤 보람된 업적도 남길 수 없다.

> 인내 없이 기쁨 없고, 인내 없이 희망 없다.
> 인내 없이 성공 없고, 인내 없이 행복 없다.

중단하는 자는 실패자이다

중단하지 않는 한 당신은 일시적인 실패에도 불구하고 실패자가 아니다. 실패했을 때 당신의 계획이 실패한 것이지, 당신이 실패한 것이 아니라고 생각하면 당신은 성공할 수 있는 사람이다.

에디슨이 전등을 발명하기 위해서 14,000번의 실험을 했다고 한다. 그의 연구원이 "이번 발명을 위해 실험을 하다가 만 번을 실패했는데, 어떻게 생각하느냐"고 물었다. 에디슨은 "내가 볼 때 그것은 만 번의 실패가 아니다. 나는 이제 효과 없는 방법 만 개를 알아냈다고 생각한다"고 대답했다.

대인 또는 승리자란 단지 끈기를 발휘해 성공을 이루어낸 소인, 패배자와 다름 아닌 것이다.

중국의 춘추시대 말 진晉나라 공자 중이는 43세 때 고국을 떠나 책나라로 도망쳤고, 53세 때 제나라로 망명했다. 61세 때 진秦나라로 망명했다가 고국에 돌아와 진나라 왕이 되었을 때 그의 나이는 이미 62세였다.

그는 19년 동안 인고의 망명생활을 이겨내고 마침내 진나라의 왕이 되었으며, 선정을 베풀어 영광스러운 춘추5패의 패자의 칭호를 받았다.

또 비슷한 시대의 오나라 왕 합려는 월나라 왕 구천과의 싸움에서 패했다. 합려는 임종을 맞아 손자 부차에게 원수를 갚을 것을 유언으로 남겼다. 부차는 할아버지의 유언을 잊지 않기 위하여 장작더미 위에서 매일 잠을 잤다. 3년이란 기간 동안 참고 견디면서 병력을 양성하여 기회를 노리고 있다가 월나라가 방심한 틈을 타서 월나라를 격파하고 구천의 항복을 받아냈다.

이번에는 월나라 왕 구천이 패배의 치욕을 설욕하기 위하여 쓰디쓴 쓸

개를 옆에 두고 그 쓴맛을 매일 맛보면서 복수의 집념을 늦추지 않았다. 무려 12년이란 기간을 참고 견디며 실력을 양성한 끝에, 오나라 왕 부차가 사치와 방심에 빠져 있을 때 공격하여 최후의 승리를 거둘 수 있었다.

"와신상담臥薪嘗膽: 장작 위에서 잠을 자고, 쓸개를 맛본다"라는 말은 위 두 사람의 고사에서 생겨난 인내력에 대한 좋은 교훈이다.

부차는 3년을 인내하며 이겼지만 구천은 12년을 인내하여 최후의 승자가 되었다. 구천은 12년을 그냥 기다린 것이 아니라, 국력을 충실하게 길러 정확히 기회를 포착해서 이길 수 있었던 것이다. 인내력도 중요하지만 그에 못지않게 "착실한 실력 양성"이 있어야 인내력으로서의 가치가 있다고 하겠다.

인내력을 키우는 방법

처음부터 인내력을 타고난 사람은 없다. 특히 성급한 사람의 경우 그러한 성격을 반성하고 수양을 거듭함으로써 인내력을 키워 나가야 한다. 누구든지 노력하면 인내력을 키울 수 있다.

나폴레옹 힐의 인내력 길러내는 방법을 소개한다.

❶ 목표의 명확화: 자신이 무엇을 소망하고 있는지를 확실히 하는 것이다. 자신에 대한 동기 유발이야말로 모든 난관을 극복할 수 있는 힘이 된다.

❷ 염원: 열렬히 바라는 것(소망)을 더욱 불태우는 것이다.

❸ 자신감: 자신의 가치를 스스로 믿는 것이다. 자신감이 용기와 인내력을 뒷받침해 준다.

❹ 계획의 조직화: 계획을 만들어 실천해 나가는 것이다. 하루 계획, 일년 계획, 생애의 계획을 세워나가는 사이에 인내력은 양성되어 간다.

❺ 의지력: 인내력과 불가분의 관계다. 명확한 목표 향해 뚫고 나가려고 하는 의지력은 인내력을 키우는 영양분이 되어 준다.

❻ 협력심: 대인관계에 있어서 남을 위하는 마음과 남을 이해하는 마음가짐이 조화를 이룬 협력심이 인내력을 강화시켜 준다.

❼ 정확한 지식: 착실한 지식, 충실한 지식이야 말로 인내력을 뒷받침해 준다. 교과서 이외의 공부가 지식을 좌우한다.

❽ 습관: 인내력은 습관의 문제다. 사람의 마음이란 매일의 경험을 쌓아서 성숙해 간다. 인내력을 습관화할 수 있도록 노력해야 한다.

성공의 비결은 항구적인 목표에 있다. 부동의 목표를 세운 사람은 기필코 성공하고야 만다.
—벤자민 디즈레일리

때를 기다려라

진인사대천명盡人事待天命

성공하려면 급히 서둘지 말고, 노력하면서 때를 기다리지 않으면 안된다.

서양의 속담에 "시간은 최량의 해결자이다. 기다릴 줄 아는 것은 성공의 대 비결이다"라는 말이 있듯이, 아무리 고통스러운 것, 도저히 참고 견디기 어려운 것이라도 잠시 인내하고 있으면, 어느새 희망이 솟아나고, 광명이 보이고 해결의 단서가 잡혀 오히려 위대한 성공을 가져올 수 있다. 본래 큰 성공은 큰 고난을 통하여 비로소 얻어질 수 있는 법이다.

당장 큰 부자가 되겠다거나 빨리 명성을 날려 보겠다고 초조해하는 것은, 설령 한때 조그마한 성공을 거둘 수는 있겠지만 영속하는 것이 아니고, 오히려 큰 실패의 원인이 될 수도 있다. 일시적으로 성공하면 그 다음부터는 경건한 마음이 없어지고, 자만하여 제3자의 의견을 듣지 아니하고, 무모하게 사업을 확장하거나, 잘 모르는 일에 관계하여 언제인지 모르게 역경에 빠져 대실패하는 경우도 있다.

> "사람의 한평생은 무거운 짐을 지고 길을 가는 것과 같다. 급히 서둘러서는 안 된다. 부자유를 항상 그렇다고 생각하면 부족한 것이 없다. 마음에 대망이 생기면 곤궁했던 시절을 회고해 보라. 인내는 무사장구의 터전이고 노여움은 적이라고 생각하라."
>
> —덕천가강

포기하지 말라

> "많은 고통이 주어진 사람의 대부분은 그 고통을 참고 견디는 힘이 있기 때문이다."
>
> —도스토예프스키

'잘생긴' 소나무들이 자란 땅을 파보면 배수가 어렵고 토양이 매우 거친 열악한 조건인 경우가 많다. 이처럼 살아남기 어려운 곳에서 자란 소나무가 명품이 되는 것이다.

쉽게 이루어진 일보다 힘들고 어렵게 이루어지는 일이 더 가치 있고 더 큰 성공을 맛볼 수 있게 해준다. 반대나 저항이 없으면 발전 가능성이 없다. 고난이나 실패가 없다면 반드시 극복하여 성공하려는 의지도 약할 수밖에 없어 성공할 가능성이 낮다.

『돈키호테』의 작가 세르반테스는 53세 때 글을 썼다

그동안 모든 일이 실패의 연속이었다. 말단 공무원으로 취업했다가 해고당하고, 작은 실수로 감옥에 갇히는 신세가 되어, 그의 인생이 비극적인 종말로 끝나가는 듯 보였다. 그러나 그가 감옥생활에서 뜨거운 창작의욕을 느끼고 열정을 불태워 쓴 작품이 『돈키호테』였다.

처칠이 옥스퍼드대학의 졸업식 축사에서 한 말은 일곱 번이나 강조하며 포기하지 말라는 것뿐이었다.

"포기하지 말라.
절대로, 절대로, 절대로, 절대로, 절대로, 절대로 포기하지 말라."
Never Give up!
Never, Never, Never, Never, Never, Never Give up!

처칠의 일생은 포기하지 않은 인생의 여정 그것이었다.

팔삭둥이 조산아로 태어나 말더듬이 학습장애인으로 학교에서는 꼴찌를 했다. 중학교 때에는 영어에서 낙제하여 3년을 유급했으며 육군사관학교에도 두 번이나 낙방하였다. 정치인으로 나가 첫 선거에서 보기 좋게 낙선한 그야말로 실패의 연속이었다. 노동당 21년의 의정 활동 중 사회개혁을 주도했던 그는 성공보다는 역시 실패가 더 많았다. 당적을 보수당으로 바꾸어 출마했으나 첫 선거에서 또 낙선했다. 그러나 그는 결코 포기하지 않았으며, 언어장애를 극복하고 노력한 덕분으로 마침내 영국의 수상이 되어 세계 제2차 대전의 영웅이 되고, 노벨문학상도 수상했으며, 정치인으로 크게 성공할 수 있었다.

넘어질 때마다 일어나는 사람은 넘어지지 아니하는 사람이다.
─월리암 모리스

개미 한 마리가 보리 한 알을 물고 담벼락을 오르다가 69번을 떨어지더니
마침내 70번째에 목적을 달성하는 것을 보고
용기를 얻어 적과 싸워 이긴 옛날 영웅이야기가 있는데,
이는 동서고금에 걸쳐서 변하지 않는 성공의 비결이다.
─스코트

9 즉시 실행하라

지금까지 자기의 인생관, 가치관, 인생의 목적 등을 실현시키고 보람을 찾을 수 있는 방편의 하나로 성공을 위한 기본 덕목들을 살펴보았다. 이처럼 성공을 위한 기본 덕목을 익히고 길러서 자기의 것으로 만들고, 뇌의 능력 즉, 상상력을 잘 활용한다면, 누구나 쉽게 자신의 목표를 달성하여 성공적인 삶을 살 수 있는 것이다.

그러나 사람마다 개성이 다르고 능력과 환경 등 처한 여건이 다르기 때문에 실천에 옮기는 데는 각자에게 맞는 실천 방법을 택해야 보다 완벽한 성공에 도달할 수 있을 것이다.

아래에서 수많은 성공 경험자들이 실제로 행한 대표적인 방법을 몇 가지 소개하고자 한다.

구하라

자신이 원하는 것을 선택할 수 있지만, 그것이 무엇인지를 분명하게 알아야 한다. 진정으로 원하는 것이 무엇인지 명확하지 않으면 안 된다.

진정으로 원하는 것을 종이에 적어 보라. 그것도 현재형으로 적어 보라. 한번만 구하면 된다. 거듭할 필요가 없다. 구하는 것을 습관화하라. 그러면 무엇이든지 되고, 하고, 가질 수 있고 어떤 한계도 없다.

믿어라

내가 원하는 것, 요구한 것이 이미 이루어졌다고 믿어야 한다. 조금도 의심하지 말고, 요청하는 순간 이미 내 것이 되었다고 믿어야 한다. 이미 바라던 것을 받은 것처럼 행동하고 말하고 생각해야 한다.

"당신이 원하는 건 무엇이든 얻을 수 있다. 생각으로 그것의 틀을 만들어낼 줄 알면 된다. 당신을 통해 작동하는 창조력을 활용하는 법만 배우면 이루지 못할 꿈이란 없다. 이 방법은 모든 사람에게 적용된다. 힘을 얻는 열쇠는 자신에게 이미 있는 것들을 자유롭고 충분하게 활용하는 것이다. 그리하여 더 큰 창조력이 당신을 통해 흐르도록 채널을 열어두면 된다."

-로버트 콜리어(1885~1950)

받아라

먼저 요청하고, 이미 받았다고 믿고, 그 다음에는 그저 좋은 기분을 느끼기만 하면 된다. 이미 받았을 때 느낀 감정을 느껴라.

자신이 이미 소원을 이룬 것처럼 느껴라. 그 감정이 실제로 소원이 실현되었을 때와 같다면 이미 이루어졌다고 믿는 셈이고, 정말로 그렇게 이루어질 것이다.

언제, 어디서, 어떻게 등에 신경 쓰지 말고 그저 느끼기만 하면 된다. 그러면 이루어진다.

"너희가 기도하며 구하는 것은 무엇이든 그것을 이미 받았다고 믿기만 하면 그대로 다 될 것이다."　　　　　　　　　　　−성경 마가복음 11장 24절

"믿고 첫걸음을 내딛어라. 계단의 처음과 끝을 다 보려고 하지 마라. 그냥 발을 내딛어라."　　　　　　−마틴루터 킹주니어 박사(1929~1968)

시각화(그림그리기)Visualization 하고 영상화하라

그림그리기

마음속에서 원하는 것, 그것을 얻은 모습이나 자신이 바라는 결과를 성공적으로 달성했다고 마음속으로 그려보는 훈련을 하라.

긴장을 풀고 몸과 마음을 편안하게 한 다음 원하는 것을 마음속에 그려본다. 예컨대 시험에 붙는다, 돈 1억원을 언제까지 번다…… 등 보다 구체적이어야 효과가 크다.

그림그리기의 구체화 과정

① 큰 빈 종이에 원하는 것을 글로 적는다

3년 안에 34평형 아파트 구입, 2년 안에 2억 번다, ○○대학교 ○○과 합격, ○○전공 등 구체적이고 세분화될 수록 좋다. 구체적 기한, 조건, 행동, 목표 등 달성되었을 때의 이익 등도 기재해 두면 좋다.

② 원하는 것의 그림 또는 사진을 구해 붙인다

글로 쓴 목표 아래, 원하는 집의 완성 사진, 자동차, ○○대학교 정문 앞에서 찍은 사진을 붙인다. 그림을 그린다. 마치 자신이 소망한 것을 얻은 것처럼 행복한 표정을 하고 있는 사진을 같이 붙여두면 좋다.

③ 눈에 잘 띄는 곳에 붙여두고 자주 본다

완성된 "꿈의 그림"은 평소 자신이 잘 볼 수 있는 곳에 붙여두고 자주 바라본다. 여러 장 만들어 책상 앞, 사무실 책상 앞, 화장실, 식당 등 자신이 의식하지 않고도 쉽게 볼 수 있는 곳에 붙여두고 자주 바라본다.

긍정적이고도 자기 암시적인 말을 반복하라

❶ 목표에 관한 말을 미래형이 아니라 현재형으로 한다. 미래형인 "달성할 예정이다"보다는 "달성되어 가고 있다"라는 현재형으로 표현하는 것이 좋다.

❷ 긍정적인 말로 표현하라.

❸ 마음에 담아서 말로 표현한다.

❹ 쉽게 매일 몇 번씩 되뇌이기 쉬운 말을 골라서 한다.

"나는 정말 운이 좋다", "모든 일이 잘되고 있다"

"○○목표는 이미 50%나 달성되어 가고 있다" 등 자기 암시적 긍정적 말들을 꿈에서도 무의식적으로 말할 수 있도록 자주 반복해서 하라.

❺ 노래 부르기

자기 목표를 유행가 곡에 노래 가사화하여 틈나는 대로 부른다.

"○억원 벌어 떵떵거리며 살 거야."

감사하라

지금 있는 것들에 감사하자. 고마운 모든 일에 대해 생각해 보면 놀랍게도 감사해야 할 일들이 끊임없이 꼬리를 물고 일어날 것이다. 소원을 이미 이룬 것처럼 고마워하면, 우주에 강력한 신호를 전송하게 된다. 그 신호는 당신이 이미 그것을 얻었다는 의미를 전달한다. 매일 아침 자리에서 일어나기 직전에 하루가 이미 지난 것처럼 앞질러서 감사함을 느끼는 습관을 가져라.

자신에게 이미 있는 것들에 고마워하지 않으면 더 좋은 일이 일어날 수 없다. 고마워하지 않을 때 내뿜는 생각과 감정이 모두 부정적이기 때문이다. 질투든, 원망이든 이런 부정적인 감정은 당신이 원하는 것을 얻게 해주지 못하고 오히려 더 나쁜 일들만 가져오게 할 것이다.

우리의 뇌는 좋은 것을 생각하면 좋은 결과를 불러오고 부정적인 생각을 하면 부정적인 결과를 가져오게 한다.

"감사하면 온 마음이 우주의 창조적 에너지와 조화를 이루게 된다. 이 사실이 낯설게 느껴진다면 잘 생각해 보라. 그것이 참이라는 점을 알게 되리라."

"하루 한번 감사하는 습관은 부가 당신에게 흘러갈 통로로 작용한다."

—윌러스 워틀스(1860~1911)

성공일기를 쓰라

성공을 위한 노력들은 종종 다른 일 때문에 잊어버리거나 소홀히 할 수 있다. 그리하면 소기의 목적을 달성하지 못할 수도 있기 때문에, 스스로 성공을 위한 노력과 실천에 대한 자기 평가의 방법으로 성공일기를 쓰는 것도 한 방법이 된다.

목표를 하루에도 몇 번씩 떠올리고 되뇌이며, 자신이 그 목표 달성을 향해 꾸준히 가고 있음을 확인할 수 있고, 또 진척되고 있는 상황을 확인함으로써 스스로 격려할 수 있어, 성공을 향해 한 걸음 더 다가갈 수 있게 해줄 것이다.

프로선수들처럼 이미지트레이닝으로 성공한 자신의 모습, 자신이 소망했던 일들이 실현되는 장면을 상상하면, 더욱 자신의 소망에 가까워질 것이다.

지금 당장 시작하라

시작이 반이란 말이 있다. 무엇이든지 시작을 시도하는 것은 그만큼 망설여지고, 새로운 미지의 것에 대한 신기적 부담감이 작용하여 어렵다는 것이다. 그러나 일단 시작만 하게 되면 스스로 추진할 힘이 생겨서 의외로 쉽게 성공할 수 있다는 뜻일 것이다.

그러므로 조금도 망설이지 말고 자신의 꿈을 향해 첫걸음을 내딛어야 한다. 내딛기만 시작하면 이미 절반은 성공한 것이다. 첫발걸음을 내딛었으면 위의 방법들을 활용하여 자신의 소망을 성취할 수 있다.

도전은 자신의 몫이고, 기회는 자신의 편이다. 자신이 좋아하는 일을 하라. 그러면 우리의 뇌도, 또 우주도 자신이 좋아하는 일을 성취시켜 줄 것이다.

절대로 부정적인 생각을 하지 말고 항상 긍정적으로 생각하라. 이미 이루어진 일, 자신이 이루고자 하는 일에 감사하고, 현재에 감사하라. 그러면 자신의 소망은 반드시 이루어질 것이다. 그것이 돈이든, 건강이든, 성공이든, 지위든, 명예든 자신이 원하는 어떤 것이든지.

성공하지 않는다는 건 감사할 일이다. 적어도 성공은 더디게 올수록 좋다.
그것은 너로 하여금 철저하게 자기 자신을 발휘하게 할 것이다.
—모로(프랑스 화가, 1826~1898년)

147

제3장 행복한 삶

1. 행복이란 무엇인가
2. 훈련과 습관으로 행복해질 수 있다
3. 행복을 위한 마음 다스림
4. 행복하게 하는 것들
5. 즐거움으로 가득 찬 인생

행복이란 무엇인가

행복에 관한 정의

행복의 사전적 의미는 만족감에서 강렬한 기쁨에 이르는 모든 감정 상태를 특징 짓는 안녕安寧의 상태를 말한다.

다시 말해 행복이란 진정한 내면의 평화이고, 진정한 삶의 의미를 찾았을 때 느끼는 지속적인 좋은 감정이라고 할 수 있으며, 또한 마음속 깊이 따뜻하고 아늑하며 구름을 탄 것처럼 편안하고, 라일락 향기처럼 감미롭고 솜사탕처럼 달짝지근하고, 누군가를 사랑하고 싶고, 모르는 사람을 포옹하고 싶은 그런 마음 상태라고 말하기도 한다. 이처럼 행복이란 한마디로 정의하기 어려우며 기쁨, 환희, 희열, 황홀함, 사랑과 같은 감정이 혼재되어 있다.

삶의 목표는 행복에 있다

"우리 모두는 언제나 더 나은 삶을 추구하고 있다. 따라서 우리의 삶은 근본적으로 행복을 향해 나아가고 있는 것이다. 그 행복은 각자의 마음 안에 있다는 것이 변함없는 나의 믿음이다"라고 달라이 라마는 말하고 있다. 또 헤르만 헤세는 "인생에 주어진 의무는 아무것도 없다네, 그저 행복하라는 한 가지 의무뿐, 우리는 행복하기 위하여 세상에 왔지"라고 노래하고 있다.

인생은 단 한 번뿐이다. 변화무쌍한 세상사를 즐기면서 존재하는 모든 것에 감사하고, 자기 인생을 행복하게 살아가는 것만큼 의미 있는 삶, 잘 사는 삶은 없을 것이다.

행복은 자기가 하고 싶은 일을 즐겁게 열정을 다해 이루는 것에서 온다. 욕망의 추구나 충족에 있는 것이 아니라, 현재의 자신, 재산, 위치에 대한 가치관을 통한 마음의 평가에서 오는 귀중한 것이다.

행복해지는 삶은 인생의 모든 점에서 최고의 경지라고 하겠다. 행복한 사람은 자신이 삶의 주인이라고 믿으며, 삶의 주인이 되는 기술과 지식을 가지고 있다고 믿는다.

행복의 요소에 관한 주장

괴테는 즐겁게 일할 수 있는 정도의 건강, 기본적인 생활조건을 충족시킬 만한 경제적 여유, 어려움을 이겨낼 만한 힘(정신력), 좋은 결과가 나올 때까지의 인내력, 이웃을 돕는 자비심, 장래에 대한 불안을 이겨낼 만한 희망을 '행복한 생활'의 조건으로 꼽았다. 즉, 이 일곱 가지가 충족되는 아름다운 생활을 가질 수 있을 때, 행복해질 수 있다는 것이다. 나아가 그는 참다운 삶의 질Quality of life을 강조했다.

심리학자 리처드 스티븐스는 행복의 세 가지 요소로 좋은 느낌과 긍정적인 마음, 활기 넘치는 생활, 의미 부여 즉, 인생에서 가치 있는 선택을 하는 것을 들었다.

일본의 의사 시오야 노부오는 행복의 절대조건을 네 가지로 들고 있다.

첫째, 건강과 장수.

둘째, 풍요로운 생활, 즉 소유물을 늘이거나 욕망을 줄여서 자신의 분수에 맞게 만족할 줄 아는 풍요로움.

셋째, 일과 인생의 성공, 즉 자신에게 주어진 역할과 사명을 완수하는 것.

넷째, 안심입명安心立命 즉, 안정된 마음, 자신의 천명을 알고 마음의 안정을 얻어 쓸데없는 일에 마음을 움직이지 않는 것이 행복의 조건이라는 것이다.

일명 '그랜트 연구'라 불리는 '하버드대 2학년생 268명에 대한 생애연구'는 1937년 "잘사는 삶에 일정한 공식이 있을까"라는 주제로 시작하여 1967년 그 연구 결과를 발표했는데, 발표자인 하버드의대 정신과 의사 조지 베일런트George Vaillant는 "삶에서 가장 중요한 것은 인간관계relationship"라며 "행복은 결국 사랑"이라고 밝혔다.

또, 행복하게 나이가 들어갈 것으로 예상되는 요소는 첫째, 고통에 적응하는 성숙한 자세. 둘째, 교육. 셋째, 안정적 결혼. 넷째 금연. 다섯째 금주. 여섯째 운동. 일곱째 적당한 체중이었다.

50세에 위 요소 중 대여섯 개를 갖춘 사람 106명 중 절반이 80세에도 건강하고 행복하게 살았고, 불행하거나 아픈 사람은 7.5%에 불과했다.

50세에 세 개 이하를 갖춘 사람은 80세까지 건강하고 행복한 사람은 없었으며, 80세 이전에 사망할 확률이 그렇지 않은 사람들보다 세 배나 높았다.

성공적인 노후로 이끄는 열쇠는 지성이나 계급이 아닌 사회적 적성, 즉 인간관계였다. 형제자매도 중요하다. 65세에 잘 살고 있는 사람 93%가 그 이전에 형제자매와 원만하게 지내왔다.

결론적으로 이 연구는 과오와 갈등을 부정하지 말고 '승화'와 '유머'로 방어하라고 했다. 또한 일곱 가지 요소의 으뜸은 고통에 적응하는 자세라고 밝히고 있다.

동양 고유의 오복五福

우리 나라와 동양의 경우 옛부터 행복의 조건으로 다음 다섯 가지 복을 들고 있다.

첫째, 수(壽, 오래 사는 것), 둘째, 부(富, 재산이 많은 것), 셋째, 강녕(康寧, 건강한 것), 넷째, 유호덕(攸好德, 덕망을 갖추고 유유자적할 수 있는 것), 다섯째, 고종명(考綜命, 제 명대로 살다가 죽는 것)이 그것이다.

행복의 3요소

이상을 종합하여 보면, 행복이란 단순히 슬프거나 우울하지 않은 상태가 아니라, 다음의 3요소에 기인한다고 볼 수 있다.

첫째, 쾌락이다. 현재 기분이 좋은 감정, 감각적 경험을 향유하는 것이다.

둘째, 불쾌감의 부재이다. 고통, 불안이 없는 상태로, 가족, 일, 사랑,

취미에 관심을 가지고 있는 것을 말한다.

셋째, 만족감이다. 되돌아보았을 때 만족스러운 인생이라고 스스로 판단하고, 자신보다 더 큰 무엇을 위해 봉사하는 데 삶의 의미를 찾는다.

위 세 가지 요소 중 쾌락은 그 비중이 가장 적다. 인생을 즐기고 사회를 위해 봉사하며 세상에서 의미를 찾는 편이 지속적으로 행복감을 맛볼 수 있는 것이다.

행복지수는 상대적이다

영국의 싱크탱크인 신경제학재단NEF이 발표(2006. 7. 12.)한 세계 178개국 가운데 행복지수 1위인 나라는 인구 19만 명, 문맹률 85%, 1인당 국민소득 2,944달러인 오스트레일리아에서 동쪽으로 2,500여km 떨어져 있는 남태평양 근해의 섬나라 '바누아투 공화국'이었다. 그와 유사하게 인구밀도가 높고 소득 수준이 낮은 스리랑카, 방글라데시, 캄보디아 등이 매년 행복지수의 순위가 높은 나라로 발표되고 있다.

높은 지적 수준을 자랑하고, 소득 수준이 높은 나라들이 상대적으로 높은 점수를 받지 못하고 있는 것을 보면, 행복이란 상대적이며 주관적 가치임을 알 수 있다.

우리의 경우도 그렇다. 멀리까지 갈 것도 없이 우리의 할아버지, 할머니 세대에 비하면 우리 세대는 비교할 수 없을 정도로 부유하게 살고 있다. 그런데, 우리의 현실은 그 반대로 나가고 있다. 스트레스로 인한 각종 질병이 늘고 있고, 사회에 대한 불만의 고조로 인해 범죄는 양적·질적으로 더욱 심각해지고 있을 뿐 아니라, 자살율의 상승, 이혼의 증가 등 행복지수는 오히려 더 낮아지고 있는 형편이다.

그 원인은 여러 가지가 있겠으나, 너무 과도하게 성공에 집착하거나 남들과의 비교 함정에 빠져 있기 때문이라고 하겠다. 또는 정치 현실이 각종 경제지표 향상에만 신경 쓰고 정작 가장 중요한 '최대 다수의 최대의 행복'에 소홀한 것들이 합쳐져 일어나는 현상이라 볼 수 있다.

그러나 앞에서 말한 바와 같이, 행복은 상대적이고도 주관적 가치이기 때문에 행복지수는 평가기준을 달리하면 얼마든지 개선될 수 있다. 또한 우리는 긍정적이고 반복적인 훈련에 의해 삶을 부유하고 행복하게 만들 수 있다고 본다. 지금 내가 바라고 있는 현실을 어떤 자세로 대하느냐에 따라 자신의 행복을 결정지을 수 있다. 중요한 것은 지금, 그리고 여기서 행복을 누릴 수 있어야 한다.

이 세상의 참다운 행복은 남에게서 받는 것이 아니라 내가 남에게 주는 것이다.
그것이 물질적인 것이든 정신적인 것이든 인간에게 있어서 가장 아름다운 행동이기 때문이다.
—아나톨 프랑스

2 훈련과 습관으로 행복해질 수 있다

행복은 뇌와 육체에서 출발한다

모든 감정이 그러하듯이 행복은 뇌를 비롯한 육체에서 출발한다. 좋은 느낌은 뇌가 심장, 피부 그리고 근육이 보내는 신호를 제대로 받아들여 해석할 때 비로소 발생하기 때문이다. 우리는 육체 없이는 그 어떤 행복의 상태에도 도달할 수 없다.

육체적 느낌은 순간적으로 얼굴이 붉어지는 현상처럼 특정 상황에 자동적으로 응답하는 육체의 반응이다. 이러한 육체적 느낌을 의식적으로, 기쁨이나 부끄러움으로 감지하게 될 때 우리는 감정을 경험하게 된다. 즉 육체적 느낌은 무의식적인 것이고, 감정은 의식적인 것이다. 우리는 몸의 비자율적인 반응들을 감각적으로 인지함으로써 감정을 체험하게 된다.

행복을 포함한 모든 감정은 뇌가 몸으로부터 신호를 받아 이것을 가공할 수 있다는 사실에 기반하고 있다. 우리의 도취감은 우리 자신의 몸을 감각적으로 인지할 때 비로소 생겨난다. 육체가 없는 존재는 기쁨도 슬픔도 느낄 수 없다. 육체적 느낌을 충분히 경험한 사람의 뇌는 몸을 무의식적으로 움직이게 할 수 있다.

사람의 감정과 그 감정을 표현하는 방식은 선천적이다. 그러므로 누구나 행복을 느낄 준비가 되어 있다. 행복의 감정도 육체적 느낌과 뇌가 동시에 반응했을 때 비로소 나타난다. 행복한 감정을 자주 느껴 본 사람은 그렇지 않은 사람보다 더 자주, 더 많이, 더 빨리 행복을 느낄 수 있다.

행복과 불행의 공존

행복과 불행은 생존을 위해 우리에게 준 선물이다

생존을 위해 우리가 먹고, 마시고, 섹스하고, 우정을 나누는 것 등은 우리에게 기쁨을 준다. 한편 본능적으로 맹수들로부터의 위험 등을 피하기 위하여 공포, 슬픔, 분노 같은 불쾌한 감정을 느끼게 한다.

쾌감과 불쾌감을 통한 이러한 조절체계가 궁극적으로 추구하는 것은 무엇보다도 유기체가 가장 탁월하게 작동할 수 있는 상태를 유지시키는 것이다.

이처럼 우리는 행복의 쾌감보다는 불행의 경험에 민감하게 반응하도록 선천적으로 타고 났으며, 화와 상심을 기쁨보다 더 빠르고 격렬하게 느낀다. 생물학적 진화가 남긴 이 유전적인 요소는 위기의 상황에 부딪혔을 때 중요한 역할을 하는 만큼, 우리 주위의 크고 작은 많은 비극들이 왜 발생하는지 설명해 주기도 한다.

사람은 본능적으로 위험을 피하기 위하여 공포, 슬픔, 분노 같은 감정에 민감하게 반응하게 되어 있지만, 이 불쾌한 감정에서 얼마나 빨리 벗어나느냐 하는 것은 개개인의 노력에 달려 있다. 육체적 느낌에 따를 것인가 아닌가를 우리가 자유롭게 결정할 수 있는 것은 많은 감정들이 의식적이기 때문에 가능한 것이다. 의식적으로 인지하는 감정은 우리를 유연하게 만들어주며, 논리적 판단만으로는 결정하기 어려운 일들을 처리할 수 있도록 도와준다.

행복의 본질이 인간이 가지고 있는 가능성들의 실현에 놓여 있다면 행복을 얻을 수 있는 타당한 보편적 규칙들이 있을 것이다. 적극적인 삶에 기쁨과 성취감의 비밀이 있다. 우리는 좋은 감정을 얻기 위해 노력할 수 있고, 또 노력하여야 한다. 또 이러한 규칙들을 준수함으로써 행복을 배워 습득할 수 있다.

> "행복은 행위의 결과이다. 행복은 노력해야만 얻을 수 있고, 불행은 부르지 않아도 온다."
> ―아리스토텔레스의 『니코마코스 윤리학』

행복은 불행의 반대가 아니다

뇌에서 일어나는 모든 과정은 서로 대립되는 두 개의 힘에 의해 조절된다. 행복과 불행은 각각 고유의 뇌 회로와 화학성분이 있으나, 서로 무관하게 작동하지는 않는다. 고통과 쾌락은 서로 배척하지 않는다. 뇌의 오른쪽은 좋지 않은 부정적인 일들을 위해, 왼쪽은 즐거운 일들을 위해 더 활발하게 작동한다.

우리는 종종 행·불행의 이중적인 느낌을 체험한다. 예를 들어, 봉급이 50만 원 오를 것이라고 예정되어 있었는데, 실제로는 회사의 사정에 의해 절반인 25만 원밖에 오르지 않았을 때 50만 원 전부를 받지 못했기 때문에, 그리고 약속의 어김 때문에, 또는 자신의 노력을 정당하게 평가받지 못한 점 때문에 화가 나고 괴롭다. 그러나 다른 한편 25만 원을 더 받았기 때문에 어느 정도 기뻐하고 만족한다. 이렇듯, 긍정적인 감정과 부정적인 감정이 뒤섞여 있는 경우가 있다.

몇몇 긍정적 느낌들과 부정적 느낌들은 공존하고 있다. 그러니까 좋은 긍정적 느낌은 나쁜 부정적 느낌의 반대가 아닐 뿐만 아니라 서로 배제하지도 않는다. 따라서 삶을 풍요롭게 꾸려나가는 기술의 본질은 불행 속에서 행복을, 행복 속에서 불행을 인식하는 데 있는 것이다.

"화에는 복이 붙어 있고 복에는 화가 엎드려 있다."

－노자(B.C. 500~400)

유전자가 아닌 외부적 환경과의 관계가 행복에 더 큰 영향을 미친다

미국 위스콘신대학의 신경심리학자 리처드 데이비드슨Richard Davidson의 연구 결과에 의하면, 왼쪽 뇌가 강하게 발달해 있는 대부분 사람들은 뇌가 긍정적인 느낌을 잘 조절할 수 있기 때문에 자긍심이 강하고 낙관적이며 여유 있는 태도를 보이고 행복해했다.

반대로 오른쪽 뇌가 더 강하게 발달되어 있는 사람들은 부정적인 느낌을 제대로 조절하지 못해 좀더 내성적이고, 염세적이며 신뢰보다는 불신이 많아 자신이 불행하다고 느끼고 있었다.

또 데이비드슨은 자신의 실험에 참가했던 사람들 중 1/3 정도는 왼쪽 뇌에서, 1/3은 오른쪽 뇌에서 강력한 활동성이 보이고, 나머지 1/3은 왼쪽과 오른쪽 뇌의 활동이 반반인 것으로 확인되었다고 밝혔다.

심리학자인 데이비드 리켄David Lykken은 좋은 감정과 행복은 적어도 50% 정도 유전자의 영향을 받는다고 한다. 데이비드 리켄의 주장처럼 사람은 선천적으로 행복의 유전자를 가지고 태어나는 것이 사실이다. 그런데 사람의 뇌는 경험과 훈련에 의해 변할 수 있으며, 어릴 때보다 정도는 덜하겠지만 어른이 된 후에도 뇌는 여전히 변할 수 있다.

새로운 경험은 우리의 체험 영역을 바꾸어 놓기도 하고, 훈련에 의해 뇌 스스로가 프로그램을 변경할 수도 있다. 그러므로 우리의 행복은 유전적 요인보다 우리가 접하는 외부 환경과의 관계가 더 큰 영향을 미친다고 볼 수 있다. 우리는 긍정적 체험과 훈련으로 부정적 감정을 몰아낼 수 있다. 부정적 느낌은 바로 그 발생 순간에 조절하는 것이 가능하고, 고통은 상담 등을 통하여 남에게 털어놓는 것 등으로 다른 사람과 분담하면, 그만큼 줄어들 수 있다.

습관과 훈련

행복을 위한 훈련의 필요성

사람의 감정은 유연하다. 사람은 본성상 그다지 흥미를 끌지 않는 것에 대해서 뿐만 아니라, 심지어 우리에게 거슬리는 것에 대해서까지 기쁨을 누리는 방법을 배울 수 있다. 우리가 새롭게 감정체계를 변화시키려고 마음만 먹으면 우리의 지각체계가 내맡긴 자극들을 변화시킬 수 있을 뿐만 아니라, 그러한 자극들을 감지하는 방식, 즉 자극에 반응하는 방식도 변화시킬 수 있다.

우리가 경험하는 세상은 무엇보다도 우리의 두뇌에서 생겨난다. 뇌는 감각기관들이 전달하는 1차 자료들을 매우 다양한 단계를 통해 가공하는데, 이것은 감각적 인지의 가장 단순한 과정들에도 해당된다.

따라서 우리는 연습을 통해서 자극과 우리의 반응 사이에 놓여 있는 자료 처리 과정에 적어도 부분적으로나마 영향력을 행사할 수 있다. 예컨대, 각종 주류 감식가들처럼 다양한 술을 단지 그 향기를 맡는 것만으로도 구별할 수 있을 정도로, 훈련에 의해 후각과 미각을 단련시킬 수 있다. 이것이 바로 두뇌의 변화 능력을 보여주는 실례의 하나라 하겠다.

또한 행동장애 제거를 위한 심리치료방법은 뇌의 변화 능력을 보여주는 좋은 본보기이다. 이 심리치료는 연습을 통해 환자들이 지금까지와는 다른 육체적 느낌을 여러 상황에 대처하도록 가르친다. 이는 환자들이 심각한 장애라고 여기는 부정적인 느낌을 극복하고 심리적 고통의 골짜기에서 빠져나오도록 돕기 위한 것이다.

이것과 비슷한 방법을 통해 우리는 긍정적 느낌을 강화시킬 수 있고, 그러한 연습과 훈련은 우리의 뇌를 계속해서 변화시켜 행복하고 의미 있는 삶을 살아가는 데 큰 도움을 줄 수 있다.

불행을 조절하고 행복을 배울 수 있다

기원전 7세기에 살았던 고대 그리스 철학자 페리안드로스는 "모든 것은 연습이다"라고 말했다. 이후 그리스의 철학자들은 자신이 숙고해서 맺은 사상의 열매를 제자들의 머릿속에 깊이 심어주기 위해 정식으로 행복학교를 운영했다. 제자들의 성격을 균형 잡히고 즐거운 삶에 맞도록 형성하고, 이러한 목표를 이끄는 특정한 경험을 의식적으로 반복하는 것이었다.

그들은 오성이 소유욕이나 질투 또는 죽음에의 공포 같은 감정들을 극복하는 데 도움이 되는 방식들을 "치유제"이라고 불렀다. 이러한 감정들이 파괴적이라는 사실을 끊임없이 직시함으로써 자신들의 영혼이 그로부터 점차 해방되도록 만들었다. 더 나아가 지각을 예민하게 만드는 훈련들을 통해 긍정적인 감정을 위한 의식이 개발되었다.

현재의 신경학자들은 환상 이미지가 거의 실제 경험과 마찬가지로 뇌를 형성하기 때문에, 인간 정신의 그러한 훈련 방식이 현재에도 의미 있다고 말하고 있다.

뇌 속의 변화

사람의 행동양식이나 감정이 바뀌기 위해서는 뇌의 형상이 바뀌어야 하며, 이러한 변화가 시작되는 곳이 뇌의 최소 단위인 신경세포 뉴런이다. 뇌 속의 약 160억 개 이상의 모든 신경세포, 즉 뉴런은 다른 뉴런과 연결되어 있고, 다른 뉴런들이 보내는 신호를 계산하여 수천 개의 다른 뉴런들에게 전달한다. 접수된 신호를 처리하는 방식은 뉴런 스스로 바꿀 수 있으며, 자신의 이웃에서 받아들이는 신호에 자신을 맞춘다. 그런데 뉴런은 신호를 균질적인 흐름으로 보내지 않고, 포를 쏘듯이 터뜨려서 보낸다. 만일 두 개의 뉴런이 늘 같은 시간에 동시에 포를 쏜다면 둘 사이의 연결은 강화된다.

뇌의 뉴런들은 동일한 부류에 속하는 신호들에 대하여 연결망을 강화하는 속성이 있다. 이러한 연결망의 구성 및 강화는 새로운 것을 학습하는 과정이다. 새로운 운동을 배우든, 말을 배우든, 모든 배움의 과정은 두뇌 속에서 중추적 지위를 차지하고 있는 신경세포들 사이의 무수한 연결고리들이 변하고 있음을 의미한다.

반복이 결정적 역할을 한다

반복이 결정적인 역할을 한다. 뇌의 신경세포 즉, 뉴런들이 더 자주 반복적으로 자극을 받을수록 뉴런들 사이의 새로운 연결망은 안전하게 정착하게 된다. 예컨대 전화번호를 외우고 싶다면 그 전화번호로 자주 전화를 걸면 되듯이 말이다.

새로운 감정을 배우는 것도 마찬가지다. 일단 뉴런들 사이에 연결망이 생기고 나면 우리는 자주 반복함으로써 이 연결망을 계속 유지 강화시켜 나갈 수 있다. 그리고 이 배움의 과정은 자동적으로 일어난다. 우리가 원하든 원하지 않든 간에 우리가 감각적으로 인지하는 모든 것, 즉 느끼는 것과 생각하는 것 등은 뇌를 변화시킨다.

반복해서 체험하는 기쁨이나 슬픔 같은 감정은 산허리를 타고 내리는 물방울과 같은 역할을 한다. 시간이 흐를수록 물방울들은 모여서 물길을 만들고 나아가 강을 형성하다가 커다란 골짜기를 만든다.

대부분의 능력이 그러하듯이 감정의 의식적인 조정도 훈련될 수 있다. 그러한 훈련은 다시금 뇌의 구조를 변화시킨다. 그 결과 우리는 점차 자신의 감정과 좀더 손쉽게 관계를 맺을 수 있다.

훈련과 습관의 중요성

대뇌의 신경세포 속에 있는 신경 성장 요소를 위한 자료는 무한정 있지 않기 때문에, 우리의 뇌는 지금 막 생겨났거나 빈번하게 사용되는, 특별히 중요해 보이는 연결망을 가꾸는 데 주로 투입하고, 그렇지 않은 연결망에는 상대적으로 적게 투입한다.

근육과 마찬가지로 뇌세포도 적합한 형태를 유지하기 위해서는 지속적인 훈련과 관리를 해야 한다. 우리가 계속 관리하지 않는 재능은 쪼그라들다가 결국은 형편없이 된다.

외국어를 유창하게 하는 능력이나, 우리의 감각적 인지능력을 정밀하게 계발하는 것이 그러하듯이 행복을 향한 우리의 능력도 계속적인 훈련과 노력으로 키울 수 있다. 좋은 감정을 습득하는 것 역시 마찬가지다. 우리가 특정한 느낌을 감지하는 방식은 뇌에 있는 연결망들에 의해 결정된다. 그리고 연결망들은 유년기에 더 쉽게 형성된다. 그렇다고 성인이 된 후라고 형성되지 않는 것은 아니다. 어릴 때 외국어를 더 쉽게 배울 수 있지만 성인이 되었다고 해서 배울 수 없는 것은 아니다. 마찬가지로 좋은 감정과 관계를 맺는 것 역시 성인이 되어서도 충분히 가능하다.

뇌의 변신은 뉴런에서 시작되지만 뉴런에서 끝나지 않는다. 습관이 뇌의 전 영역에 변화를 가져오게 한다. 물론 빨리 변하는 부분도 있고 천천히 변하는 영역도 있다. 대뇌피질 부분은 빨리 변한다. 그러나 공간기억을 담당하고 있는 뇌의 해마 부분은 천천히 변화한다.

따라서 도시의 복잡한 도로를 기억(공간기억)하는 것은 천천히 이루어지지만 해가 갈수록 기억은 강화된다. 좋은 감정도 우리가 그것에 몰두하면 할수록 더 강하게 작용한다. 자신의 육체적 느낌을 감지하고, 조절하며, 예견할 수 있는 사람은 현명한 삶을 유지할 수 있다.

행복의 감정은 우연이 아니다. 올바른 생각과 행동의 결과다. 현대 신경학과 고대 철학, 그리고 원인과 결과의 엄격한 원칙을 믿는 불교는 이 점에서 의견이 일치한다. 행복에 대한 우리의 감각적 인지는 상당 부분 우리의 뇌가 느끼는 방식에 달려 있고, 이 느낌의 방식을 변화시키기 위해서는 반복 훈련과 습관이 필수적이다. 반복과 습관은 수고스러운 일에 대한 준비 태세를 필요로 한다.

> 행복에 이르는 길의 비밀은 결단과 노력, 그리고 시간이다.
> —달라이 라마

긍정적 사고와 행복

긍정적 사고란

긍정이란 모든 것이 잘될 것이라고 믿는 생각을 말한다. 자신의 미래가 결코 걱정스럽지 않으며 노력하면 모두 잘될 것이라고 확실히 믿는 것이다. 긍정적 세계관은 대체로 세상을 살기 좋은 곳으로 믿고 주변 사람이나 상황에서 좋은 점을 찾으며, 자신에게는 많은 기회가 있고, 그것을 잘 활용할 수 있다고 믿는 삶의 방식을 말한다. 이에 대비되는 부정적 세계관은 자신의 타고난 조건이 너무 나빠 아무리 노력해도 현재 상황을 개선할 수 없고, 더 나빠질 것이라 믿는 삶의 방식이다.

긍정적으로 생각하는 사람은 먼저 올바른 결정을 내리고 일상에서 일어나는 문제의 해결을 위해 최선을 다하며, 자신의 목표를 반드시 달성할 수 있다고 확실히 믿는다. 훌륭한 해결책이나 새로운 발상은 주로 삶을 쉽게 바라보는 긍정적 감정 상태에서 나온다. 긍정적이고 낙천적인 사람은 심신이 건강하여 병에 쉽게 걸리지 않고 병에 걸려도 빨리 낫는다, 수술 시에도 더 빨리 회복된다.

긍정적인 측면을 강조하라

우리가 육체적 건강을 위해 각종 운동을 하듯이 정신 건강을 지키기 위해서도 구체적인 노력을 해야 한다. 행복하게 만드는 요인을 정확하게 알아내서 우리의 삶에 반영하여야 한다.

행복은 유전적 요인에 의해서도 상당 부분 좌우되지만, 그것보다는 행복해지려는 노력에 의해 더 많이 좌우된다. 즉, 행복은 우리 각자가 가꿀 수 있는 마음의 상태에 달려 있다. 마음을 잘 가꾸어 행복을 얻으려면 친절함, 독창성, 유머, 낙천주의, 관대함 같은 우리의 장점과 특성을 알아내 잘 활용해야 한다. 즉 긍정적 감정이 계속 일어나게 해서 부정적 생각을 물리치고, 행복한 느낌을 갖는 방법과 행복에 대한 기쁨이 좀더 오래 간직될 수 있도록 노력해야 한다.

긍정적으로 말하고 열정적으로 행동하라. 하루가 전부 긍정 안에 파묻히게 하자. 그리하여 긍정적으로 생각하고 행동하는 것이 습관화되도록 하자. 그러면 행복에 가득 찬 일이 자연히 따라오리라.

대표적인 강점을 키우고 몰입하라

우리가 일상생활 속에서 행복의 근원을 찾아내 의식적으로 그 근원을 강화시켜 나간다면 우리의 만족도를 대폭 향상시킬 수 있을 것이다. 그러므로 우리의 단점을 고치려고 노력하는 것보다 대표적인 강점을 키우고 발전시켜 나가는 것이 보다 더 효율적으로 우리의 만족도를 향상시킬 수 있다. 자신의 대표 강점을 알고, 이것을 일상생활에 자주 활용함으로써 더욱 행복하고 충실한 인생을 살 수 있게 된다.

자신의 대표 강점을 계발하게 되면 우리는 그 일에 완전히 몰입할 수 있게 된다. 그 일이 무엇인가는 중요하지 않다. 어떤 일에 몰두할 때, 그것은 주의력과 강도 높은 지각을 낳고 그만큼 좋은 감정과 연결된다. 자신의 일에 빠지는 것은 일 자체가 좋아 계속 그 일을 다시 하게끔 만들 정도로 사람을 기분 좋게 만든다. 부수적으로 일의 성과도 가장 높게 달성하게 해준다. 쉴 때보다 집중적으로 일할 때가 더 기분 좋은 상태일 수 있다.

미국의 심리학자 마틴 셀리그먼은 "우리가 가장 잘하는 일을 할 때 느끼는 행복이야말로 가장 완전한 행복이다"라고 말했다. 우리 뇌의 호르몬의 하나인 도파민은 주의력을 조절하고 즐거움에 가득 찬 흥분을 불러일으키는 호르몬이다. 도파민의 도움으로 높아진 집중력이 더 지속적으로 높은 성과를 가능하게 하는 동시에 좋은 감정을 불러일으킨다.

"몰입하는 활동 또는 상태"에는 다음과 같은 공통점이 있다.

첫째, 도전이 필요하며 기술을 요한다.

둘째, 집중을 해야 하며 자신을 잊을 정도로 몸과 마음을 온통 쏟아 붓는다.

셋째, 명확한 목적이 있다.

넷째, 신속한 피드백을 받을 수 있다.

다섯째, 저항할 수 없을 만큼 깊이 빠져든다.

여섯째, 통제감을 느낄 수 있다.

일곱째, 자신을 망각한다.

여덟째, 시간 감각을 잊는다.

몰입의 기쁨은 흥분, 환희, 기쁨, 환기와 행복을 주는 일에서 느낄 수 있다. 사람마다 몰입에 빠져드는 방법은 다르다. 영화를 볼 때, 축구를 할 때 등 제각각이지만, 문화, 사회적 계층, 남녀노소를 불문하고 모든 사람들이 몰입의 경험을 즐기는 경향이 있다고 한다.

일을 즐길 것인지 말 것인지는 모두 당신의 태도에 달려 있다. 일을 의무적으로 하는 것보다는 좋아하면서 하는 것, 좋아하면서 하는 것보다는 즐기면서 하는 것이 가장 능률적이고, 또한 가장 많은 행복감을 느끼게 해준다.

자기가 할 일을 찾아낸 사람은 행복하다. 그로 하여금 다른 행복을 찾게 하지 말자.
—칼라일(영국 철학자, 1785~1881년)

3 행복을 위한 마음 다스림

분노를 다스려라

뇌 즉, 마음의 생존전략

현대사회는 직장, 가정, 사회, 학교 등 생존경쟁이 연속되는 상황 속으로 우리 삶을 몰아넣고 있다. 따라서 사람의 심장을 혹사시키는 일이 생활 곳곳에 널려 있다. 어느 상황이나 심장이 보통 때보다 빨리 뛰는 것은 아드레날린이 분비되고 있는 것이다.

이때는 스트레스 상황이고 사람의 뇌는 이 상황에서 탈출하기 위해 노력한다. 이것은 몇 만 년을 두고 인류가 키워온 생존반응의 방식이다. 이런 경우 사람의 뇌는 자신을 위험으로부터 보호하기 위하여 "공격 도피 반응"을 만들어낸다.

편도체가 위험을 감지하면 시상은 신장 위의 부신에게 스트레스 호르몬인 아드레날린을 분비하라고 명령하고, 그러면 아드레날린이 분비되고 맥박은 빨라진다. 심장이 빨리 뛰면서 산소와 영양분을 신속하게 신체의 근육에 공급한다. 그리하여 싸우거나 도망갈 때 근육이 순간적으로 큰 힘을 내게 되고, 이때 근육은 최대한 긴장한다. 그러나 지속적으로 스트레스 상황에 노출되면 뇌는 지친다. 원래 "공격 도피 반응"은 응급할 때 사용하는 것이므로 계속되는 스트레스에 뇌는 어떻게 대처해야 할지를 몰라 지칠 수밖에 없다.

스트레스를 받으면 면역력이 떨어지고, 면역이 떨어지면 암은 유반하는 바이러스를 막지 못하기 때문에 암에 걸리기 쉽다. 뇌가 적응하지 못하고 있는 스트레스에 대처하는 방법을 찾아내는 것이야말로 정신과 육체 건강 및 행복을 위해 절대적으로 필요하다.

현재 병원을 찾는 70%의 환자가 스트레스와 관련된 병이라고 한다. 행복을 위하여 긍정적으로 생각하는 방법을 찾아 훈련하고 습관화하는 것도 중요하다. 그러나 스트레스를 적절히 다스리고 완화시켜 궁극적으로는 스트레스에서 벗어남으로써 스트레스로 인한 질병을 없애고 완치시키는 것이 우리 삶의 행복 추구를 위한 가장 중요한 방법이라고 하겠다.

스트레스로 인한 분노의 영향

① 분노란

분노는 자신이 원하는 대로 일이 되지 않을 때, 주로 성격이 급한 사람에게서 나타나는 행동양식이다. 분노하거나 분노하기 직전에는 몸과 마음이 긴장된다. 뇌가 생존을 위해 심장을 빨리 뛰게 하고, 근육을 긴장시킨다. 문제는 분노는 생각만으로도 이런 공격, 도피 반응을 나타낸다는 데에 있다.

『분노가 죽인다Anger kills』를 쓴 미국 듀크대학교 레드포드 월리암스 교수의 분노에 대한 연구 결과에 의하면, 대학생일 때 분노를 측정하는 질문지에서 분노 수준이 높게 나타났던 대학생들은, 50세가 되었을 때 그렇지 않은 사람보다 사망할 확률이 4~7배 높은 것으로 나타났다. 그 후 거듭된 연구에서도 이와 유사한 결과가 나왔다. 분노 수준이 높은 사람은 심장병을 비롯해 사망에 이르는 각종 질병의 발병률이 더 높게 나타난 것이다.

② 분노할 때 신체의 변화

미약한 자극이나 스트레스에도 신체적, 생리적 반응은 강하게 나타난다. 스트레스 반응이 강해지면 교감신경계가 자극되고 아드레날린과 노르아드레날린이란 물질이 분비된다.

이 물질이 분비되면 첫째, 혈압이 올라가고 맥박이 빨라지는 생리적 변화가 일어나 심장 혈관 내벽에 손상을 가져온다. 둘째, 지방이 많이 분비되어 혈중 지방이 높아지고 자연히 지방이 간에서 콜레스테롤로 전환되어 콜레스테롤 수치가 높게 나타난다. 셋째, 혈중 혈소판을 더 많이 응고시켜 동맥혈관을 막아 심장질환이 일어날 수도 있다. 넷째, 질병에 많이 노출될 수밖에 없고 감염에 대한 저항력 저하, 체내 이로운 세포의 저항력 저하, 면역체계를 부정적인 방향으로 과도하게 활성화시킨다.

분노를 다스려라

분노에 취약한 성격은 선천적, 즉 유전적이다. 그러나 선천적인 성향도 분노의 통제방법을 배운다면 분노를 조절할 수 있다. 분노를 관리한다는 것은 일방적으로 분노를 억압하거나 표출시키라는 것이 아니다. 상황을 고려하여 분노를 억압하지도 않고, 수시로 표출하지 않으면서 적절하게 관리하는 것이 중요하며 자기 자신과의 내적 대화를 하는 것이 바람직하다.

분노 조절기술을 배운 사람은 분노의 감소는 물론, 우울감이 감소되고 사회적 지지가 증가되며 혈압과 심박률이 줄이든다. 나아가서 정신적, 육체적으로 건강을 회복할 수 있어 우리가 바라는 행복한 삶으로 나아갈 수 있다.

레드포드 윌리암스 교수가 개발한 생활기술프로그램(분노를 잘 다루는 법)을 소개하면 다음과 같다. 분노를 다스리는 데 좋은 방법의 하나로 참고할 만하다고 생각된다.

❶ 우선 화가 날 때는 그 상황의 사실을 올바르게 파악할 것.

❷ 자기 자신에게 중요성, 정당성, 변경, 가치에 대한 질문을 던진다.

❸ 위 네 가지 가운데 하나라도 "아니다"라는 대답이 나오면 자신의 반응을 수정해야 한다.

❹ 네 가지가 "그렇다"라는 대답을 얻었을 때는 행동을 취하여야 한다.

❺ 자기 주장 3단계

ㄱ 지금 마음에 거슬리는 행동에 대해 설명한다.

ㄴ "나 화났어"라고 자기 감정을 밝힌다.

ㄷ "바보같이 하지마"라고 특정한 행동 변화를 요구한다.

퇴계 이황 선생의 건강 활심법

조선중기 때의 퇴계 이황 선생은 흐트러진 마음이 병의 원인이며, 모든 병은 마음에서 생기므로 마음 다스림의 중요성을 강조하면서, 다음과 같은 건강 활심법活心法을 실행했다고 한다. 퇴계 선생이 활심약으로

쓴 약은 중화탕과 화기환이다. 즉,

1. 사무사思無邪 : 사심 없는 생각
2. 행호사行好事 : 좋은 일을 행할 것
3. 막기심莫欺心 : 마음을 속이지 말 것
4. 행방편行方便 : 임기의 처치를 할 것
5. 수본심守本心 : 본분을 지킬 것
6. 막질투莫嫉妬 : 질투하지 말 것
7. 제교사除狡詐 : 교활한 거짓을 말 것
8. 무성실務誠實 : 성실하게 힘쓸 것
9. 순천도順天道 : 천도에 순종할 것
10. 지명한知命限 : 천명에 한계를 알 것
11. 청심淸心 : 깨끗한 마음을 가질 것
12. 과욕寡欲 : 욕심을 적게 가질 것
13. 인내忍耐 : 참고 견딜 것
14. 유순柔順 : 부드럽고 순할 것
15. 겸화謙和 : 겸손하고 화목할 것
16. 지족知足 : 만족함을 알 것
17. 렴근廉謹 : 청렴하고 삼갈 것
18. 존인存仁 : 양심을 보존할 것
19. 절검節儉 : 절약 검소할 것
20. 처중處中 : 과부족이 없을 것
21. 계살戒殺 : 살생하지 말 것
22. 계노戒怒 : 노하지 말 것

23. 계폭戒暴 : 포악하지 말 것

24. 계탐戒貪 : 탐내지 말 것

25. 신독愼篤 : 지극히 조심할 것

26. 지기知機 : 기미를 알고 행할 것

27. 보애保愛 : 보신을 애중히 여길 것

28. 활퇴活退 : 명리에 뜻이 없어 벼슬을 물러남

29. 수정守靜 : 마음 편히 물러날 것

30. 음즐陰騭 : 음덕을 쌓을 것

등을 씹어 부수어서 가루를 만든 후 심화(心火: 마음속에서 우러나오는 울화) 1근과, 신수(腎水 : 신장의 물기, 정액) 두 주발을 섞어 천천히 달여서 5푼쯤 되거든 건져 아무 때든지 복용하면, 의사가 치료하지 못하는 어떤 병이든지 고칠 수 있다. 또 원기를 보존하고 간사한 기운이 침범하지 못할 것이며, 만병이 안 생겨 오래오래 평안을 누릴 수 있을 것이다. 심화, 신수와 30가지 약藥=心을 섞어 끓이고, 건져 먹는다는 이야기는 탕약湯藥에 비유한 것일 뿐 마음을 다스리는 활심법이다.

화기환和氣丸이란 "참을 인忍" 알약 1알이다. 의사도 치료하지 못하는 심화心火 즉,

1. 고독한 일

2. 말이 막히고 기가 차는 일

3. 숨통이 막혀 말할 수 없이 억울한 일

4. 민망해서 어찌지 못하는 일

5. 가슴을 뒤집어 보이고 싶은 일

6. 눈을 부라려야 할 일

7. 주먹을 불끈 쥐고 때려주고 싶은 일

8. 얼굴이 발갛게 달아오르는 일

9. 귀가 붉어지는 일

이러한 일들이 생길 때는 "참을 인" 한 알을 말없이 침으로 꿀꺽 삼키면 어른 아이 할 것 없이 모두 치료할 수가 있다고 했다.

퇴계 선생은 양생법(활인심방活人心方), 수련법, 도인법(실내체조), 정좌법(선禪)을 실행하고 마음을 다스림으로써 오랜 질병과 심장증을 이겨내고 70까지 살았다고 한다.

현대에 살고 있는 우리도 각종 스트레스로 인한 마음의 상처를 다스리는데 배울 점이 많다고 하겠다.

> 행복하게 되는 진짜 비결, 그것은 현재의 삶에 충실하는 것이다.
> 언제까지나 과거의 일을 후회하거나 미래를 고민하지 말고,
> 지금 이 순간부터 최대 한도의 기쁨을 찾는 일이다.
> —웹스터(미국 여류 작가, 1876-1916년)

명상과 마음 다스림

명상의 뜻

분노와 스트레스를 다스리는 한 방편으로 명상을 생각할 수 있는데, 명상이란 BC 3000년 전 인도의 요가에서 수련의 방편으로 유래되었으

며, "눈을 감고 고요히 생각한다", "깊이 생각한다", "묵묵히 생각한다"는 뜻을 담고 있다. 그런데 선나禪那에서는 "마음을 한결 같이 한곳에 쏟아서 조용히 인생과 세계의 참된 모습을 알고 인격을 연마하여 최고의 값진 삶을 사는 방법이요, 그 자체"라고 한다.

요가에서 명상은 우리의 마음이 산란해질 때 이것을 가라앉히고 순일한 본성으로 돌아가게 하는데, 이때에는 몸과 마음과 사회라는 세 가지 요소가 조화를 이루어야 한다고 한다.

또 힌두교(인도)에서는 의식을 초월하는 방편으로 112명상법(비그야나 바이라바 탄트라Vigyana Bhairava Tantra)이 있는데, "마음을 통일하여 깊이 생각하면서 고요하게 된 나머지 그 생각마저 끊어져 추구하는 일"이 명상이라고 한다.

신체 훈련과 호흡 훈련

명상을 위해서는 먼저 신체적 건강과 올바른 호흡 훈련 및 사회적으로 도덕 훈련이 강조된다. 그 중에서 신체 훈련과 호흡 훈련은 다음과 같다.

① 신체훈련

대표적인 훈련으로 앉는 방법, 즉 좌법坐法이 있다.

❶ 연화좌蓮華坐

기본이 되는 좌법이다. 두 다리를 서로 엇갈리게 하여 바닥에 앉은 뒤 반대쪽 넓적다리 위에 서로의 발을 올려놓는다. 선에서는 결가부좌結跏趺坐라고 한다.

손은 손바닥을 위로 하여 무릎 위에 놓고 엄지손가락과 둘째손가락 끝을 맞대거나, 양손을 마주 쥐거나 손바닥을 포개 모으는 법 등이 있다.

결가부좌를 하면 다음과 같은 효과를 얻을 수 있다.

첫째, 척추가 곧게 유지되기 때문에 내장에 압박이 가해지지 않고 복압력이 생겨서 호흡이 순조로우며 정신도 안정된다.

둘째, 온몸에 긴장이 없으므로 마음을 한곳에 집중시키기 쉽고 외부로부터의 자극에 잘 적응할 수 있게 되며, 또한 스스로 초연해질 수 있어서 피로가 적고, 항상 평온함을 유지할 수 있다.

셋째, 자세가 단정하면 마음도 바르게 된다. 혈액 순환이 원활해지므로 생기가 충만해질 뿐만 아니라, 자기 자신을 돌아보고 자신을 찾는 즐거움도 맛볼 수 있다.

❷ 달인좌達人坐 = 반가부좌半跏趺坐

한쪽 다리는 바닥에 대고 다른 한쪽 다리만 올려서 발은 다른 쪽 넓적다리 위에 올려놓는 방법으로 결가부좌가 안 되는 사람이 취한다.

❸ 금강좌金剛坐

무릎을 꿇은 자세로 무릎 위에 손을 올려놓는다.

주의할 점 : 허리를 곧게 펴고 목과 머리와 몸이 일직선이 되게 하여 눈을 지그시 감거나 콧등 선상에서 1미터쯤 앞을 내다보고, 혀는 윗 잇몸에 살짝 댄다.

② 호흡 훈련

❶ 호흡呼吸의 중요성

첫째, 삶과 호흡은 불가분의 관계에 있다.

사람의 삶 속에서 유일하게 변하지 않는 것으로, 단 한순간이라도 호흡이 멈춰지면 더 이상 생존할 수 없다(1~5분 이상 못 버틴다).

둘째, 호흡은 사람 속에서 끊임없이 움직이고 있으며 사람의 본질을 구성하는 인자이다.

셋째, 호흡은 삶에 있어서 가장 근본적이며 기본적인 것이다. 호흡과 삶은 동의어이다. 인도에서는 호흡을 프라나prana라고 부른다. 프라나는 생명력과 활동력의 두 가지 뜻이 있다.

넷째, 호흡은 그대와 그대의 육체 사이의 다리 역할을 한다. 또한 그대 자신과 우주 사이에서도 다리 역할을 한다. 육체는 그대에게 다가온 우주의 일부분이다.

다섯째, 호흡은 두 개의 극점을 가지고 있다. 한 극은 인간의 육체와 우주에 연결되어 있고, 다른 한 극은 인간의 존재와 초우주에 연결되어 있다. 두 극점 즉, 문은 인간이 인간의 육체 속으로 들어오는 문이기도 하고, 육체를 빠져 나가는 문이기도 하다. 이 길은 통찰력이 있을 때에만 깨달을 수 있다.

❷ 호흡과 마음

호흡과 마음은 밀접한 관계에 있다. 마음이 동요하면 호흡이 흩어지고, 호흡이 흩어지면 마음이 흔들린다. 마음은 호흡을 다스리는 자율신경과 관계가 있다. 호흡을 의식적으로 조절하면서 자율신경을 조절하면 감정의 움직임도 조절할 수 있어서, 몸의 건강이나 마음의 안정을 유지할 수 있다. 호흡은 산소를 흡수하며, 혈액을 정화하고, 독소를 몸 밖으로 내보내서 생명력을 촉진시킨다. 또한 복부 압력을 강화하며 내장운동을 원활하게 한다.

❸ 프라나prana를 느껴라

인도 고유의 명상법(탄트라) 112가지 중 일곱 가지가 호흡을 통한 명상법이다. 이 명상법에 의하면 공기는 단지 매개체이고 공기를 통하여 호흡하는 것이 아니라, 공기라는 매체에 실려 오는 프라나(prana 호흡의 정수)에 의해 호흡한다고 한다. 호흡 훈련을 통하여 프라나를 감지하는 경지에 이르면 죽음을 미리 알 수 있다고 한다. 즉, 죽기 6개월 전까지는 호흡과 함께 프라나가 몸속에 남았다가 6개월 전부터는 몸속에서 빠져나간다고 한다.

❹ 완전호흡법(기본 호흡법)

숨을 충분히 내쉬고, 숨을 들이쉴 때는 배로 들이쉬어 계속해서 가슴을 위쪽으로 확장시키며 공기를 배와 가슴에 가득 채운다. 잠시 숨을 멈추었다가 천천히 토해 낸다(들숨, 멈춤, 날숨; 1:4:2 시간 비율).

단전에 집중하고 한곳에 정신 집중하며, 호흡 전반에 정신을 집중한다. 들이키는 숨은 단순히 산소를 마신다고 생각하지 말고 우주생명력을 내 몸 안으로 끌어들인다고 생각하라.

❺ 쿰바카Kumbhaka 호흡(병 모양의 호흡 총칭)

오른손 둘째 손가락을 미간에 대고 충분히 숨을 내쉬고 나서 오른손 엄지로 오른쪽 콧구멍을 막고, 왼쪽 콧구멍으로 숨을 들이마신다. 충분히 마셨으면 가운데 손가락으로 왼쪽 콧구멍을 막고 안전히 숨을 멈춘다. 그 후 다시 오른쪽 콧구멍을 막은 엄지손가락을 늦추어서 숨을 토한다. 다시 그 콧구멍으로 숨을 들이마시고 멈추었다가 다른 콧구멍으로 내쉰다(1:4:2의 시간 비율).

❻ 선기도법상의 단전호흡법

첫째, 자세는 결가부좌나 반가부좌한다.

둘째, 단전(배꼽 아래 3~5cm) 힘을 주고 들이쉬고 참았다가 내쉰다. 들숨보다 날숨의 깊이를 2배로 한다(1:1:2의 시간 비율).

셋째, 익숙하게 되면 시간에 호흡을 구애받지 않고 의식으로 기를 온몸에 순환시킬 수 있다.

❼ 정심조식법

일본의 의사 시오야 노부오가 60세에 시작한 이래 99세에『자재력』이란 책으로 세상에 알린 독특한 호흡법이며, 건강, 행복 등에 탁월한 효과가 있다고 한다. 누구라도 쉽게 실행에 옮길 수 있는 방법이어서 자세히 소개하기로 한다.

㉠ 정심正心(평상시 마음가짐)

모든 일을 긍정적, 적극적으로 생각한다. 감사의 마음을 잊지 않는다.

불평을 하지 않는다.

　ⓛ 조식법調息法

　자세—등줄기를 똑바로 펴고 앉는다.

　앉는 방법은 정좌하든 의자에 앉든 장소에 구애받지 않고 적합한 방법
을 택한다.

　손모양—양쪽 손바닥으로 둥근 구슬이나 고무공을 감싸 쥐듯이 살짝
맞잡는다.

　흡식吸息: (숨을 들이쉰다) 코로 단전(몸의 정중앙)에 들숨을 밀어 넣는
기분으로 숨을 충분히 코로 빨아들인다.

　충식充息: (숨을 멈추고 아랫배에 힘을 준다) 항문을 조이고 빨아들인
숨을 몸 구석구석까지 보낸다(10초 정도).

　토식吐息: (숨을 토해낸다) 배에서 힘을 빼고 배를 들이밀어 코를 통해
숨을 토해낸다.

　소식小息: 보통의 호흡을 한 번 한다.

　위 네 가지를 25회 되풀이한다(20~25분 소요됨).

　정식靜息: 마지막으로 보통 호흡을 10회 한다.

　ⓒ 상념과 내관

　상념想念: 흡식을 하고 있는 동안 우주의 무한한 힘이 단전에 모아졌고
그래서 온몸에 가득 찼다고 생각한다. 충식을 하고 있는 동안 자신의 소
망목표를 완료형(나았다)으로 상념한다. 토식하고 있는 동안 체내의 노
폐물이 빠져나가 온몸이 깨끗해졌다. 젊어졌다고 상념한다. 한 가지 소

망 목표를 5회 이상 되풀이한다.

내관內觀: 자신의 마음가짐 상태, 정신의 움직임, 혼의 존재방식을 돌이켜 보면서 관찰하는 것을 말한다. 상념의 내용을 '그림'으로 상상하여 소망이 달성된 모습을 머리에 떠올린다. 상념과 동시에 행한다.

ⓔ 대단언

정심단계에서 개인 행복 및 세계 평화 실현을 위해 영혼이 담긴 말을 10회 염원한다.

명상의 대상

❶ 관심을 끄는 모든 것이 명상의 대상

우리 생활 주변의 모든 것이 명상의 대상이다. 잡념을 없애려 하지 말고 친해져라. 아침에 하고자 하는 일을 떠올려 집중하면 반드시 이루어질 것이다. 명상을 하면 자기 암시를 통해 추진력이 생긴다. 생각이 신념을 낳고 신념이 생기면 그대로 이루어지는 것이다.

❷ 동적인 것

명상의 대상에는 동적인 것과 정적인 것이 있는데, 정적인 것보다 동적인 것이 명상의 대상으로 삼기 쉽다. 위와 같이 일상생활의 움직임 속에서 명상을 하게 되면 모든 사물을 적극적으로 바라보고 거기에 적응해 나가게 된다.

❸ 호흡명상

위 호흡 훈련 참조할 것.

❹ 보행명상

보행 중에도 명상이 가능하다. 기상 등 조건을 염두에 두지 않고 오직 움직이는 발걸음에 정신을 집중하면 어느새 마음이 가라앉아 우울한 기분이 사라지고 안정되며 쾌락감을 느끼게 된다.

오직 걷고 있다는 사실과 그것을 인식하는 것과 평온한 만족감이 하나가 된다. 무념무상無念無想 속에서 일체가 영위된다.

❺ 만트라(진언眞言) 명상

정적인 것을 대상으로 하는 명상은 만트라 같은 상징어를 명상하는 것이다. 그 대상은 신을 상징하는 말소리나 성구聖句 또는 기도문 같은 것으로 진언이나 다라니 등이 이에 속한다.

옴aum, 옴마니 반메훔(광명진언光明眞言 "연꽃 속의 진주같이 일체가 원만히 이루어져 빛나게 되나이다") 등 진언을 외우면, 그 상념이 단일화되어 그 상념의 근원으로 들어가서 무념무상한 근본생명의 세계에 안주한다.

❻ 정적인 것 : 고요함 속에서 명상하는 것.

㉠ 씨알의 명상 : 콩알 하나의 구체적 대상부터 시작하여 다음에는 추상적인 것으로 옮겨 정신을 집중한다.

ⓒ 한 떨기 꽃의 명상 : 한 떨기 꽃 같은 일체의 사물에 대하여 관심을 집중하고 깊이 침착하면서 무아의 세계로 들어갈 수 있다.

ⓒ 믿음과 사랑의 명상

자기가 존경하는 위인이나 성자에 대하여 찬양하고 그의 영상 앞에서 앉아 명상을 하는 것은, 과거에 집착하는 좁은 마음에서 벗어나 넓고 거룩한 세계로 자아를 확대시킨다. 성자에 대한 믿음과 사랑은 기도로 나타난다. 기도는 평범한 인간의 의식보다 높은 세계, 보다 넓은 세계로 가고자 하는 극적인 표현이다. 기도하는 대상을 그리워하면서 명상에 잠기면 자기가 바라는 대상과 기도하는 자가 일체가 될 수 있다.

절대자와의 접촉을 통해서 얻어진 신앙은 우리 자신을 절대자의 위치로 이끌어간다.

현대의 심리요법과 명상

① 자율 훈련과 명상

❶ 사람의 마음과 질병, 몸과 마음은 밀접한 관련성이 있으므로 심리적인 장애를 없애기 위해서는 먼저 자기 자신을 훈련할 필요가 있다. 자율 훈련을 통한 명상으로 심리 조절을 할 수 있다.

❷ 자율 훈련은 열등감 극복, 강한 의지 고취, 원만한 대인관계, 공포심 제거, 나쁜 습관의 시정, 창조력 개발, 심리적 갈등 해소, 자율반응 조절의 효과가 있다.

❸ 우리 몸의 중추나 말초의 혈관운동이 자율신경의 하나인 교감신경

에 의해 직접 조절받고 있으나, 동시에 명상을 통한 자율 훈련에 의해서
우리의 의지나 의식의 힘으로도 조절할 수 있다.

② 자기 암시 훈련

❶ 자기 스스로 마음속에서 암시가 되는 말이나 이미지를 상기하여 자
기 행동에 변화를 시키는 명상방법을 말한다.

❷ 최면이나 명상을 통하여 깨어 있지도 깊이 잠들지도 않은 몽롱한
수면상태, 즉, 심리적으로 안정된 상태에서 의식 수준이 낮은 상태로 의
식수준을 유도해야 한다.

❸ 초심자의 경우, 고요하고 어두운 방에 덥지도 춥지도 않고 단조로
운 멜로디가 흐르면 효과적이다.

❹ 눕거나 앉아서 어깨 등의 긴장을 풀어 심신을 완전하게 이완시키는
훈련(준비단계)을 거쳐 중감훈련, 온감훈련, 심박조정훈련, 호흡조절, 복
부온감훈련, 두한족열의 냉감 훈련, 이미지훈련, 심동의 훈련, 관조훈련
의 순서로 행해진다.

③ 초월명상법 Transcendental Meditation(T.M.)

❶ 초월명상의 뜻

노력을 필요로 하는 명상은 집중, 조작, 기대, 예상하는 식으로 명상을
하게 되고, 그러다 보면 의식 사고 수준에 묻히기 쉽다. 그러나 노력이
필요 없는 명상은 집중, 컨트롤, 의도, 조작이 없기 때문에 자신을 있는
그대로 경험하게 되며, 의식의 표면에서 깊어진다. 이것이 초월명상이

다. 명상은 마음이고 마음을 넘어서기 때문에 초월적이다. 초월명상은 노력이나 묵상을 필요로 하지 않는다.

❷ 초월명상기법은 개개인의 마음을 모든 자연법칙의 근원과 일치시키고 그 힘을 가지고 행동하도록 훈련시키는 것이다.

아침 저녁에 15~20분씩 눈을 감고 편안히 앉아서 자기 자신 속에 있는 순수의식에서 순수자아를 체험하는 명상을 행한다. 마음은 상념의 모든 한계를 넘어서 순수 의식 상태로 있어야 한다. 마음이 자연스럽게 내부로 향해 그 밑바닥에 이르도록 해야 한다.

초월명상은 마음의 활동을 체계적으로 감소시킨다. 마음의 활동이 감소되었을 때에 행복의 궁극적 원인인 희열이 이루어진다. 초월명상법은 어떤 집중이나 생각의 통제를 필요로 하지 않고 오직 마음의 활동을 감소시키는 것이다. 그래서 초월명상법은 과학적, 체계적, 실제적인 실천에 의해 가능한 것으로 실천적 경험이다.

❸ 초월명상의 과학적 연구결과

진행 과정에서 육체적으로 휴식 상태가 나타나고, 의식면에서는 깨어 있는 상태가 증진된다(제4의 의식 상태라고 함). 이런 경우는 산소 소모량의 감소, 신진대사량의 감소, 심장 박동율의 감소, 피부 저항의 증가, 혈액 중 유산염의 감소현상이 나타난다.

동시에 뇌파에서는 의식의 각성 상태를 나타내는데, 느린 파장의 세타파, 알파파와 빠른 파장의 베타파가 발생하며 뇌파가 매우 질서 있게 일치한 파장을 나타낸다. 이는 곧 잠재력의 기능이 효과적으로 확장될 수 있는 상태가 된 것을 의미한다.

명상은 지능 향상, 적응력과 창조력을 높이고 이해력을 더해 주며, 노화 방지, 젊음 유지 및 건강 향상에 도움을 주는 역할을 한다.

명상의 경지

❶ 명상은 아침에 일어나서 10분이든 30분이든 생활화하는 데서 시작된다. 명상은 특정 대상, 환경, 시간에 한해서 행하여지는 것이 아니라, 일상생활의 모든 것에 마음을 집중하는 것이다.

❷ 나날의 생활에서 자기가 하는 일에 열중하는 것은 그 일과 내가 하나가 되는 것이고, 하나가 된다는 것은 내 마음이 허공과 같이 텅 비게 되는 것이다. 인연에 따라 오고감이 자유로운 사람이 바로 성자이다. 생긴 그대로의 인연에 따라 걸림 없이 사는 것이 참된 자유인이다.

❸ 명상은 마음이 물 흐르듯이 인연 따라 끊임없이 이어지는 움직임이다. 막힘이 없고, 빈 상태이기 때문에 걸림이 없다.

❹ 지나간 것에 집착하지 말고, 다가올 내일을 걱정하지 말고 오직 오늘 이 순간이 영원한 과거와 미래의 결정체가 되도록 한 가지 일에 열중하는 것이, 진주같이 알차고 빛나는 나 자신으로 사는 것이다. 이것이 무소유이다.

명상의 기능 효과

① 정신적인 면

❶ 명상을 통한 종교성 계발

인간이 인간 이상의 신을 볼 수 있고, 나와 신이 다름없음을 아는 방법이 있다. 그것은 바로 명상을 통해 개인적인 자아의식을 넘어서 순수의식에 도달하는 것이 인도에서는 인생 최고의 목표이다.

인도의 요가, 불교, 힌두교는 명상 중심의 종교라 할 수 있다.

명상은 종교성의 자각이라는 체험을 통해서, 인간의 실존에 이르러서 우주와 더불어 같이 살고 죽는 종교의 세계에 도달한다.

❷ 자아 발견과 인격 완성

명상을 통해 참된 자아인 순수의식과 거짓된 자아의식을 분별하게 된다. 그리하여 거짓된 것으로부터 떠나 참된 자아를 발견하여 새로운 인격, 즉 개인주의→이타주의→자리이타自利利他의 평등주의에 이르러 참된 자기 자신을 발견할 수 있다. 나와 남이 하나로 되어지는 세계에서 참된 행복을 느끼게 되는 것이다. 내 안에서 일체를 보고, 일체 속에서 나를 볼 때 절대생명을 느낀다(우주의식).

❸ 인간의 근원적 구제

인간의 참된 구제는 기성 종교에서처럼 정신적 면만 강조하거나, 과학적인 방법과 같이 실험을 통한 지식에만 의존하는 방법을 지양하고, 심

신을 종합적으로 관찰하여 과학을 종교와 더불어 실천적으로 이용해야
만 가능할 것이다.

　실천적 종교는 몸과 마음으로부터 인간을 구원하려고 노력하는 종교
를 말한다. 또한 명상 등을 통해 자아의식의 억제와 이에 따른 순수의식
의 세계에서 몸과 마음이 완전한 상태가 되도록 실천적인 기법을 갖춘
종교를 말한다.

　② 신체적인 면

　❶ 생리적인 면
　깊은 명상에 들어가면 산소 소비량이 보통사람의 최저 기준에서 1/4
까지 감소되고 탄산가스 배출량도 줄어든다. 또 명상 중의 뇌파에는 알
파파가 나타나는데, 이는 사람이 눈을 감고 완전히 이완된 상태에 있을
때 나타나는 현상이다. 명상 중에는 완전히 이완된 정신 상태에서 보다
높은 의식이 움직인다.

　명상할 때는 피부전기 저항이 크게 증대하고, 혈액중의 유산염이 감소
하여 육체적, 심리적 긴장 완화 및 이완 상태를 가져와 마음이 평온해지
고 호흡수가 감소한다. 따라서 심장 박동 감소로 자율신경계에 도움을
주어 신진대사를 줄여 건강 유지가 가능해진다.

　❷ 질병예방과 치료
　명상은 심신을 이완 상태에 이르게 하여 스트레스를 해소하거나 예방
하여 질병을 치료하거나 예방하는 기능이 있다. 약물을 이용하여 일시적

으로 긴장 상태를 완화시키는 것에 비하여 근본적인 치유가 가능하다.

또 명상을 하면 혈압이 낮아지고 호흡의 폭이 확대되어 호흡 횟수가 줄어든다. 이는 정신의 안정 상태를 가져와 정신적, 육체적 질환을 극복할 수 있는 자연치유력이 나타나도록 도와준다

❸ 인간 능력의 계발

마음을 한곳에 집중시키는 명상은 모든 사람의 활동 능력을 향상시키고, 학생들의 학습 능력, 직장인들에게도 업무 능력을 신장시킨다. 실제 경험 및 연구 결과에 의하면 다음과 같은 효과가 있다고 한다.

오랜 시간 공부하거나 일해도 피로를 모른다. 추진력, 기억력, 이해력의 증대, 두뇌의 움직임이 질서를 가진다. 하기 싫던 일이나 학문에 대한 편견이 사라진다. 암기력과 사고력 향상, 지속적인 인내력 향상, 그리고 어떤 일에 대한 중압감이 사라지고 이를 적극적으로 대하는 용기가 생긴다.

❹ 창조력 발휘

명상 중 호흡이 줄어들고 맥박이 느려지는 것은 자율신경계가 흥분하고 타율신경이 이완되기 때문이다. 정신활동이 긴장에서 이완으로 옮겨가며 수동과 능동이 능률적으로 통합되어 창조적인 능력이 발휘되게 된다. 이처럼 명상은 창조력을 발휘하는 요건이며, 높은 인격을 형성하는 요소일 뿐만 아니라, 인간 성격을 개조하여 새로운 시대에 적응할 새로운 인간을 창조하는 계기를 마련한다.

종교 등 자신만의 마음 다스림 방법

이상 소개한 명상의 어느 한 방법이 다른 방법보다 우수하다고 할 수 없다. 각 나라에는 그 나라 고유의 명상법이 있고, 종교에 따라 그 방법은 각각 다르지만 그 효능은 같다고 할 것이다.

힌두교, 불교, 기독교, 도교, 샤머니즘의 경우도 생각의 반복과 일상적인 잡념의 차단이라는 두 가지 방법을 주로 사용하기 때문에, 명상 이외의 어떤 종류의 기도도 명상과 같은 효능을 가지고 있다고 할 수 있다. 특히 반복적인 기도 예컨대, 가톨릭의 묵주기도와 같은 기도는 명상과 같은 효능이 있다.

사람들은 자신의 방법이 더 뛰어나다고 생각하지만 실제로는 동일한 상태에서 언어만 다를 뿐이다. 자신에게 적합하다고 생각되는 언어, 소리, 기도, 동작을 선택하는 것이 자신을 위한 최선의 방법이다. 불교, 도교, 가톨릭, 신교 등 어느 것이든 자신이 믿는 것을 선택해야 한다.

명상을 해본 적이 없거나 신앙과 관계가 없다면 일본의 사시오야 노부오가 개발한 정심조식법을 권하고 싶다. 실행하기가 쉬워서 한두 번 해보면 바로 숙달될 수 있다.

행복한 생활이란 대체로 고요한 생활이어야 한다.
왜냐하면, 고요하다는 그 분위기 속에서만이 참다운 환희가 일어날 수 있기 때문이다.
―버트란드 러셀

용서하라

용서의 중요성

원한을 가지고 분노하여 상대방이나 상대 기관을 용서하지 않고 상태를 오래 끈다면 자신의 마음과 몸은 망가져 버린다. "이에는 이, 눈에는 눈"의 보복을 고집한다면 나중에는 세상에 이도 없고 눈도 없는 사람만이 남게 되지 않겠는가. 그래서 용서라는 고귀한 마음이 생긴 것이다.

용서를 하면 고통에서 벗어나 몸과 마음이 편안한 상태가 되고 자연스럽게 긴장 상태에서 안정 상태로 마음이 변한다. 용서는 마음속으로 나쁜 감정, 부정적인 생각, 복수를 하고 싶은 감정을 없애는 것이다. 그리고 상대방에게 더 다가가서 상대방이 잘되기를 바라거나 용서해 주는 것이며, 근본적으로 상대방에 대한 선물이고 부분적으로는 연민, 사랑을 주는 것이다. 남을 용서하는 것은 쉬우나 자신을 용서하는 것은 더 어렵다.

용서가 가져다 주는 변화

용서는 변화의 시작이다. 용서를 하면 혈압과 심장의 박동수가 줄어들며, 용서를 잘하는 사람일수록 긍정적이고 스트레스가 적게 나타나며 더 큰 행복감을 느낀다. 용서한 사람은 기쁨을 느끼고, 근심과 우울감이 줄어든다.

용서는 분노를 없애고 다른 사람을 동정하고 사랑하는 것이다. 그에게 용서한다는 말을 하지 않아도 그를 좋게 대하면 상대방은 그 태도에서 눈치를 채고 좋아할 것이다. 진실된 용서만이 화해를 가능하게 만든다.

따라서 용서는 화해로 가는 길이다. 화해는 마음을 변화시켜 분노를 경감시키고, 다른 사람을 한 인격체로 인정할 수 있게 하며 그들과 동등하게 살아가고 싶어지게 만드는 힘이 있다.

용서는 암환자에게도 도움을 준다. 심장질환은 생각하는 방식과 신체의 반응이 가장 잘 연결되는 병이므로, 용서는 사람들의 혈압을 낮추게 하고 적대적인 사람들에게 발병을 중재하는 요인이다. 당뇨병의 경우에는 정서가 좋아지면 인슐린의 필요량을 줄일 수 있고 진통을 위한 투약을 줄일 수도 있다.

용서는 용서한 자만이 가지는 특권이다

용서를 하려면 상대를 이해해야 하고, 이해하려면 상대의 입장이 되어야 한다. 용서도 습관이다. 선행을 습관적으로 하면 선행이 자연스러워진다. 용서는 최고의 선행이다. 그래서 용서는 아무나 못 한다. 용서를 잘하는 사람은 높은 경지의 인격자라 할 수 있다. 우리가 기억하고 있는 동안만 "좋아하지 않았던 것들"이 남아 있을 뿐 우리가 기억을 멈추는 순간 그것들은 사라지게 마련이다. 작은 그림으로 보면 용서가 안 되는 것들이 있을지 모르나 큰 그림으로 보면 사람들은 모든 것을 용서할 수 있다. 용서는 선물이다. 우리에게 잘못한 사람에게 주는 선물이 아니라 우리 자신에게 주는 선물이다. 용서는 과거를 뒤로 하고 우리를 앞으로 전진할 수 있게 해준다.

용서하는 것을 배워라

누구나 마음에 참을 수 없는 분노를 가질 수 있다. 그리고 그 힘든 분노에서 벗어나기란 쉽지 않다. 그러므로 많은 한계와 어려움 속에서도 서로가 웃을 수 있는 것, 그것이 용서의 힘이다.

진정한 용서는 상대방에게 동정과 사랑을 주면서 기쁨을 느끼는 것이다. 용서는 잊는 것과 다르다. 기억을 하면서 마음을 놓아버리는 것, 그것이 진정한 용서이다. 용서하지 못하는 것은 용서하는 방법을 배우지 못했기 때문이다. 사소한 것부터 용서하라. 용서를 하면 사회는 더 좋은 방향으로 바뀐다. 나아가 상대방에 대한 동정심과 연민의 정을 가지면 기쁨이 생긴다.

그런데, 용서는 하룻밤 사이에 이루어지는 일이 아니다. 용서하려면 시간이 걸린다. 상처를 치유하는 신비의 묘약은 없다. 용서하는 방법은 용서를 하고, 용서를 받아야만 하는 사람들의 숫자만큼이나 다양하다. 어떤 방법이든 상관없다. 용서하라.

> 사람들의 잘못을 용서하라. 용서는 마음을 편안하게 해준다.
> 우리 자신을 계속 용서하라. 그리고 다음 번에 더 잘하도록 노력하라.
> —에픽테토스(로마시대 스토아 철학자)

주도적으로 살아라

주도적인 삶

인생을 의미 있게 산다는 것은 자신의 가치관에 따라 자신의 방식대로 관리하면서 행복하게 사는 것이라 할 수 있다. 우리가 가진 본성은 자기 스스로가 주체가 되어 행동하는 것이지 남의 행동에 의해 끌려가는 것은 아니다. 인간은 외부의 특정 자극과 그것에 대한 반응 사이에 선택할 수 있는 자유, 즉 권한을 가지고 있다.

행복한 사람이란 운명에 끌려 다니지 않으며, 스스로 삶의 주인으로서 자신을 관리할 기술과 지식을 가지고 있다고 믿고, 그것에 따라 자기의 삶을 사는 사람이다. 나의 삶을 내가 원하는 대로 열심히 살아가며, 인생을 즐기고 사랑하며 행복을 만끽하라.

행복을 선택하라

우리의 감정은 선택 의지가 들어가 있는 반응이다. 내 자신의 감정에 대한 책임은 바로 나에게 있다. 내가 그러겠다고 결심만 하면 생각하는 대로 느끼며, 어떤 일에 대해 다른 식으로 생각하는 법을 배울 수도 있다.

행복은 인간의 자연스러운 상태이다. 어린애들을 보면 꾸밈없이 자연스럽게 나타난다. 불행을 만들어내는 생각은 모두 없애버리고 행복을 선택하라. 행복을 선택하는 당신 앞에 방해될 것은 하나도 없다. 자신의 삶에 도움이 되는 방향 즉, 행복을 선택하는 쪽으로 마음을 바꾸어라.

일상의 여러 가지 상황 속에서 자기 파괴적인 행동보다 자기 성취적인 행동을 취하는 것 역시 자신의 마음먹기에 달려 있다. 인생을 잘사느냐 못사느냐는 하루하루 이 순간을 얼마나 제대로 즐겁게 사느냐에 달려 있다. 지금 소중하다고 생각하는 모든 것을 위해 순간을 살아가고 있다면 잘사는 사람이라 할 수 있다.

지적 능력은 행복을 위한 보조수단이라 할 수 있다. 그것보다 더 중요한 것은 현실생활에서 부딪치는 여러 상황을 어떻게 대처하느냐이다. 행복은 긍정적인 선택을 할 것인가 부정적인 선택을 할 것인가에 따라 좌우된다.

자신을 사랑하자

"나의 가치는 다른 사람에 의해 검증될 수 없다. 내가 소중한 이유는 내가 그렇다고 믿기 때문이다. 다른 사람으로부터 나의 가치를 구하려 든다면 그것은 다른 사람의 가치가 될 뿐이다"   ―웨인다이어

우리는 흔히 "열등의식"에 젖어 자기 스스로를 비하하고 비관하는 잘못을 저지르곤 한다. 이 "열등의식"에 대한 유일한 치료방법은 "자기 사랑"이다. 자기 사랑이란 스스로를 중요하고 소중하고 아름답다고 느끼는 것을 말한다. 자신을 사랑하는 사람은 다른 사람들도 사랑하게 된다. 나 스스로를 소중하지 않거나 사랑받지 못하는 사람으로 취급하게 되면 다른 사람들에게 사랑을 베푼다는 것은 불가능해진다. 자신을 사랑하며 성장하지 않는다면 "죽음의 삶을 살겠다고 작정하는 것"과 같다.

우리는 각자 일상생활 속에서 여러 가지 활동의 수만큼 많은 자아상을 가질 수 있으며, 항상 그 모든 행동을 통해 내가 존재하는 것이며, 더 나아가 자신의 자아상을 더 잘 가꾸어 나갈 수 있는 것이다.

건전하고 바람직한 자아상을 확립하기 위해서는 먼저 자신의 신체를 좋아하겠다고 결심하라. 자신의 신체가 자신에게 소중하고 매력적이라고 스스로 선언하라. 자기 수용이란 자신의 모든 신체적 조건을 좋아한다는 의미이다. 그리고 자기 나름의 기준을 적용하면 누구나 자신을 똑

똑하다고 생각할 수 있다. 우리는 원하는 만큼 얼마든지 똑똑해질 수 있고 똑똑한 사람은 행복할 줄 아는 사람이다.

자신을 낮추지 말고 불평하지 말라. 이것은 시간 낭비일 뿐이다. 그럴 시간이 있으면 그 시간에 자기 사랑을 하라. 당신은 스스로 비하하기에는 너무나 소중한 존재이다.

자기 사랑 훈련은 먼저 마음에서 시작된다. 자신의 생각을 통제하는 방법을 몸에 익혀야 한다. 첫째, 호의를 가지고 접근해 오는 사람들의 시도에 새롭게 반응한다. 둘째, 진심으로 사랑을 느끼는 사람이 있으면 솔직하게 "사랑해"라고 말한다. 셋째, 어떤 단체에 가입하거나 즐길 만한 활동에 참가한다. 넷째, 식당에 가면 값이 비싸더라도 정말로 먹고 싶은 것을 주문한다. 다섯째, 질투를 하지 않는다. 여섯째, 성적으로도 자기 사랑을 실천할 수 있다. 상대방의 쾌감을 우선하지 말고 나의 성적 쾌감을 만족시켜라. 이 세상에서 가장 아름답고 즐겁고 소중한 사람과 사랑에 빠지기 위한 자기만의 목표를 정하라. 그 소중한 사람은 물론 자기 자신이다.

지금 이 순간을 잡아라

질병의 70% 이상은 스트레스 등 부정적인 마음에서 온다. 무기력은 어떤 활동에도 나서고 싶지 않은 소극성에서부터 우유부단과 망설임에 까지 다양하다. 이러한 부정적인 감정들은 제거해야 한다. 자신의 마음을 다잡고 원하는 대로 느끼고 행동하는 연습을 하는 것도 바로 자기 자신에게 달려 있다. 그리고 증상이 아무리 경미한 무기력이라고 하더라도, 그 무기력과 맞서 싸울 수 있는 탁월한 한 가지 방법은, "지금 이 순간"을 살아가는 법을 배우는 것이다. 현재와 밀착해서 현재의 순간들을 살아가는 것이야말로 효율적인 생활의 가장 중요한 요소라 할 수 있다.

인생의 순간순간을 붙잡아서 음미하라. 지금 이 순간을 소중히 여겨라. 자신이 원하는 대로 행복하고 충실한 삶을 꾸려 나간 때 두 가지 동기에 의해 자극을 받는다. 그것은 부족한 면을 메우고자 하는 "미완" 또는 "미흡" 동기와 발전을 향한 "성장" 동기가 그것이다. 물론 부족함을 보충하는 것도 필요하겠지만, 그것보다는 성장하고자 하는 동기가 더 적극적이며 생산적이다.

성장 동기란 더 큰 행복을 위해 나의 생명에너지를 이용하는 것이고, 성장을 동기로 삼는다는 것은 내가 내 인생의 모든 현재의 순간들을 직접 지휘한다는 의미이다. 내가 나의 운명을 결정하는 것이다. 나의 생각, 감정, 삶의 방식은 바꿀 수 있다. 내가 내 자신의 기준이 되겠다고 결심만 하면, 나는 선택할 수 있고 온전히 나의 것인 현재의 순간들을 즐길 수 있다. 현재는 나의 것이다.

어느 곳에 돈이 떨어져 있다면 길이 멀어도 주우러 가면서
제 발 밑에 있는 일거리를 발길로 차버리고 지나가는 사람이 있다.
눈을 떠라! 행복의 열쇠는 어디에나 떨어져 있다.
기웃거리고 다니기 전에 마음의 눈을 닦아라!
─데일 카네기

197

비교하지 말라

비교는 불행의 원인

우리는 일상생활의 크고 작은 일에서 여러 가지 수많은 방식으로 자신을 남들과 비교하며 살아가고 있다. 남들처럼 돈을 많이 벌지 못해서 기가 죽고 얼마나 넓은 아파트에 사는지, 자동차는 얼마짜리인지, 인맥은 얼마나 넓은지, 외모는 얼마나 근사한지, 내가 다니고 있는 직장은 왜 남들보다 보수가 적은지 등 적지 않게 비교하는 버릇이 있다. 그래서 실제로도 뒤처지고 패배자가 된 듯한 심정에 스스로 빠져들곤 한다.

우리가 스스로 부족하다고 생각하는 부분이 우리의 삶에 있어서 중요한 문제가 되지 않는다. 문제는 우리 각자가 모두 특별한 존재임에도 불구하고, 자신을 남들과 비교하고 스스로 낙오자라고 생각해서 열등감을 느끼고 불행해지는 것이다. 그러므로 중요한 것은 어떤 사람이 불행을 느낄 자격이 있는지 없는지를 판단하는 것이 아니라, 우리 자신을 남들과 비교할 필요가 없다는 것을 깨닫는 것이다.

우리 자신을 남들과 비교하여 열등감을 느끼는 것은 유전적인 것이 아니다. 부모들이 그렇게 키우기 때문이다. 개인주의, 자본주의 사회에 살고 있는 우리는 본능적으로 경제적이고 물질적인 요인들을 척도로 삼는다.

학교에서도 얼마나 시험을 잘 보는지, 어떤 옷을 입고, 어떤 차를 타고, 어떤 집에서 살고 있는지를 보고 사람을 판단한다. 직장에서는 얼마나 많은 수입을 올리고 있는지, 요트클럽에 정박해 둔 배는 어떠한지 서로 비교한다. 모두 물질적 요인들을 자기 측정의 기준으로 삼고 있다.

그리고 부모들은 스스로 실패자로 느꼈거나, 아니면 다른 어떤 심리적 동기가 있었는지는 몰라도 부지불식간에 비교하는 버릇을 다음 세대로 전달한다.

"네 친구들은 시험을 어떻게 봤는지 아니?"라는 질문으로 비교하고, 심지어는 "형은 잘하는데 너는 왜 그렇게 성적이 나쁘니?"하면서 형제 간에도 서슴없이 비교하여 자녀들을 비교함정에 빠뜨리고 있다.

비교하는 습관을 버리자

중세의 수도승이며 저술가인 발타자르 그라시안은 "질투하는 사람은 한 번 죽는 것이 아니라 경쟁자가 갈채를 받을 때마다 죽는다"고 말한 바 있다. 남들과 비교하는 것을 병이라고 말하면 지나치게 들릴지 모르지만, 실제로 그것은 우리의 영혼을 좀먹는 암적 존재이다. 물론 하루 아침에 우리의 정신을 죽이지는 않지만 조금씩 시간이 갈수록 우리가 행복해질 수 있는 기회를 파괴한다.

물질적 소유는 본질적으로 나쁘지는 않다. 문제는 그러한 물질적 소유를 한도 끝도 없이 추구하면서, 그러한 소유물들이 우리를 행복하게 해주는 힘을 갖고 있다고 믿는 데 있다. 그래서 더 많이 소유할수록 점점 더 많이 원하게 된다. 물질적 소유에 대한 욕심은 중독과 같이 일단 시작하면 멈출 수가 없다. 그러나 문제는 더 많이 갖기 게임에서는 아무도 승자가 될 수 없다는 데 있다. 예를 들면 당신이 얼마나 큰 부자인지 몰라도 언젠가 더 큰 부자가 나타난다.

또 물질은 양뿐만 아니라 품질이나 크기나 스타일로 우리를 압박한다. 물질적이거나 외부적 성공이 어느 수준에 달하면 갑자기 욕심이 사라질 것이라고 생각하면 착각이다.

행복은 정신적인 것이다. 행복을 위해 물질적인 소유를 추구한다면 절대로 이길 수 없는 달리기 경주를 하게 될 것이다.

자신에게 집중하라

비교함정에서 빠져나오는 가장 빠른 길은 자신을 남이 아닌 바로 나자신과 비교하는 것이다. 남들이 추구하는 것이나 미래에 우리를 행복하게 해줄 것이라고 짐작되는 것이 아니라, 지금 우리에게 즐거움을 주는 것들을 추구해야 한다. 다른 사람의 삶이나 다른 사람이 우리에게 기대하는 삶이 아니라, 지금 우리 자신이 어떤 삶을 살고 싶은지에 근거해서 결정해야 한다.

"행복은 사물 자체에 있는 것이 아니라, 우리가 그것들을 즐기는 능력에 있다. 다른 사람들이 아니라 우리 자신이 사랑하고 원하는 것을 즐길때 행복해질 수 있다"고 윤리학자 프랑수아 라로슈푸코는 말했다.

모든 물질적 소유에 대한 욕심을 포기하는 것이 아니라, 우리 자신을 남들과 비교하지 말고 즐거움을 주는 것에 초점을 맞추어야 한다. 사사로운 문제에서 일일이 다른 사람들과 비교하지 말고, 더 큰 그림에 초점을 맞추라. 당신 자신을 그 누구와도 비교해서는 안 되는 것처럼 당신의 가족도 다른 가족과 비교해서는 안 된다. 당신이 부부, 가족, 친구로서의 역할에 얼마나 충실한가가 중요한 척도이다. 하느님은 우리가 유일무이한 존재라는 것을 깨닫길 바라고 계시다.

다른 사람의 눈치를 보지 말라

다른 사람의 눈치를 보지 말라. 다른 사람의 인정을 구하는 일은 필요

조건이 아닌 희망사항이 되어야 한다. 인정을 구하는 일이 필수불가결한 조건이 될 경우 자신의 상당 부분을 남에게 맡기는 꼴이 된다. 남이 인정해 주지 않으면, 의욕을 상실하여 무기력에 빠져 스스로 불행하다고 생각한다. 인정을 필요로 삼는 덫에 빠지면 다른 사람의 생각에 휘둘리게 된다.

우리의 문화는 남의 눈치를 살피는 행동을 하나의 생활방식으로 강화하고 있다. 인정을 해주는 것은 매우 교묘한 수단이다. 우선 부모가 아이의 생각과 감정, 행동에 일일이 동의를 구하게 되고, 학교 또한 하는 일마다 허락을 구해야 한다. 화장실에 가는 것도 선생님의 허락을 받아야 한다. 그밖에 정부나 사회제도도 인정을 구하는 사람들의 욕구를 체제 순응의 수단으로 삼는다.

남의 눈치를 보는 태도를 조금씩 내던져 버려라.

우리는 결코 이 세상 모든 사람의 마음에 들 수는 없다. 50% 정도만 사람들의 마음에 들어도 꽤나 성공한 것이다. 대통령 선거에서 압승을 거둔 선거라 해도 반대 유권자의 비율이 44%에 이른다. 나의 느낌, 생각, 말, 행동 하나하나에 늘 어느 정도 반대가 있을 것이라고 마음에 새겨두면 실망의 터널에서 쉽게 빠져 나올 수 있을 것이다.

인정은 애타게 구할수록 점점 멀어진다. 꼭 필요하여 인정을 받고 싶을 때 가장 효과적인 방법은, 우선 인정을 원하지 않고 그 뒤를 좇지 않으며 모든 사람에게서 인정을 구하지 않는 것이다. 나 자신과 대화하고, 긍정적인 자아상에 자문을 구한다면 더 많은 칭찬이 제 발로 찾아올 것이다.

칭찬은 즐거운 일이며, 인정 역시 그렇다. 우리는 박수갈채를 받지 못할 때 느낄 괴로움에 대비해 면역을 길러야 한다. 면역을 기르는 방법으로는, 첫째, 누군가 나의 성장에 도움이 될 만한 사실을 알려준다면 비록 마음에 들지 않아도 고마워하라. 둘째, 다른 사람의 반대의견을 적극적으로 구한 뒤 흥분하지 않도록 한다. 셋째, 다른 사람의 생각, 말, 행동과 자신의 가치 사이의 연결고리를 끊는 방법을 시도해 보라.

우리는 태어나서부터 인정을 받는 일에 익숙해져 왔기 때문에 그것에서 벗어나려면 엄청나게 많은 노력과 연습이 필요하다. 비록 그 노력의 결과가 비난에 부딪혀도 실망하지 않게 되면, 현재의 자유를 평생 누리게 될 것이고, 그로 인한 즐거움이 배가 될 것이다.

> 인간 행복의 원리는 간단하다.
> 어떤 불만으로 해서 자기를 학대하지 않으면 인생은 즐거운 것이다.
> —러셀

과거에 대한 후회, 내일에 대한 걱정에서 벗어나라

후회하지 말라, 후회하다 보면 끝이 없다

남은 인생을 과거에 잘못한 선택들이나 사랑하는 사람들에게 준 상처를 생각하고 후회하고 자책하면서 보낸다 해도, 변하는 것은 아무것도 없다.

과거를 오랜 시간 동안 돌아보는 것은 고통을 영속시키고 우리를 무기력하게 만든다. 과거를 잠깐씩 돌아보고 반성하는 것은 무방하다. 그러나 계속 응시하지 말라. 후회는 분노보다 더 해롭다. 다른 사람들로부터 비난을 받는 것보다 스스로 자신을 비난하는 것은 더 나쁘다. 누구보다도 자신의 약점을 더 잘 알고 있으므로 한 번 자신을 몰아붙이기 시작하면 더 큰 상처를 입는다

자책감을 느낀다는 것은 과거에 어떤 방식으로 행동한 결과를 후회하면서, 현재 일이 손에 잡히지 않는 상태가 되는 것을 말한다. 과거의 일 때문에 상처받고 우울해하면서 현재의 에너지를 생산적으로 사용하지 못하고 허비한다면 하루 빨리 벗어나야 할 감정이다.

이런 자책감은 대개 두 가지 경우에 생기게 된다. 첫째는 어릴 때 자책감을 유발시키는 말을 많이 듣고 자라는 경우이다. "창피한 줄 알아야지", "한 번만 더 그런 짓을 하면 싫어할 거야"와 같은 말은 자책감을 습득하게 하여 어른이 된 후에도 그 어린 시절의 반응이 그대로 남아 있다. 둘째는 성인이 되어서 반드시 지켜야 한다고 생각하는 어떤 규칙을 벗어난 행동을 한 뒤에 스스로 짊어지는 자책감이 있다.

어느 경우이건 자책감을 갖는 것은 더없이 어리석고 쓸데없는 행동이다.

나쁜 기억은 자동 정리하자

과거의 상처를 곱씹는 한 고통은 계속된다. 과거에서 벗어나면 희생자의 이미지를 벗어버리고 자신감을 가질 수 있다. 일단 우리가 과거를 지배하려 하지 않고 놓아 주면 더 이상 과거가 우리를 지배하지 않는다.

오스트리아 작가 스테판 츠바이크는 "후회는 지나간 시간을 돌려주지 않으며, 천년이 지나도 한 시간 동안 잃어버린 것을 만회할 수 없다"고 말했다. 그렇다고 해서 우리가 했던 행동에 대한 반성이나 검토를 그만

두라는 것은 아니다. 과거는 훌륭한 스승으로, 우리는 성공보다 실패에서 더 많은 것을 배운다.

즐거운 마음으로 지난날을 돌아보는 것은 아무 문제가 없다. 과거의 좋은 일이나 시간을 생각하면 미래에 대한 희망을 가질 수 있다. 과거에 대해 긍정적으로 생각하면 미래에 또다시 그런 경험을 할 것이라고 기대하게 된다. 하지만 기억이 향수병으로 바뀌어서는 곤란하다. 과거를 장시간 응시하지는 말라. 잠깐씩 돌아보는 것만으로도 필요한 정보를 구할 수 있다.

걱정하지 말자

① 걱정이란 아무 쓸데가 없는 것이다

걱정이란 미래에 일어날 일들 때문에 어떤 식으로든지 활력이 무디어지고 매사에 의욕을 잃은 상태를 말한다. 사람들은 지금 이 순간에도, 그리고 앞으로도 아직 일어나지도 않은 일에 대한 걱정 때문에 노심초사하면서 살아가고 있는 경우가 종종 있다. 그러나 아무리 걱정을 해도 변하는 것은 아무것도 없다. 많은 사람들이 미래에 대한 걱정 때문에 현재의 시간을 허비하고 있다. 어느 한순간의 걱정도 상황을 개선시키지는 못한다.

대부분의 걱정들은 어떻게 손쓸 수 없는 일에 관한 것이다. 전쟁, 경제, 질병에 걸릴 가능성에 대해 걱정하는 것은 자유이지만 걱정만 한다고 해서 평화와 번영과 건강이 얻어지는 것은 아니다. 이런 일들에 대해 개인이 지닌 통제력은 거의 없다. 심한 경우 중증 기우자들이 있다. 생각해낼 수 있는 모든 일에 대해 몸소 나서서 걱정한 결과, 살아가면서 필요하지 않은 스트레스와 불안을 만들어내는 사람들도 있다.

어떤 통계자료에 의하면 내일에 대해 예측하는 신문기사 중, 실제로 일어나는 것은 5%에 불과하고 나머지 95%는 일어나지 않는 오보였다고 한다. 또 매우 크게 피해가 날 것처럼 걱정했던 일이 실제 닥치고 보면 상상했던 것만큼 크지 않은 것으로 나타나는 경우도 많다.

② 어떻게 하면 걱정을 없앨 수 있을까

걱정을 없애려면 걱정을 하는 이유 즉, 원인을 이해할 필요가 있다. 걱정을 하는 사람들은 대개 다음과 같은 이유를 든다.

첫째, 미래에 대한 걱정으로 현재를 꼼짝 못하게 붙들어 놓으면, 현재 자신이 하기 싫거나 겁내고 있는 모든 일을 심리적으로 회피할 수 있다.

둘째, 걱정을 하면서 스스로 배려할 줄 아는 사람이라고 자처할 수 있다.

셋째, 걱정은 자기 파괴적인 행동에 대해 손쉬운 변명거리가 된다.

넷째, 걱정은 소극적인 행위에 대한 변명이 된다.

위와 같이 걱정에 빠져드는 이유를 대충 알아보았는데, 걱정을 없애려면 어떻게 해야 할 것인가.

첫째, 현재는 미래에 대해 집착하고 있을 때가 아니라 충실하게 살아야 할 때라는 것을 항상 잊지 말자.

둘째, 걱정이 터무니없다는 사실을 인정하고, 자신의 걱정 시간을 점점 줄여나간다.

셋째, 자신에게 "내게 일어날 수 있는 최악의 일은 무엇이며 그런 일이 일어날 가능성은 어느 정도인가"라고 질문을 던져 본다.

넷째, 평상시 품고 있던 걱정과 반대되는 행동을 의식적으로 취해 본다.

다섯째, 걱정하고 싶은 생각이 들면 그 걱정이 남들에게 보여줄 수 있는 성질의 것인지 살펴보라.

무엇보다 우리의 삶에서 걱정을 깨끗이 없애버릴 수 있는 가장 효과적인 무기는, 우리의 삶에서 그런 노이로제 행동을 몰아내고자 하는 스스로의 의지라고 본다.

현재를 살자

지금 이 순간 과거의 자책감이나 미래의 걱정에 사로잡혀 해결할 수 있는 길은 없다. 과거의 행위에 대한 후회나 아직 실현되지 않은 미래에 대한 공연한 걱정 때문에 귀중한 현재의 순간들을 허망하게 보낼 수는 없다. 숨쉬고 있는 것은 지금 이 순간이다.

무익한 과거에 대한 후회나 자책감, 미래에 대한 걱정은 모두 현실을 도피하기 위하여 스스로 자초한 것들이다. 후회나 자책감은 백해무익하고, 의미 있는 삶을 살아가는 데 발목을 잡고 장애가 될 뿐이다. 모든 것은 지금 이 순간에 이루어지고 있다. 이 순간순간을 충실히 살아가는 사람이야말로 인생을 잘 사는 사람이다. 순간순간마다 행복을 느끼면서 사는 사람이야말로 진정 행복한 삶을 사는 사람이다. 왜냐하면 인생이란 결국 순간순간의 총집합이기 때문이다.

인간 행복의 원리는 간단하다. 불만에 자기가 속지 않으면 된다.
어떤 불만으로 해서 자기를 학대하지만 않는다면 인생은 즐거운 것이다.
—버트란트 러셀

최고보다는 최선을 택하라

최고보다는 최선을

우리는 무엇이든지 할 수 있는 자유가 있다. 그렇지만 모든 것을 다 가질 수 있는 시간과 돈은 충분하지 않다. 모든 것을 다 가지려고 하면 아무것도 가질 수 없다. 만족은 생활의 균형에서 온다.

중요한 것은 완벽한 직업이나 완벽한 몸, 완벽한 투자가 아니라 최선을 다하는 것이다. 행복해지고 심리적으로 만족과 충족을 느끼기 위해서는 모든 것을 다 가질 수 없다는 것을 알아야 한다. 우선 순위를 정해서 각각의 역할에 최선을 다할 때 행복한 삶을 살 수 있다. 행복은 균형 잡힌 삶에서 온다.

그리고 현실적으로 노력해도 안 되는 것이 우리의 탓만은 아니다.

한 가지 부분을 잘하려면 다른 부분에서는 대충하고 넘어가야 한다. 다른 모든 것을 희생하고 한 가지 부분에 전념하는 것으로 행복하고 만족하는 사람은 흔치 않다. 대부분의 사람들은 여러 가지 부분에서 선택과 타협으로 균형을 이루고 살면서 만족을 얻는다. 오로지 한 가지에 전념하기보다는 다방면에서 골고루 재미와 만족을 느끼는 것이 좀더 행복해질 수 있는 비결이다.

꿈을 다양한 분야로 확대하고 조절해서 최대한 많은 부분에서 만족을 구하라. 일을 통해서 정신적인 욕구를 채울 수 있다고 기대하지 말고 일에서는 안정과 안전, 존경을 구하고, 사랑과 소속감과 의미는 가족과 공동체와의 관계에서 구하고, 창의성과 아름다움은 취미생활과 오락을 통해서 구하자.

　다양한 부분에 시간과 에너지를 투자하는 것이 여러 가지 욕구를 충족시킬 수 있는 최선의 방법이다. 그러자면 각 부분에서 선택과 타협을 통한 조절이 필요하다.

　욕심을 조절하자. 한 가지에 100% 노력을 기울일 수는 없다.

　정말로 중요한 것들을 생각해 보고 각각을 위해 할 수 있는 만큼 최선을 다하면 된다.

　"인생에서 확실한 것은 아무것도 없다. 그렇지만 일반적으로 다양한 분야에 흥미를 가지고 참여하면 행복의 기회는 많아진다. 생활의 균형을 유지하면 우울하고 불안하고 불행해질 위험이 감소한다"라고 사회심리학자 페이 J. 크로스비는 말했다.

　신은 최고가 되는 사람들에게 줄 상을 따로 준비하지 않는다. 기적은 최선을 다하는 사람에게 온다. 기적은 오늘의 행복을 좋아한다.

의무에 끌려 다니지 않는다

① 절대적인 의무는 없다

　모든 경우에 보편적으로 적용될 수 있는 규칙이나 법, 전통은 없다. 그럼에도 불구하고 사람들은 이런저런 의무를 자신의 행동의 잣대로 사용하고 있다. 자신이 동의한 적도 없고 자신에게 유리한지, 불리한지 따져보지도 않고 의무에 끌려 다니고 있다.

　절대적인 것은 없다. 늘 이치에 들어맞고 모든 경우에 최고의 선을 실현하는 법이나 규칙 따위는 없다. 그보다는 융통성이 훨씬 높이 살 만한 덕목이다. 법을 무시하거나 스스로 옳다고 생각하면 규칙을 어겨도 된다는 말은 아니다. 그러나 관습에 맹목적으로 매달리는 것은 완전히 별개의 문제이다.

불합리한 규칙이나 더 이상 아무런 의미도 없게 되어버린 전통도 적지 않다. 준수해야 할 규칙이 이치에 닿지 않는 경우, 효율적으로 쓰이길 수 없다. 바로 그때가 규칙과 자신의 행위를 다시 점검해야 할 때다.

미국 제16대 대통령 링컨은 "나는 언제 어디서나 적용될 수 있는 정책을 수립해 본 적이 단 한번도 없다. 항상 그 시점에서 가장 합리적인 정책을 실행하려고 노력했을 따름이다"라고 말했다. 그는 의도가 아무리 좋다고 하더라도 사례마다 적용할 수 있는 만능열쇠 같은 정책 하나만을 맹목적으로 추구하지 않았다. 의무가 득이 되지 않는 경우는 건전하고 효과적인 행동을 방해할 때이다.

또 어떤 결정을 내릴 때 "옳다", "그르다" 또는 "선과 악" 등의 표현을 쓰는 경우가 있는데 이런 경우 모두 이런저런 의무를 전제로 한다. 그런 의무들은 우리의 앞길에 방해가 되며, 특히 다른 사람이 내세우고 있는 의무와 상치될 경우는 그 정도가 더 심하다.

② 옳은 선택은 없다

정신과 의사 캐런 호니Karen Horney는 『노이로제와 인간의 성장 Neurosis and Human Growth』이란 책에서 "의무는 언제나 압박감을 자아낸다. 의무를 행동으로 실행하려 들수록 그 압박감은 더욱 커진다. 더구나 의무는 늘 외부지향적인 속성이 있어서 여러 측면에서 인간관계를 교란시키는 데 기여한다"라고 말했다.

해야 할 일 못지않게 하지 말아야 할 일도 많다. 하고 싶은 일은 따로 있지만, 느끼는 대로 행동하지 않고서는 못 배긴다면 강박관념에 사로잡혀 의무감에 끌려 다니는 셈이 된다.

어떤 일을 결정함에 있어서 완벽히 옳은 선택이란 없다. 다른 선택이 있을 뿐이다. 정확하지도 않고 자신을 망가뜨리는 "옳고 그름"의 이분법을 집어치우면 결정을 내리는 일은 간단해지고, 어떤 결과를 더 선호하는지를 선택하는 단순한 문제가 된다. 어떤 경우에도 "옳고 그름"을 편가르는 일에 빠지지 말라.

"옳고 그름"이라는 그 불법적 결정에서 벗어나면, 첫째, 그런 무분별한 의무를 버리고 좀더 내면으로 눈을 돌릴 수 있고, 둘째, 옳고 그름이라는 잘못된 범주가 없어지면 결정을 내리는 일이 예전보다 한층 수월해진다.

③ 에티켓, 법과 규칙, 관습의 장벽을 깨라

좋은 에티켓에는 다른 사람들에 대한 배려가 깃들어 있는 것이 사실이지만 그 중 90% 정도는 일회성의 임시적인 것으로 의미 없는 규칙들이다. 또한 모든 법과 규칙들을 어김없이 준수해야 한다면, 심리적으로 복종된 삶을 살 수밖에 없을 것이다. 문화나 질서 유지에 꼭 필요한 규칙이 어떤 것인지, 다른 사람들에게 해를 끼치지 않고 어길 수 있는 규칙이 어떤 것인지는 자기 스스로 판단해야 한다.

합리적인 법이나 규칙도 모든 상황에 다 적용될 수는 없다. 중요한 것은 자신의 선택이다. 자기 실현을 위해서는 전통을 답습하지 않고 사회화에 저항하는 것이 불가피한 일이다. 사회화에 거부하는 법을 배우고 싶다면 먼저 주위를 의식해서는 안 된다. 사회화를 거부하는 것은 자신을 위한 결정을 내리고 최대한 효과적으로, 그리고 묵묵히 그 결정을 실행에 옮기는 것을 의미한다.

미국의 사상가이자 시인인 랠프 월도 에머슨Ralph Waldo Emerson은 "인간은 '진부'라는 맷돌을 쉬임없이 돌리고 있다. 허지만 맷돌에서 나오는 것은 오로지 그 맷돌에 집어넣은 것뿐. 하지만 관습에 얽매이지 않고, 즉흥적 사고를 택하는 순간 시, 위트, 희망, 미덕, 교훈적 일화 등 온갖 것들이 와르르 쏟아져 나와 인간을 도와준다"라고 말한다.

우리가 규칙, 에티켓 등 관습에 얽매이면 언제까지고 현상 유지만 할 것이다. 그러나 관습의 장벽을 깨고 나면 세상을 내 마음대로 창의적으로 주무를 수 있다.

내 자신의 행동을 스스로 평가하고 자신을 신뢰하면서 그때그때 결정을 내리도록 하라. 마음 가는 대로 나만의 행복의 노래를 부르라.

정의의 덫을 피한다

① 정의의 덫이란

우리는 살아가면서 정의를 찾는다. 정의가 실현되지 않을 때는 분통을 터뜨리거나 불안해하고, 혹은 좌절을 느끼기도 한다. 그러나 정의는 존재하지 않는다. 지금껏 존재한 적도 없고 앞으로도 존재하지 않을 것이다. 세상은 애초에 그렇게 만들어져 있지 않다. 세상이 너무 질서정연하고 무사 공평해야 한다면 어떤 생물도 하루를 버티기 힘들 것이다. 정의라고 하는 것은 비현실적인 개념이다.

우리는 정의를 구하면서 세상이 불공평하기 때문에 불행하다고 말한다. 정의를 주장하는 행위가 전부 잘못된 것은 아니다. 다만 정의가 보이지도 않는데도 부질없이 요구하며 부정적인 감정으로 자신을 몰아세운다면, 이런 자기 파괴적인 행동은 더 이상 정의가 아니다.

정의의 요구는 인간관계에도 침투해 다른 사람들과의 효과적인 의사소통을 막는다. "불공평해"라는 외침은 상대방에게 내지르는 자기 파괴적인 한탄 가운데 하나이다. 불공평하다고 생각하지 말고 대신 자신이 진실로 원하는 것이 무엇인지 결정하고 그것을 달성하기 위하여 노력해 보라. 다른 사람이 무엇을 하고, 무엇을 원하는지와 관계없이 말이다.

또 질투는 자신을 멍들게 한다. 사실 질투는 사람들에게 자신을 어떤 방식으로 사랑해 달라고 요구하는 것이다. 실제는 그렇지 않은데도 "불공평해"하고 말하고 있는 것이다. 질투는 자신감 부족에서 비롯된다. 질투로 인해 눈이 멀거나 자신의 마음이 통제 불능의 상태에 빠지면 그것으로부터 벗어나려는 노력을 해야 한다.

정의 구현을 외치면서 얻을 수 있는 보상은 현실에서 영영 존재하지 않는 꿈의 세계로 초점을 옮긴다는 것이다. 이것은 자기 파괴적인 행동이다.

② 정의의 덫에서 빠져나오는 방법

더 이상 정의만을 고집하지 않고 정의의 덫에서 빠져나오기 위해서 지켜야 할 것이 있다. 첫째, 다른 사람이 어떤 식으로 행동하든 그것을 나의 감정에 개입시키지 말 것. 둘째, 대놓고 비교하는 말을 하지 말 것. 셋째, "불공평해"라는 말을 "운이 나빴어", "그랬으면 더 좋았을걸"이라는 말로 바꿀 것. 넷째, 선물을 할 때 언제나 마음가는 대로 지출 규모를 잡을 것. 이 네 가지를 기억해 두어야 한다.

내가 받은 선물의 값어치에 휘둘리지 말라.

의무와 공평함에 바탕을 둔 초대는 하지 말라. 외적 기준이 아닌 내 마음이 정한 기준에 따라 누구를 초대한 것인지 결정하라.

중요한 것은 부당함이 아니라 부당함에 대하여 자신이 어떻게 대처해 나가느냐에 달린 것이다. 나를 다른 사람들과 비교하고 나의 행복을 저울질하는 데서 벗어남으로써 한층 더 행복해질 수 있다는 것이다.

> 행복이란 언제나 내 힘이 닿는 가까운 곳에 있는 것이다.
> 명망이 높고 세상 사람들에게서 존경을 받는 사람, 혹은 세력 있는 사람,
> 또는 많은 돈을 가지고 좋은 집에 사는 사람,
> 이런 사람의 생활을 자기의 상상으로 그들이 뛰어난 행복을 가졌다고 생각하지 않도록 주의하라!
> 도대체 부러워하고 시기한다는 감정은 우리 자신에게 마이너스가 될망정
> 아무런 의미도 없는 것이다. 자기의 손 닿는 곳에서 행복을 발견할 필요가 있다.
> 그리고 처음부터 이길 수 없는 시비에는 뛰어들지 말라.
> —힐티

미루지 말고, 때로는 도움을 청하라

미루지 말라

① 망설이면 두려움만 커진다

어느 누구라도 해야 할 일을 미루면서 마음 졸이는 것을 좋아하지 않는다. 현실에 있어서 해야 할 일을 뒤로 미루는 것은 우리 인생을 매우

피곤하게 만드는 일인데도 좀처럼 고쳐지지 않는다.

우리가 망설이고 행동을 미루는 시간만큼 성공이 늦추어지고 두려움이 고착된다. 누구나 행동하기를 망설일 때가 있다. 계획하고 구상을 하고 준비하지만 막상 때가 오면 주저하게 된다. 대부분의 경우 망설임은 고통과 불안, 불편함을 지속시킨다.

그런데, 왜 우리는 망설이는 것일까? 그 답은 간단하다. 두려움 때문이다. 우리는 실패를 두려워하기 때문에 행동을 망설일 때가 있다.

시간이나 결과에 완벽을 기대하지 말라. 인간은 불완전할 수밖에 없는 존재이다. 원하고 바라기만 하는 것은 시간 낭비이며, 동화의 나라에 사는 사람이 저지르는 어리석은 짓이다. 실행 없이 저절로 이루어지는 일은 하나도 없다. 뒤로 미루는 것은 오늘을 잡아먹는 행위이다. 사람들이 미루는 행위를 정당화하는 근거를 분석해 보면 1/3은 자기 기만이고, 2/3는 현실도피이다.

② 완벽주의에서 벗어나라

인생에 있어서 실패를 두려워하는 것은 바로 삶을 두려워하는 것이다. 우리 자신에게 실패를 허락하는 것이야말로 성공을 허락하는 것이다. 우리는 누구나 종종 실수를 한다.

프로야구 선수 중 가장 타율이 높은 선수도 평균 타율이 3할 6푼 7리를 넘지 못하고 있다. 세계 최고의 야구 선수도 3타수에 한 번밖에 안타를 치지 못하고, 두 번은 실수를 한다는 뜻이다. 그러므로 완벽주의에서 벗어나자. 우리 자신의 불완전함을 받아들이고 다른 사람들의 불완전함을 용서하지 않으면 행복한 삶을 살아갈 수 없다.

"어떤 것을 잘하기 위해서는 자신이 다소 서툴고 충동적으로 행동하고 방황하고 실수할 수 있다는 것을 인정해야 한다. 용기를 내어 잘하지 못하는 것에 도전하라. 무능하게 보이는 것이 두려워서 새로운 시도를 하지 않는다면 초라한 삶을 살 수밖에 없다"고 철학자 에픽테토스는 만한 바 있다.

완벽해야 한다고 생각해서, 실패할 가능성이 있거나 또는 처음이라서 두려워하고 시도해 보지 못한다면 개인의 잠재력을 발휘할 수 없다. 자신에게 실패를 허락해야만 성공할 수 있고 행복할 수 있다. 실패하는 방법을 배우자. 축구 선수들은 경기가 없을 때 많은 시간을 함께 연구하고 철저하게 훈련한다. 실패의 두려움과 그에 따른 망설임을 극복하는 방법은 부단한 훈련뿐이다.

두려움은 우리 인생의 일부이다. 두려움을 직시하는 것이 두려움을 극복하는 길이다. 두려움보다 희망을 갖고 행동하라. 의미 있고 알차고 행복한 삶을 살려면 무언가를 하라. 두려워 망설이지 말고 행동하는 사람이 되라.

③ 내일을 위해 투수를 아껴 두지 말라

우리는 마치 행복이 다른 사람들이나, 운명이나 또는 어떤 통제할 수 없는 힘에 달려 있는 것처럼 행동한다. 그 결과 오늘의 삶이 얼마나 훌륭한지 깨닫지 못한다. 미래에 초점을 맞추어 어떻게 하면 잘살 수 있을지 계획하고, 희망하고 꿈꾸면서 보낸다.

그러나 내일은 항상 하루 멀리 있다. 우리 스스로 행복을 책임지고 현재에서 살기 시작하자. 내일이면 너무 늦다. 내일을 위해 투수를 아껴 두지 말자. 내일은 비가 올 수 있다. 우리는 오늘 행복해질 수 있는 것이다.

미래가 우리를 기다리고 있는 것 같지만, 실제로는 언제나 가능성뿐이다. 미래에 행복해지기를 바란다면 영원히 행복해질 수 없다. 내일을 위해 신중하게 계획하는 것도 필요하지만, 미래를 위해 계획하는 것과 미래에 사는 것은 큰 차이가 있다. 미래에 산다는 것은 지금 부족한 행복이나 만족을 미래에 의지한다는 의미로 막연하게 인생의 역전을 바라며 사는 것을 의미한다.

"미래는 불가피하고 정확하지만 오지 않을지도 모른다. 신은 그 틈새에 숨는다"라고 소설가 호르헤 루이스 보르헤스는 말한 바 있다. 오로지 신만이 미래가 어떻게 될지 알고 있으므로 미래에 행복해질 것이라고 믿는 것은 어리석은 생각이다. 오늘이 우리가 사는 삶이다. 오늘을 잘살아야 내일을 잘살 수 있다.

미래를 잊고 현재에 열심히 살자. 지금 내가 가지고 있는 모든 것에 대해 감사하게 생각하자. 우리는 지금 행복해지기 위하여 필요한 모든 것을 가지고 있다. 사실 필요한 것보다 더 많이 가지고 있다. 우리는 현재에 살면서 행복해지는 연습을 해야 한다.

우리의 삶은 미래가 도착할 때까지 참고 견디며 살아야 하는 그런 것이 아니다. 우리의 현재는 흥미진진하고 유쾌하며 고무적이어야 한다. 삶은 인내의 대상이 아니다. 기쁨과 설렘의 대상이어야 한다. 그러자면 현재를 끌어안아야 한다. 존재하지 않을 수도 있는 내일이 올 때까지 환희와 기쁨을 연기하지 말고 지금 행복해지도록 노력하자.

때로는 도움을 청하라

① 개인주의의 환상

모든 것을 혼자 할 필요는 없다. 슈퍼맨이나 원더우먼이 되어야 할 필요도 없다. 다른 사람들에게 도움을 청하면 좀더 빨리 우리가 꿈꾸는 삶에 가까이 갈 수 있다. 단지 도움을 청하기만 하면 된다. 그러면 모든 것을 아주 쉽고 빨리 할 수 있다. 시간과 돈과 능력과 지식을 얻을 수 있는 가장 쉬운 방법이다.

도움을 청하면 행복으로 가는 지름길을 발견할 수 있다.

> "구하라. 그러면 얻을 것이요, 찾아라. 그러면 찾을 것이오, 두드려라. 그러면 열릴 것이다." —성경 마태복음 7장 7절

그런데, 우리는 다른 사람들에게 도움을 청하는 것에 망설인다. 도움을 청하는 것에 대해 거의 반사적인 거부반응을 보이고 있다. 우리는 혼자 힘으로 성공해야 한다고 배워 왔기 때문이다.

황야를 개척하는 농부들로부터 혼자 사업을 일으킨 기업인들에 이르기까지 우리 문화는 자수성가한 사람들을 찬양한다. 그래서 우리는 독자적인 힘으로 성공해야 되고, 도움을 청하는 일은 나약함을 드러내거나 실패를 인정하는 것이라고 믿게 되었다. 그런데 혼자서 다 할 수 있다는 생각은 역사에 대한 오해에서, 그리고 아무도 도와주지 않을 것이라는 생각은 인간의 본성에 대한 오해에서 비롯된 것이다.

심리학자 유리브론펜 브레너는 "미국인들의 이상형은 자수성가한 인

물이다. 하지만 그런 사람은 없다. 만일 우리가 두 발로 일어설 수 있다면, 그것은 다른 사람들이 우리를 떠받쳐주기 때문이다. 만일 성인으로서 우리가 능력과 동정심을 가지고 있다면, 그것은 어릴 때부터 지금 이 순간까지 다른 사람들이 그들의 능력과 동정심을 우리에게 보여주었다는 것을 의미한다"고 말했다.

② 적극 도움을 청하라

개인주의라는 환상을 깨라. 남들이 자신을 도와주지 않을 것이라는 생각도 틀렸다. 도움을 주고받는 것이 인간의 본성이다. 곤경에 처한 사람이 다른 사람에게 도움을 청할 때 인종이나, 종교, 국적이나 나이, 성별, 성적 취향, 신체적 능력 등은 아무런 문제가 되지 않는다.

정신적으로 건강한 사람이라면 도움을 필요로 하는 사람이 "당신의 도움이 필요합니다"라고 말할 때 최선을 다해 도와주고 싶어 할 것이다. 타인에게 도움을 구한다고 해서 스스로를 부끄러워할 필요가 없다. 사람들은 부탁을 받으면 으쓱한 기분을 느낀다.

도움을 청하는 것은 당신에게 없는 무엇인가를 상대방이 가지고 있다는 것을 인정하는 것이다. 그리고 도움을 청할 때에는 상대방의 욕구와 바람을 이해하는 것이 중요하다. 즉 상대방이 자연스럽게 도움을 주고 싶은 마음이 들게 하는 것이다.

사람들이 좀더 기꺼이 도움을 주도록 하려면, 첫 번째 단계로 당신에게 도움을 줄 사람에게 도움을 줄 수 없는 어떤 사정이 있는지 생각해 보아야 한다. 그리고 이러한 문제를 극복할 수 있는 방법을 찾아야 한다. 두 번째 단계로는 상대방에게 도움을 청하는 이유를 설명한다. 세 번째 단계는 상대방에게 어떤 도움이 필요한지 구체적으로 설명한다. 처음에는 망설여지고 어색하겠지만, 이상에서 살펴본 3단계를 갖추어서 도움을 청하다 보면 차츰 익숙해질 수 있다. 그전에 우리는 남에게 도움을 청하는 것에 익숙해질 필요가 있다. 평생 혼자서 모든 일을 해야 한다고 배웠는데, 이제 도움을 청해야 한다고 생각하려면 연습이 필요하다. 횟수가 반복될수록 도움을 청하는 것이 나약함의 표시라는 생각은 사라질 것이다.

한편, 내가 도움을 청하는 것만큼 다른 사람들을 돕는 것 역시 중요하다. 누군가에게 도움이 될 수 있다고 생각하면, 부탁을 받을 때까지 기다리지 말고 먼저 도움의 손길을 보내자. 어떤 보상이 있는지 언젠가 이 사람이 내게 도움이 될 수 있을는지 계산하지 말고, 도움이 필요한 사람을 도와주자. 우리가 다른 사람을 많이 도와줄수록 더 많은 사람들이 우리를 도와줄 것이다.

사람들이 당신을 도와주지 않을 것이라는 모든 두려움과 의심을 버리자. 크건 작건 도움을 청하고 도움을 주면 당신의 삶에 변화가 생기고, 당신의 손이 미치지 않는 곳에 있다고 생각했던 것을 달성할 수 있을 것이다. 그러면 좀더 풍요롭고 편안하고 행복한 삶을 살 수 있을 것이다.

사람들은 행복을 찾아 세상을 헤맨다. 그런데 행복은 누구의 손에든지 잡힐 만한 곳에 있다.
그러나 마음속에 만족을 얻지 않으면 행복을 얻을 수 없다.
—호라티우스

4 행복하게 하는 것들

건강은 행복의 근본이다

건강은 행복의 근본

우리나라 등 동양에서는 예로부터 인간의 행복 조건은 오복五福이라 해서 다섯 가지를 들고 있다.

> 첫째, 오래 사는 것, 수壽라고 한다.
> 둘째, 재물이 풍요로운 것, 부富라고 한다.
> 셋째, 몸이 건강하고 마음이 건강한 것, 강령康寧이라고 한다.
> 넷째, 쌓는 것, 수호덕修好德이라고 한다.
> 다섯째, 명대로 살다가 편히 죽는 것, 고종명考終命이라고 한다.

이 다섯 가지 복 중 세 가지가 건강에 관한 조건인데, 우리 조상들이 예로부터 건강을 인생 최대의 재산으로 여겨왔음을 알 수 있다.

고대 그리스의 철학자 플라톤은 "인간의 재산이란 첫째가 건강, 둘째가 아름다운 용모, 셋째가 재물"이라고 말했다.

공공의견조사기구인 MORIMarket and Opinion Research International가 1981년 및 1997년에 걸쳐 시행한 조사 결과에 따르면 "요즘 들어 행복의 수준을 결정할 때 개인적으로 가장 중요하게 고려하는 것이 무엇인지"에 관하여 조사한 결과, 응답자의 59%가 건강, 41%는 가정 생활, 35%는 결혼, 31%는 나와 가족의 일, 취업, 7%는 좋은 교육, 9%는 가정환경, 25%는 돈이라고 했다.

이처럼 옛날이나 지금이나 동·서양을 막론하고 누구나 건강을 가장 소중한 재산으로 여기고, 건강이야말로 행복의 근본 요소라고 생각하고 있다. 사실 "건강하고 아무 걱정 없이 마음 편하고, 의식주를 염려하지 않을 만큼 여유 있고, 남에게 베풀어 가면서 사고 없이 명이 다할 때까지 살다가 깨끗하게 죽는다"는 것이 인간에게 가장 큰 행복이 아닐까. 전통 유교에서는 "인간이 태어난 것은 하늘과 부모의 은혜가 있어서 태어난 것이니, 목숨을 소중하게 여겨 하늘이 주신 수명을 다할 때까지 건강하게 살아가는 것이 인생 최대의 책임이다"고 말하고 있다.

건강 장수의 조건 ; 건강할 때 건강을 지켜라
세계보건기구WHO는 건강의 조건으로 다음 일곱 가지를 들고 있다.

첫째, 무엇을 먹어도 맛이 있다.

둘째, 잠을 잘 잔다.

셋째, 피곤을 쉽게 느끼지 않는다.

넷째, 용변을 쾌적하게 본다.

다섯째, 감기에 잘 걸리지 않는다.

여섯째, 체중에 변함이 없다.

입곱째, 하루하루가 밝고 즐겁다.

세계보건기구다운 논리적이고도 과학적인 조건이라 볼 수 있겠다.

미국의 의사 스틱 그리치 박사는 "사람은 25세경에 성장이 끝나고 26세경부터는 노쇠단계에 들어간다"고 하였다. 사람의 체력은 21~22세경이 최상의 시기이고, 이때를 고비로 점차 내리막길로 향하게 된다고 한다. 그러나 사람의 두뇌는 이와 달리 훈련만 한다면 50대까지 오르막길이고 60~70세가 되어도 쇠퇴하지 않는다고 한다. 그러나 두뇌도 계속 사용하지 않고 내버려 둔다면 육체와 같이 쇠퇴해 버린다고 한다. 그러므로 신체와 두뇌의 균형 있는 건강 상태를 유지하기 위해서는 20대에서 30대로 접어들면서 내리막길로 들어가는 체력을 적절한 운동을 함으로써 쇠퇴하지 않도록 하고, 뇌는 적절한 활용을 계속할 필요가 있다.

건강은 건강할 때 지켜야 한다. 이 세상에서 돈으로 살 수 없고 남에게서 빌릴 수도 없는 것이 건강이라는 사실을 명심해야 한다.

건강을 해치는 병의 원인에는 전염병과 같이 신체의 외부로부터 찾아오는 외인성外因性 병인이 있고, 신체 안에서 생기는 내인성內因性 병인이 있다. 평소 관심을 가지고 대처해야 할 것은 내인성 병인이다. 이 내인성 병인은 26세가 지나면서 서서히, 눈에 보이지도 않고, 감각적으로 느낄 수 없이 찾아오기 때문에 예방을 위한 건강 관리에 소홀하기 쉽다.

내인성 병의 원인은 일상생활에 있다. 생활환경, 일하는 방법, 음식물, 운동의 내용과 방법, 휴식과 수면의 적절성 등에서 부적절한 요인들이 체내에서 서서히 누적되어 생기는 것이다. 따라서 내인성 병의 예방을 위해서는 평소 체력 관리와 음식물, 그리고 생활의 리듬과 정신 건강 등 종합대책이 필요하고 특히 중요한 것은 자신의 건강에 대한 관심과 노력이다.

사람들은 모두 건강이 제일이라면서도 실제로는 의외로 소홀하다. 건강한 사람일수록 건강하기 때문에 건강의 고마움을 느끼지 못하고 지낸다. 공기가 없으면 단 몇 분도 살 수 없는 것을 알면서도 공기의 고마움을 전혀 느끼지 못하는 것과 같다.

건강 장수의 비결

대개 동물의 수명은 성장기간의 5배라고 알려져 있다. 그러므로 사람의 경우 25세까지 성장하므로 수명은 125세가 된다. 2,000년 전 로마제국시대 평균 수명은 20세였다고 한다. 우리 나라의 경우도 1950년경에는 50세 전후였는데, 약 50년 후인 현재에는 30년이 늘어 80세에 이르고 있다. 또 100세 이상 장수하는 사람이 늘어가고 있는 추세이다. 그간 경제발전 등으로 영양 상태가 좋아지고 의술의 발달로 그만큼 수명이 연장된 것으로 볼 수 있다. 이런 추세라면 머지않아 평균수명 100세의 꿈도 달성되리라 예상된다.

인간이 수명을 다하지 못하는 것은 자신의 건강 관리에 소홀함이 있는 것이지 다른 어떤 이유가 있는 것은 아니다.

영국의 의사인 N. B. 베독그와 L. 프레스토가 5년 반에 걸쳐서 남자 7,000여 명을 상대로 건강·장수할 수 있는 생활습관에 관하여 연구한 결과를 일곱 가지로 요약해 발표했다.

첫째, 규칙적으로 하루 세끼의 식사를 할 것.

둘째, 아침식사는 매일 정확하게 할 것.

셋째, 적당량의 운동을 할 것.

넷째, 매일 7~8시간의 수면을 할 것.

다섯째, 담배를 피우지 말 것.

여섯째, 표준체중을 유지할 것.

일곱째, 술은 적게 마시거나, 언제든지 끊을 수 있을 것.

또 장수국인 일본에서 처음으로 건강 장수 이론을 체계화했던 가이 하라貝原益軒는 200년 전에 이미 85세까지 장수했고, 죽기 1년 전에 『양생훈養生訓』이라는 건강 장수에 관한 저서를 남겼는데, 지금도 참고할 만한 사항이 많다.

그의 주장의 요지는 건강 장수는 육체적 건강과 정신적 건강이 조화를 이루어야 하며, 그러기 위해서는 체질에 맞는 건강식품을 먹어야 하며 마음을 편하게 가지고 몸을 계속 움직여야 한다고 한다.

개인적인 욕망으로는 식욕, 성욕, 수면욕이 있는데 이것을 잘 참고 절제해야 하며 특히 20세 이전에는 성욕을 절제할 것을 강조하고 있다.

또, 일곱 가지 감정 즉, 기쁨, 노여움, 근심 걱정, 생각하는 것, 슬픔, 놀라움, 무서움 등의 감정을 잘 처리해야 한다고 한다. 이 개인적 욕망과 일곱 가지 감정의 통제 여부는 정신 건강에도 큰 영향을 미친다고 하며 신체적 건강을 위해서는 몸을 골고루 잘 움직이고 일을 열심히 하는 것이 비결이라고 했다.

또 1930년대에 100세 이상인 자가 5,000명이 넘는 코카사스 지방의 장수 노인들의 공통점을 조사한 결과 다음과 같은 결론이 나왔다.

첫째, 살고 있는 지역이 비교적 높고 건조하다.

둘째, 동물성 지방식품을 철저히 피한다.

셋째, 술을 즐긴다.

넷째, 해가 뜨는 것과 동시에 일어나서 해가 질 때 잠자리에 든다.

다섯째, 스트레스가 쌓일 때는 정신을 못 차릴 정도로 술을 마시고 춤을 추고 노래하고 큰 소리로 웃고 즐긴다.

여섯째, 여러 가지 약초가 많은 지역이다.

일곱째, 노동을 즐겨한다.

이상을 참고해 보면, 효과적인 건강 관리 방법은 적절한 운동, 적절한 음식 섭취, 편안하고 즐거운 마음 다스림의 세 가지로 요약된다.

건강은 행복의 어머니이다.

—프란시스 톰슨(이탈리아 수도승, 1182~1226년)

돈과 행복 : 분수를 지켜라

돈의 가치

돈에 대한 사전적 정의는 "사회에 유통해서 교환의 매개, 지불의 수단, 가격의 표준, 축적을 위하여 쓰이는 물건"이다.

유태인들은 탈무드에서 돈의 가치 즉, 효용에 대하여 다음과 같이 말하고 있다.

"고민과 언쟁, 빈 지갑, 이 세 가지가 인간의 마음을 상하게 하는 것들이다. 그중에서도 가장 인간을 상하게 하는 건 빈 지갑이다. 신체의 각 부분은 모두 마음에 의지하고, 그 마음은 돈지갑에 의지한다. 돈은 장사를 위해 써야지 술을 위해 써선 안 된다. 돈은 악도 저주도 아니다. 그것은 인간을 축복하는 것이다. 하느님으로부터의 선물을 살 수 있는 기회를 제공해 주는 것이 돈이다. 돈을 빌려준 사람에게 분노를 느끼는 사람은 없다. 부는 요새이고 빈곤은 폐허이다. 돈이나 물건은 그냥 주지 말고 빌려 주어야 한다. 그냥 주면 받는 사람이 준 사람 아래에 위치하지 않으면 안 되지만, 빌려 주고 빌려 살면 대등한 사이를 유지할 수 있기 때문이다."

탈무드에서 얘기하듯이 돈은 위대한 것은 아니지만 또 천대받을 만큼 못난 것도 아니다. 그럼에도 불구하고 사람들은 돈 때문에 기뻐하기도 하고 슬퍼하기도 한다. 일상생활에서 일어나는 각종 사건사고의 태반이 돈 문제 때문에 생기고 있는 것이 현실이다.

또한 현실사회에서 돈의 위력은 대단한 것처럼 보인다. 국제사회에서나 개인적인 인간관계에서나 돈을 많이 가진 자일수록 큰소리치고, 강대국으로 또는 부자로 대접을 받고 있는 듯 보인다. 그것은 돈으로써 안 되는 것이 거의 없고 돈으로 사지 못하는 것이 거의 없는 세상이 되고 말았기 때문일 것이다. 이러한 돈의 위력이 돈에 대한 지나친 탐욕을 불러일으키고, 나아가 부정한 방법으로도 돈을 소유하려는 욕심이 각종 사고의 원인이 되고 있는 것이다.

반면에 돈에 대한 관심이 전혀 없거나 돈을 천하게 취급하게 되면 돈이 모이지 않기 때문에, 가난을 면할 수 없고 사람 대접을 제대로 받지 못하는 지경에까지 이르게 된다.

돈은 사람을 위대하게 만드는 힘이 있지만, 한편으로는 돈을 지나치게 탐욕하면 추한 인간이 되어 버리고, 천하게 여길 때에는 사람이 따르지 않고 불편한 인생이 되고 만다. 그러므로 돈을 모으되 땀 흘려 모아야 하고, 돈을 소유하되 인색하지 말아야 하며, 돈 앞에서 추한 인물이 되어서는 안 된다.

돈과 행복

사람은 어느 정도 돈이 있어야 행복할까? 돈으로 과연 행복을 살 수 있을까? 의·식·주를 해결할 정도의 돈을 소유하고 있다면 여분의 돈이 더 있어도 느끼는 행복감은 별 차이가 없다고 한다.

50년 전보다 우리는 몇 배나 부유하게 살고 있다. 단칸방에 세 들어 살면서 연탄가스 사고로 사람이 죽었다는 신문보도가 겨울철이면 하루가 멀다 않고 보도되곤 했던 시절이 있었다. 그에 비하면, 적어도 30여 평의 아파트에, 자동차는 물론 온갖 가전제품을 고루 갖추고 사는 현재는, 그 당시보다 경제적으로 몇 십 배나 더 잘살고 있음을 부인하지 못할 것이다. 그럼에도 불구하고 자살률, 이혼율은 해마다 높아가고, 각종 스트레스성 우울증은 더욱 늘어나고 있다. 이런 현상들로 미루어 본다면 돈으로 행복을 살 수 없다는 결론이 나온다.

영국의 여론조사기관인 MORI의 조사 결과에 따르면 정신 건강, 만족과 안정감을 주는 일, 안정적이고 애정이 넘치는 사생활, 안전한 공동체, 자유 그리고 도덕적 가치가 행복에 가장 큰 영향을 미친다고 한다. 타임지 여론조사 결과에 따르면 행복을 유발하는 원인으로 돈은 고작 14위로 나타났다. 돈은 건강과 같다. 없으면 불행하지만 있다고 해서 다 행복하지는 않다.

『포브스』지가 선정한 세계 최고 부자 400인이나 동아프리카 마사이 족의 목동이 느끼는 행복 수준은 동일하다는 연구 결과도 있다. 로또 복 권에 당첨된 사람들의 경우 5년만 지나면 이전의 행복 수준으로 돌아간 다고 한다. 소득이 늘어난다고 꼭 행복해지는 것은 아니다. 그 이유는 사람의 뇌가 긍정적인 경험에 더 잘 익숙해지기 때문이다.

비교하지 말자

돈은 여러 가지 면에서 중요하다. 실직 상태에 있던 사람이 일자리를 얻게 되면 활기를 되찾고 생의 의미를 찾는다. 아픈 사람도 재정 상태가 좋아지면 질병으로부터 빨리 회복되고 행복을 더 느끼며, 돈을 더 벌게 되면 전보다 더 행복해지고 삶을 더 좋은 방향으로 바꿔나갈 수 있다.

그러나 시간이 지나면 그 행복은 잠깐이고, 돈 때문에 불행해지고 불 만이 커진다. 특히 자신의 소득과 남의 소득을 비교할 때 그렇다. 부의 절대적 규모 때문이 아니다. 단지 남보다 상대적으로 적게 가졌기 때문 에 불행을 느낀다. 소득 경쟁은 승자를 조금 기쁘게 하는 반면에 패자들 을 실제보다 훨씬 불행하게 만든다. 연봉이 올라가서 기쁘다가도 동료 가 자신보다 더 많이 받는다는 사실을 알게 되는 순간 기분이 나빠진다. 돈과 지위를 얻기 위한 게임은 제로섬 게임이다. 순위, 성적표, 광고처 럼 비교할 대상이 많을수록 불행도 더욱 커진다.

오랜 시간의 노력 끝에 경제적으로 성공하면 잠시 동안은 행복에 젖어 있지만, 어느새 가진 것에 감사하는 마음은 사라지고, 가지지 못한 것에 집착하게 된다. 그러므로 돈은 아무리 벌어도 모자라게 마련인 것이다.

여론조사기관인 ㅁ퍼리서치가 1978년과 1994년에 실시한 조사 결과를 보면, 미국인들에게 행복한 삶을 위한 필요한 물건의 목록을 작성해 보라고 했다. 그런데 그런 물건들을 갖춘 사람들일수록 목록이 더 많았다고 한다. 이와 같이 돈에 대한 욕망은 끊임없고, 따라서 돈에 집착하는 한 행복은 요원하다 하겠다. 돈을 최고의 가치로 여기는 사람들은 자신의 소득과 삶 전반에 대하여 큰 만족을 느끼지 못한다고 한다. 특히 비교하는 습성을 버리기 전에는 불만이 사라지지 않을 것이다.

행복은 곧 분수를 아는 것

물질만능주의는 건강을 해친다. 게일스버그 소재 녹스컬러지의 팀 캐서가 실시한 연구에 의하면 돈, 이미지 혹은 명예를 쫓는 사람들은 우울증에 더 잘 걸리고 인생에 대한 열정도 적었고, 두통이나 인후염 같은 신체적 증세를 더 많이 보였다.

나보다 더 성공한 사람과 비교하면 불행해진다. 나보다 덜 성공한 사람을 바라보라. 그러면 나의 성공을 즐길 수 있다. 그래서 3등이 2등보다 행복한 것이다. 풍요로운 생활이란 필요한 것 외에는 바라지 않고, 필요한 것은 반드시 얻는 것, 즉 자신의 분수를 아는 데 있다.

행복해지려면 돈을 더 많이 가지려고 하지 말고, 필요한 만큼 있으면 족하다는 것을 깨닫는 데 있다. 행복감을 느끼기 위해서는 자신이 현재의 상황을 잘 통제하고 있다는 것을 자각하는 것이 중요하며, 돈을 더 벌기보다는 지금의 재정 상태를 건실하게 유지하려는 노력이 중요하다.

어떤 사회 심리학자의 말에 의하면 인생이 나아지고 있다고 생각하면 행복이 따라온다. 중간 정도의 삶을 살지만 더 나아질 것이라고 믿는 사람이, 잘살지만 더 나아질 것이라고 기대하지 않는 사람보다 더 행복하다고 한다.

부는 거름 같아 축적만 되어 있으면 악취를 풍기나, 뿌려지면 땅을 비옥하게 만든다.
─톨스토이

행복하게 먹자

식사의 중요성

사람은 식사 시간에 가장 큰 행복을 느끼며, 먹고 마시는 것이 사람의 기분을 상당 부분 좌우한다. 2001년 MORI의 조사 결과에 의하면 여자들의 경우, 개인적인 행복 면에서 음식을 성생활보다 중요하게 생각하는 것으로 나타났다.

식습관은 전반적인 건강 상태에 중요한 영향을 미칠 뿐만 아니라 행복에도 직접적으로 기여한다. 인간의 가장 기본적인 3대 욕구인 식욕, 성욕, 수면욕 중 식욕이야말로 가장 으뜸인 욕구라고 하겠으며, 인간의 생존을 위해서는 필수 불가결한 욕구이다.

식욕의 충족 즉, 음식을 먹는다는 것은 사람의 가장 기본적인 욕구 충족을 의미하고, 우리 삶의 행복의 근원인 건강에도 없어서는 안 될 근본 요소이다.

최근의 한 조사 결과에 의하면 뇌에서 분비되는 화학물질 중, 특히 음식에 의존하는 화학물질이 우리의 기분을 조절한다는 사실이 밝혀졌다. 정신과 육체의 건강을 유지하기 위해서는 기분을 조절하는 화학물질인 세로토닌, 베타엔도르핀과 혈당 사이에 균형이 잘 맞아야 하는데, 균형이 맞지 않으면 우울증이 발생할 수 있다. 항우울제를 복용하면 균형을 되찾을 수 있지만 제대로 된 영양소가 풍부한 음식을 먹어도 가능하다. 약물의 복용보다 평소에 먹는 음식을 통해서 건강을 유지하고 행복을 찾는 것이 더 바람직하다 할 것이다. 행복해지기 위해서 우리 신체는 건강한 연료를 지속적으로 공급받아야 한다.

건강에 유익한 영양소들

우리의 몸이 제대로 기능하고 건강하기 위해서 필요하고 행복에도 도움이 되는 영양소는 다음과 같은 것들이 있다.

① 탄수화물

우리 몸의 세포는 지속적으로 포도당(당)을 공급받아야 하는데, 혈당의 대부분은 섭취하는 음식으로 얻는다. 가장 효과적인 당의 원천은 탄수화물이다. 탄수화물은 인체 내에서 가장 쉽게 당으로 변한다. 탄수화물 중에는 맥주, 설탕, 밀가루 등의 단순 탄수화물도 있고, 감자, 오트밀 등 곡물류에도 복합 탄수화물이 있다. 건강의 관점에서 보면 복합 탄수화물이 분해의 속도가 느리고 혈액 속으로 들어가는 속도도 느려 지속적으로 에너지를 방출하기 때문에 더 좋다.

② 단백질

단백질 중 육류, 어류, 콩, 달걀, 치즈, 견과류에 들어 있는 단백질은 뇌와 신체의 성장과 회복을 돕는 원료를 공급한다.

단백질은 기분, 수면 및 식욕 조절을 담당하는 화학물질인 세로토닌을 만드는 데 필요한 트립토판을 공급한다. 세로토닌의 수치가 낮아지면 우울과 불안감을 느끼게 된다. 트립토판을 함유한 음식을 먹으면 세로 토닌의 수치를 높일 수 있으며 탄수화물과 함께 섭취할 때 가장 잘 흡수 된다.

닭, 타조, 참치, 연어, 강낭콩, 씨앗 등에 트립토판이 함유되어 있는데, 이런 식품들은 신체에 자연스러운 도취감을 유발하는 물질인 엔돌핀의 수치를 증가시킨다. 또 도파민과 노르아드레날린은 각성 효과를 나타내 고 부족할 경우 우울증, 무관심, 의욕 상실의 증세가 나타나는데, 단백질 이 풍부한 음식을 섭취함으로써 이 두 물질의 수치를 향상시킬 수 있다.

③ 지방

뇌의 60%가 지방으로 이루어져 있다. 뇌가 적절한 구조를 갖추고 제 대로 기능하기 위해서 지방은 필수적 요소이다. 필요한 양만큼 음식으 로 섭취해 주어야 감정과 정신 건강을 유지할 수 있다. 낮은 지방수치는 불안 우울증에서 과잉 행동과 정신분열증에 이르는 다양한 증세 발현과 연관성이 있다. 뇌의 발달에 지방이 중요한 역할을 하고 있는 것이다.

④ 비타민 및 미네랄

우리의 기분을 조절하는 비타민과 미네랄이 함유되어 있는 식품들은 다음과 같다.

첫째, 항산화제 ; 알코올과 공해에 대한 반응과 넘기 받는 스트레스를 중화한다. 과일, 채소에 함유되어 있다.

둘째, 비타민 B군 ; 음식에서 에너지를 이끌어내며 신체에 열량을 공급한다. 에너지 기분과 정신 기능을 향상시킨다. 바나나, 콩류, 당근, 달걀, 어류, 육류, 우유, 견과류, 씨앗, 전곡류, 식품.

셋째, 엽산 ; 뇌 기능과 태아의 뇌 발달에 영향을 미친다. 기분, 인지 및 사회 기능을 향상시킨다. 양상추, 시금치, 녹색 채소 콩류, 견과류, 씨앗 등 식품.

넷째, 마그네슘 ; 신경전달물질의 균형을 맞추고 필수 지방산의 작용을 촉진한다. 부족하면 신경성 긴장, 불안, 짜증 및 불면증이 발생한다. 콩류, 견과류, 씨앗, 녹색 채소의 식품.

다섯째, 망간 ; 정신분열증과 간질을 억제하는 데 도움된다. 근대뿌리, 장과류, 포도, 양상추, 물 냉이, 귀리 등의 식품.

여섯째, 칼륨 ; 신경계의 건강을 유지하고 인체의 산, 알칼리의 균형을 잡는 데 기능한다. 살구, 바나나, 버섯, 견과류, 씨앗 등의 식품.

일곱째, 아연 ; 정신 건강과 감정 유지에 도움 주고 필수 지방산의 신진대사와 세로토닌의 생산도 촉진한다. 견과류, 씨앗, 옥수수, 전곡류, 양상추, 육류와 일부 어류 등의 식품.

건강을 위한 식사(즐겁게 먹자)

음식은 시간적 여유를 가지고 즐거운 기분으로 맛있게 먹자. 다른 사람들과 함께 음식을 먹는 것은 일종의 사교행위이다. 단순히 음식을 먹는 행위에 그치는 것이 아니라 리듬과 패턴을 갖춘 대화이며, 느긋하게 맛을 음미하는 과정이다. 즐거운 기분으로 음식을 먹으면 소화 흡수가 잘 될 뿐만 아니라 먹는 것 자체에 행복을 느낄 수 있다.

오늘날 일본인의 건강 장수에 크게 기여한 학자 니끼二木謙三 교수는, 누에가 뽕을 먹듯이 사람에게 필요한 장수 건강식은 완전 정식이라 했는데, 사람에게는 현미로 지은 밥과 야채를 많이 먹는 것이 완전 정식으로, 건강 장수식의 으뜸이라고 했다.

금세기 최장수자로 알려진 인도의 '바바라'는 1960년에 152세까지 살다가 죽었는데 그의 주식은 현미였고, 가끔 현미가루와 메밀을 섞어 먹었고, 부식은 야채와 마늘, 풋고추와 당근, 둥근파, 콩 종류였고 주로 생식을 하였다고 한다.

또 40여 년간 건강 장수만을 연구한 한 전문가는 다음과 같은 건강식을 권하고 있다.

첫째, 야채를 풍부하게 섭취할 것.
둘째, 흰밥을 피하고 잡곡. 특히 대두를 많이 먹을 것.
셋째, 생선을 많이 먹되 작은 생선과 등이 푸른 생선을 많이 먹을 것.
넷째, 바다의 해초류를 많이 먹을 것.

건강을 해치고 단명하고 싶으면 흰밥과 육류를 많이 먹고, 영양을 과

대하게 섭취하라고 경고하고 있다.

위에서 소개한 건강에 유익한 영양소가 함유된 식품 및 건강 장수식을 참고하여, 자기에게 알맞은 건강식을 개발하여 시간적 여유를 가지고, 즐기운 기분으로 맛을 음미하면서 맛있게 먹는 것이 행복의 지름길이다.

행복을 증진시키는 식사법

음식을 통해 기분이 좋아지고 맛있게 먹는 방법들은 다음과 같다.

첫째, 식사는 규칙적으로 하라. 적어도 6시간마다 식사를 해야 하며 한 번에 최소 두 가지 이상 영양이 풍부한 음식을 먹어야 한다.

둘째, 아침식사는 꼭 하되, 저지방 요구르트, 과일, 견과류 등으로 만든 식사가 좋다. 뇌는 포도당을 꾸준하게 공급받아야 한다.

셋째, 외식을 하라. 그리고 좋아하는 음식은 가끔씩만 먹어라.

넷째, 매일 식사 시에 단백질을 섭취하라.

다섯째, 설탕과 흰쌀밥은 적게 먹고, 그 대신 다양한 채소를 많이 먹자.

여섯째, 과일과 채소를 많이 먹고 간식거리는 가지고 다니며, 스트레스가 많은 날은 포도당을 섭취하라.

일곱째, 마늘을 규칙적으로 섭취하라. 대장암, 소장암에서 심장질환까지 다양한 질병을 예방할 수 있으며, 정력을 강화한다.

그리고 잘못된 식습관은 고쳐야 한다.

첫째, 육류, 동물성 지방, 소금과 설탕의 섭취량을 줄인다.

둘째, 카페인, 알코올, 단맛이 나는 음료의 섭취를 줄인다.

셋째, 케이크, 비스킷처럼 당분과 트랜스 지방이 많이 들어간 인스턴트 식품을 줄이거나 먹지 않는다.

건전한 정신은 건강한 육체 속에 깃든다.
— 유베날리우스(로마 풍자시인, B.C 140~60)

운동은 최고의 보약

운동은 행복에 이르는 지름길이다

운동은 사람의 건강 수준을 높여줄 뿐만 아니라 정신 건강까지도 향상시킬 수 있다.

신체활동은 긍정적인 기분과 자존감을 확립하고 유지하는 데 영향을 준다. 운동을 하면 항스트레스 호르몬인 엔도르핀의 분비가 촉진되어 뇌에서 나오는 통증신호를 차단하며, 기분, 감정, 수면과 식욕에 영향을 준다. 운동을 하면 혈액 순환과 운반 능력이 향상되어 뇌에 원활한 산소를 공급할 수 있기 때문에, 뇌의 기능도 개선될 수 있어 나이든 사람들의 정신능력인 인지기능이 향상된다. 운동은 새로운 뇌세포의 성장을 돕기 때문에 기억, 계획, 조직 및 다양한 과제 처리 능력도 향상시킨다.

특히 달리기, 걷기 등 오랫동안 지속적으로 하는 운동은 도취감을 유발하는 베타엔도르핀의 생산과 분비를 촉진하여, 지속적으로 운동하고 있는 사람이 느끼는 고통과 피로감을 차단하고, 마지막 목표 지점까지 운동할 수 있을 만큼 몸을 유연하고 활력에 차 있다고 느끼도록 만든다.

또한 운동은 대인관계를 좋게 하고 분노를 줄여준다. 정신 건강에 문제가 있는 사람의 83%가 운동을 하면 기분이 좋아지고, 스트레스를 줄일 수 있으며, 2/3는 우울 증세를 완화하는 데 도움을 주고, 50% 이상이 스트레스와 불안 증세를 줄여준다고 한다.

건강한 육체에 건전한 정신이 깃든다고 하겠다.

효과적인 운동방법

① 매일 규칙적으로 적정량의 운동을 하라

일반적으로 전문가들은 수십 년 전에 비해서 좋은 영양을 섭취함에도 불구하고, 조기 사망률이나 성인병에 걸리는 확률이 점차 높아지고 있다고 우려하고 있다. 그 이유는 운동 부족에서 비롯된 것이다. 이러한 운동 부족을 해소할 수 있는 적절한 하루치의 운동량을 다음과 같이 제시한다.

보행 : 만보 걷기

조깅 : 2~2.5㎞

줄넘기 : 300~400회

수영 : 150~200m

테니스 : 20분~30분

팔굽혀 펴기와 복근운동 : 각 30회

이 가운데 조깅이나 걷는 것이 운동 부족 해소에 특히 더 효과적이라고 한다.

사람들이 운동을 하지 않는 이유로 시간 부족을 가장 많이 들고 있다. 그러나 이것은 변명에 불과하고 마음만 있으면, 아무리 바쁘더라도 자투리 시간을 활용해서 10~30분 정도, 틈틈이 운동을 할 수 있다. 이것은 자신의 의지 문제이다. 격렬하거나 불규칙적으로 하는 것보다도 적당량의 운동을 매일 규칙적으로 하는 것이 훨씬 건강에 좋다.

② 걷기와 달리기를 하여 땀을 흘리자

전문가들은 조깅이나 걷는 것을 권하고 있다. 뛰거나 걷게 되면 발의 근육은 물론이고 허리나 엉덩이를 움직이게 되고, 척추와 복부, 가슴과 팔도 흔들기 때문에 어깨와 팔의 근육도 움직이게 되어, 몸 전체 근육의 2/3 정도가 활동하게 된다고 한다. 1.6km를 15분에 걷는 것은 같은 거리를 8.3분에 뛰는 것과 같은 양의 칼로리를 소비하며, 하루에 3.2km를 일주일에 3일 걸으면 3주마다 약 373g씩 체중을 감량할 수 있다고 한다.

이런 운동은 적절한 칼로리 소비와 전신 혈액순환을 촉진시키고, 몸속에 있는 영양분을 체내에 골고루 전달하고, 뇌의 혈액순환도 알맞게 시켜주어 두뇌 활동도 활발하게 하며, 기분이 상쾌하고 머리를 맑게 해준다. 그러므로 건강 관리와 노쇠 방지를 위한 가장 좋은 방법은 걷거나 뛰어서 땀을 알맞게 흘리는 것이라고 한다.

③ 내가 좋아하는 운동을 즐겁게 하자

자기 몸의 체력에 맞는, 자기가 좋아하는 운동을 해야 한다. 몸에 맞지 않는 격렬한 운동을 기분이 좋지 않은 상태에서 하는 것보다, 운동량은 적을지라도 자기에게 알맞고 기분을 좋게 만들어주는 운동을 하는 것이 육체적으로나 정신적으로 훨씬 좋다. 쇼핑, 춤, 정원의 손질 등 몸을 계속 움직일 수 있는 것이면 된다. 운동이라는 단어에 집착할 필요도 없다.

그리고 가능하면 야외에서 규칙적으로 하는 운동을 선택하되, 건강이 좋아진 뒤에도 계속 운동하는 습관을 유지하자. 깨어 있는 시간 동안 몸을 최대한 많이 움직이고 밖에 나갈 수 없다면 집에서 헬스용 자전거를 타면 된다. 집안일을 하는 것도 좋은 운동거리이다.

너무 과도한 운동은 피하자. 부상 등 안전문제가 생길 수 있다.

경쟁적인 분위기보다 즐거운 기분으로 운동하자. 경쟁은 불안 심리를 유발하고 긍정적 감정 반응이 떨어질 수 있다.

충분한 잠을 자라

잠은 식욕, 성욕과 함께 사람의 3대 기본 욕구 중의 하나이다. 생존에 필요한 욕구일 뿐만 아니라 건강에도 빠질 수 없는 기본 요소이다. 건강하고 행복해지려면 충분한 수면을 취해야 한다.

일반적으로 알려진 바와 같이 충분한 수면 시간은 하루 8시간이다. 평생 동안 잠자는 시간은 살아 있는 시간의 1/3인 25년이나 된다(75년 산다고 가정했을 경우). 잠은 그만큼 우리 인생에서 건강과 행복에 큰 비중을 차지하고 있다.

수면 부족은 심할 경우 학대감과 편집증, 우울증, 체중 감소, 인지 능력 장애와 대인관계 손상까지 초래한다. 하룻밤만 자지 못해도 스트레스 호르몬 수치인 코르티솔 수치가 저녁 무렵 45% 상승한다. 지속적인 수면 부족은 면역체계에 손상을 가져 올 수 있으며, 각종 사고와 부상의 주요원인이 되며, 외모에도 영향을 미칠 수 있다.

우리가 잠을 자는 동안에도 뇌는 꿈을 꾸면서 창조적 유희를 즐기기도 하고, 새로운 기억을 만들거나 연습해서 기술을 익히고, 심지어 낮 동안 풀지 못한 문제를 풀기도 한다.

잠은 공기처럼 무시되어 온 즐거움의 원천의 하나이다. 잠은 유쾌하기도 하고 불쾌하기도 한 인생의 온갖 사건 및 시련으로부터 우리에게 은신처를 제공해 준다. 육체적으로 정신적으로 쉴 틈을 주고 피난처를 제공해 주어 원기를 보충해 주고 회복시켜 주어, 새 날을 희망차고 호기 있게 긍정적으로 맞을 수 있도록 해준다.

매일 규칙적으로 일정한 시간에 충분히 자야 한다. 가능하면 8시간 정도 자야 한다. 만약 21시간 이상 깨어 있으면 술에 취한 정신 상태가 된다. 점심시간 후 낮잠을 자자. 낮에 약 15분 정도 낮잠을 자면 머리가 더욱 명민해지고 원기 왕성해진다.

침실은 가능한 한 어둡게 하는 것이 좋고 조용하고 환기가 잘 되어야 한다. 침대는 가장 중요한 가구이다. 돈 드는 것을 아까워 말라. 잠자기 전에 아이 방에 있는 컴퓨터나 TV를 꺼라. 잠을 자기 위해 술을 마시지 말라. 나중에 점점 더 많은 양의 술을 마셔야 한다. 몇 주 동안 잠자리에 30분 일찍 들어서 밀린 빚을 청산하라. 이렇게 하면 집중력의 차이를 느낄 수 있을 것이다.

식사, 수면, 운동시간 등에는 아무것도 생각하지 않고
쾌활한 것이 가장 좋은 장수법의 하나이다.
—베이컨(영국 정치가, 1561-1626년)

일이 즐거우면 인생도 즐겁다

일의 중요성

현대를 살고 있는 우리는 하루 내부분의 시간을 일하기 위해 직장에서 보낸다. 퇴근 후 귀가하여 저녁 식사를 하고 가족과 TV시청을 하고 잠을 잔다. 다음날 아침에 일어나 조깅 등 적당한 휴식을 취하다가, 아침 식사를 하고 직장 나가기 위하여 출근한다. 오전 9시부터 일하다가 12시에서 1시 사이에 점심 식사를 하고, 오후 6시경 퇴근한다. 이렇듯, 하루 생활은 전부 직장에서 일 중심으로 이루어지고 있다고 해도 과언은 아닐 것이다. 우리 인생에서 직장 생활 즉, 일의 비중이 차지하는 비중은 매우 크다고 볼 수 있다.

그러므로 인생 최대의 행복은 자기의 일 즉, 직업에서 비롯되고 또 일하는 가운데서 찾아야 할 것이다. 인생에서 가장 중요한 것은 직장에서 이루어진다는 것을 깨달아야 한다.

사람들이 일을 통해 돈만 벌 수 있는 것은 아니다. 일에서 얻는 만족감을 통해 살아가고 인생의 의미를 찾을 수 있으며, 더불어 정신적이고 감정적인 자극을 받을 수 있다. 일을 할 때 사람들은 스스로를 강하고 활동적이며 의욕적이라고 느낀다. 또 단지 "취직이 되었다는 사실만으로도 1년에 10만 파운드를 버는 것과 동일한 정도의 행복감을 느낄 수 있다"고 영국의 BBC행복위원회의 위원인 리처드 스티븐슨은 말했다. 또 워릭대학의 앤드루 오스왈드 교수의 연구 결과에 의하면 실직으로 인한 정신적 피해는 이혼보다 더 크다고 한다. 그리고 보면 취직을 하지 못하면 진정한 의미의 휴일도 없는 것이다.

우리 헌법은 모든 국민에게 행복을 추구하고 인간다운 생활 보장을 위하여, 근로의 권리와 의무 및 직업 선택의 자유를 규정하고 있다. 일을 떠나서 인간다운 생활을 보장할 수 없고 행복 또한 보장할 수 없다고 본다. 일은 우리의 삶과 행복을 위한 필수 불가결한 요소 중 가장 중요한 요소라 하겠다.

일과 행복(재미)

일에 대한 재미 즉, 즐거움은 노력에 비례한다. 기본적인 욕구가 충족되면 월급이 직업 만족도에 미치는 영향은 아주 적다. 일하는 사람에게는 돈보다도 행복이 더 중요하다. 영국의 성인교육 훈련원LSC의 2004년 보고서에 따르면, 십대의 93%가 즐길 수 있는 일을 하는 것이 돈을 버는 것보다 더 중요하다고 여기고 있다고 한다.

부나 명예나 미의식도 자기의 직업으로부터 오는 즐거움을 따라갈 수 없다. 음악, 미술 등 예술과 같이 일도 처음에는 다소 고통스러운 데가 있지만 자기 직업을 천직으로 알고 한눈 팔지 말고 전심전력 노력하다 보면, 조만간 그 일에 대해 잘 알게 되고 익숙해지게 된다. 처음에는 자기의 성격에 맞지 않는 것 같이 생각된 직업도 익숙해지면 차차 자기에게 적합한 것으로 되고, 자연스럽게 직업으로써 재미가 붙게 된다. 일단 그 직업에 재미를 붙이면 이미 그 일은 고통이 아니라, 기쁨으로 변하고 환희를 느끼고 행복감에 젖을 수 있다. 아울러 일의 성과도 저절로 향상된다.

월급을 받기 위한 반대 급부로써 일하는 것보다는, 좋아하면서, 일 자체를 즐기면서 하는 편이 능률도 오르고 일하는 속에서 더 많은 기쁨을 느끼고 행복을 맛볼 수 있다.

직장에서 가장 친한 친구가 있는 사람은 예외 없이 생산성이 더 높고 더 건강하다. 직장 동료들로부터 인정과 존중을 받을 때 사람들은 더 없는 지속적인 만족감을 얻어 행복해질 수 있다. 사람들은 자신의 일에 대한 열정을 지니고 있기 때문에 도전을 즐기면서 행복하게 야근을 한다. 자신이 제일 잘하는 일로부터 월급을 받게 되면 성공하는 직장인이 될 수 있다. 그런 사람들은 일을 일처럼 여기지 않고, 스포츠를 즐기듯이 일을 한다.

행복한 일하기 방법

① 중점, 집중, 완전주의로 일하라

일을 하는 목적은 가치 있는 결과를 얻기 위해서이다. 일을 할 때는 중점적, 집중적으로 완전하게 해야, 능률이 있고 보람 있고 가치 있는 결과를 얻을 수 있다.

먼저 해야 할 일 가운데 어느 일이 중요하며, 어느 일이 가장 시급한가를 가려서 우선 순위를 정하여 일을 해 나가야 한다. 그 다음, 그 일에 집중한다. "우물을 파도 한 우물을 파라"는 말처럼 어떤 일 하나에 열중하고 몰두해야 한다. 적절한 시기에 적절한 장소에 적절한 에너지를 집중 시키는 것이 성공을 위한 원칙이기도 하다. 집중력을 높이기 위해서는 정신적으로나 심리적으로 불안감이 없어야 하고 전반적으로 좋은 건강 상태에 있어야 한다.

어떤 일을 중점적으로 하기 위해서는 그 일에 집중해야 하고, 그 일에 집중하기 위해서는 그 일에 대한 중점을 이해해야 한다.

마지막으로 무슨 일을 하든지 철저하고 완벽하게 한다는 생각으로 해야 한다. 일을 완전하게 하기 위해서는 첫째, 준비 단계에서 철저해야 하고, 둘째, 일의 진행 과정에서 보완하고 수정하는 데 철저해야 하고, 끝으로 일의 완성 단계에서 확인하고 마무리짓는 데 철저해야 한다.

② 자기에게 맞는 직업을 선택하라

직업의 종류는 다양하다. 무엇보다도 각자 개인의 건강 상태와 소질이나 취미에 적합한 직업을 선택하는 것이, 보다 쉽게 직업에 적응할 수 있으며, 즐기면서 일하는 경지에 도달할 수 있어, 일하면서 삶의 의미를 찾고 행복을 최대한 맛볼 수 있을 것이다.

어릴 때에는 아직 자기의 소질이나 취미, 가정 사정 또는 시대의 변천 등을 잘 모르기 때문에 스승이나 선배의 조언을 참고하여 결정하는 것이 안전하다.

그런데, 개인의 소질은 생각보다 넓고 융통성이 크기 때문에, 직업 선택은 오히려 후천적인 조건, 특히 그 사람의 판단력과 노력에 의해 결정된다고 할 수 있다. 사람은 태어날 때부터 어떤 소질은 가지고 있으나, 다 계발되는 것은 아니다. 그 소질은 지속적으로 노력하는 가운데, 우연한 일들이나 사건, 환경 등이 유력하게 작용하여 자신의 개성으로 점차 뚜렷하게 드러나는 것이다. 자기의 타고난 소질보다 자신의 노력이 더 큰 영향을 미친다고 하겠다.

"직업을 잘 선택하라. 선택의 행위는 간단하지만 그 효과는 무한하다."
　　　　　　　　　　　　　　－19세기 영국의 역사학자 토머스 칼라일

③ 행복한 직장 생활의 방법

행복한 직장 생활을 영위하기 위하여 몇 가지 권장하고자 한다.

첫째, 지금 하고 있는 일에서 의미를 발견하고 목표 의식을 갖도록 하자.

둘째, 직장 동료들과 좋은 관계를 유지처라. 동료들이 자신과 함께 일하는 것을 즐기도록 만들고, 동료들끼리 경쟁하기보다는 함께 목표 달성을 위해 일하라.

셋째, 일과 사생활의 균형을 잡아라. 일 때문에 사생활을 희생하지 말라. 장시간 근무는 스트레스를 유발하고 건강에도 나쁜 영향을 미친다. 가정도 돌보고 재충전을 위해 취미생활 등 여가 활동을 즐기자. 일과 사생활을 잘 조화시키는 사람이 직장에서 더욱 열성적이고 생산성도 높다.

넷째, 직장과 가까운 데에 살라. 출퇴근 시간이 긴 사람은 그렇지 않은 사람보다 행복 수준이 떨어진다. 장시간의 출퇴근 시간은 사람을 정신적으로나 신체적으로 지치게 만들어 업무 능력을 떨어뜨리고, 그로 인해 피로감을 느껴 상대적으로 행복 수준을 낮게 만든다.

다섯째, 중소기업에 취업하라. 규모가 작고 인간관계가 끈끈한 직장에서는 일에 대한 만족도가 높다고 한다.

일이 즐거우면 인생은 즐거울 수밖에 없다. 일을 의무라고 생각하는 사람은 인생에서 행복을 덜 느끼면서 살아갈 수밖에 없다. 자기가 좋아하는 일을 즐기면서 하자.

> 일한 대가로 얻는 휴식은, 일한 사람만이 맛보는 쾌락이다.
> 일하고 난 후가 아닌 휴식은 식욕 없는 식사와 마찬가지로 즐거움이 없다.
> 가장 유쾌하면서 가장 크게 보람되고, 또 가장 값싸고
> 좋은 시간의 소비법은 항상 일하는 것이다.
> —힐티

가정에서의 행복

결혼의 중요성

① 결혼은 인생의 전환점

어떤 나무든지 씨앗으로부터 성장하기를 거부하지 못하듯이, 사람은 누구든지 부모로부터 태어났다는 사실을 부인할 수 없다. 그러므로 사람의 근본관계는 남녀와 그 자녀 사이의 관계라 할 수 있으며, 이 근본적인 관계인 가족관계 즉, 가정생활에서의 행복은 가장 중요하고도 근원적인 것이라 할 수 있을 것이다.

가족이 하나 같이 믿고 서로 사랑하며 도울 수 있는 가정은 인생에 있어서 가장 큰 즐거움을 맛볼 수 있는 영원한 보금자리라 하겠다.

가정적 행복의 근원은 결혼이므로 결혼을 잘하는 것은 인생에 있어서 아주 중요하다. 사랑이라는 일시적 감정이나, 미모 때문에 배우자를 선택한 경우, 결혼 후 성격 차이 등으로 가정불화로 이어지고 행복해야 할 가정이 끝내 파경에 이르는 경우가 많다.

그러므로 일시적 감정이나 얼굴의 생김새로만 배우자를 선택하지 말고 성격, 애정, 건강, 직업, 장래성, 수입, 용모, 지성, 취미, 학력, 연령, 가정 환경, 부모의 동의 여부 등을 잘 생각해 보고 선택하는 것이 바람직하다. 대개 남자는 용모와 몸매에 관심을 더 많이 가지고, 여자는 남자의 장래성과 수입에 더 많은 관심을 가진다고 한다. 배우자 선택은 이성적으로는 어려우며, 우연 즉, 운명적인 만남이 있듯이 "천생연분"을 찾아야 하는데 그리 쉬운 일이 아니다.

남남이 만나서 한 가족이 되는 결혼은 우리의 삶에서 매우 중요한 전환점이다. 위대한 인물 뒤에는 훌륭한 아내가 있다. 세상을 지배하는 것은 남자지만 그 남자를 지배하는 것은 여자이다. "여자 팔자 뒤웅박팔자"라고 흔히 말하듯이 결혼을 하는 두 사람이 서로 믿고 존중하며 힘을 합쳐 살아가야 한다. 상호 신뢰와 배려 속에서 사랑하며 함께 하는 삶을 살아야 행복한 결혼 생활이 될 것이다.

② 결혼이란 하나가 하나를 만나 새로운 하나를 만드는 것

연애든 중매든 결혼을 할 때는 한평생 함께 살면서 행복할 것이라는 기대와 믿음을 가지고 임한다. 더욱이 사랑하는 사람이 항상 곁에 있기 때문에 어떠한 어려움도 쉽게 헤쳐 나갈 수 있으리라고 생각하고 결혼을 한다. 그러나 이러한 장밋빛 기대는 자칫 깨어지기 쉽다.

결혼은 30세를 전후해서 오랜 기간 동안 속해 있던 가족의 공동체를 떠나서 새로운 생활공동체를 만드는 것이다. 그렇기 때문에 지금까지 익숙했던 환경과는 전혀 다른 환경에서 새로운 삶을 시작해야 한다. 이 새로운 삶은 노력 없이 그냥 만들어지는 것이 아니라. 각자 살아 왔던 30여 년간 길들여진 문화와 습관, 여러 가지 생활 방식의 변화를 요구한다.

결혼이란 새로운 사람과 만나 갑자기 혈연관계를 맺는 것 즉, 새로운 가족공동체를 만들어 가는 과정이다. 내가 배우자로 선택하지 않았다면 전혀 만나지 못했을 남남인데 결혼 후 아버지, 어머니로 새롭게 태어나고 새로운 가족도 생기게 된다. 그래서 부딪치게 되고 갈등도 겪게 된다.

결혼이란 당사자들이 서로 좋다는 것만으로 다 해결되는 것은 아니다. 결혼이란 남녀가 만나 평생을 약속하고 한 가족을 이루는 것이지만, 그 결합이란 바로 가족 전체가 새로운 가족을 만나는 것이기 때문에 신중을 기해야 하며, 그 결합 관계를 염두에 두어야만 어려움이 줄어들 것이라는 점을 잊지 말아야 한다.

사람은 어느 날 갑자기 외계에서 던져진 존재가 아니고, 그를 낳고 길러주신 부모가 있고, 또 지금까지 한 가정을 이루어온 나름대로의 가족의 역사 속에 존재한다. 아들이나 딸은 혈연관계이기 때문에 잘못해도 너그럽게 용서받고 응석을 부려도 통한다.

그러나 결혼으로 맺어진 비 혈연관계, 특히 시어머니와 며느리 사이는 기대와 요구는 높고 애정의 깊이는 혈연관계와 다르다고 본다. 상호 기대가 높은 만큼 그에 미치지 못했을 때 실망감과 비난 또한 클 수밖에 없다.

두 사람의 문화적 차이만큼이나 가족관계를 중요하게 생각해야 한다. 있는 그대로를 이해하고, 그것들을 차근차근 받아들이며, 그것을 기초로 새로운 하나의 가족을 만들어 나갈 때 행복한 가정을 이룰 수 있다.

> "결혼이 다른 어떠한 결합의 형식보다도 뛰어난 것은 그것이 남녀에 대하여 서로 생애를 마칠 때까지 동화同化하는 시간을 주기 때문이다."
>
> −앙드레 모르아

행복한 가정

① 행복은 함께 만들어 가는 것

미국의 한 결혼 전문가가 결혼 생활에 대한 행복의 정도에 대해 조사한 결과, 행복한 결혼 5%, 좋은 결혼 10%, 그저 그런 결혼 및 간신히 견디는 결혼이 85%였다.

경제적으로 소득 수준이 높아짐에 따라 이혼율도 높아지고 있는데, 구미 선진국은 물론 이웃 나라 일본도 그렇고, 우리 나라도 예외는 아닌 것 같다. 여성의 경우 이혼을 하고 싶어도 경제적 자립문제 때문에 시도하지 못했지만 점차 여성에게 고용의 기회가 넓어지고 경제적 자립이 가능해지면서, 이혼율이 더 증가하고 있다. 또 자식들을 위해 이혼하지 못한 경우가 많은데, 자식들이 다 성장했을 때 이혼하는 소위 "황혼이혼"도 늘어가는 추세이다. 그러나 부모의 이혼이 자녀들에게 90% 이상 나쁜 영향을 미친다는 통계 조사 결과가 있다.

결혼에 대한 만족도가 떨어지는 이유는 여러 가지가 있을 것이다. 특히 결혼은 대개 사랑하기 때문에 한다. 그렇기에 결혼은 곧 행복으로 골인하는 것이라는 환상이 깨어지면, 쉽게 결혼생활을 포기하는 것 같다. 옛날에는 이혼을 죄악시하는 유교의 가르침이나 자식의 앞날을 걱정해서 참고 살아왔는데, 지금은 그런 이유로 참는 경우가 훨씬 줄어드는 경향을 보이고 있다.

어떻든 간에 "결혼=행복"이 아니라, 결혼은 함께 행복을 만들어 가는 시작임을 깨달아야 한다. 서로 모르는 타인들이 만나서 사랑을 이루고, 그 사랑의 결실로 자식을 두고 키우면서 새로운 가족문화를 만들어가는 것이 결혼생활이다. 이 가정생활이 행복한가, 불행한가는 두 사람이 얼마나 노력하느냐에 달려 있다. 잘못을 감싸주고 성격상의 차이점 등을 줄이도록 노력하며 참고 기다리는 인내심, 그것이 어려움 속에서도 행복을 일구어 나가는 씨앗이 된다.

결혼은 행복의 열매를 맺기 위해 작은 나무를 심는 것이다. 행복의 열매를 맺기까지는 오랜 기간 보살핌과 기다림과 노력을 기울여야 한다.
부부가 함께 인내와 정성을 다 할 때에만 행복의 큰 열매가 풍성하게 열
리는 것이다.

② 행복한 결혼생활을 위해서

행복한 가정생활을 위한 방법들이 있다.

『아내를 사랑하는 77가지 방법』의 저자 박의상은 다음과 같이 전하고
있다. 행복한 가정은 건강하고 독립적이며 민주적이고 건설적이어야 한
다. 어느 한 가지라도 결함이 있어서는 행복하다는 평을 내릴 수 없다는
말이다. 이 네 가지를 다 이루어 낼 책임은 일단 부부에게 있다.

남편이 지켜야 할 다섯 가지 기본 자세를 보자.

첫째, 아내만을 사랑하라.

둘째, 건강하라.

셋째, 사회 경제적 안정과 성장을 책임지라.

넷째, 아내와 상의하라.

다섯째, 사랑의 욕망을 지속시켜라.

『결혼소프트』라는 책에서는 다음과 같이 말하고 있다.

당신의 배우자를 최고의 친구처럼 대하라, 현실에서는 아무도 완벽한
배우자가 될 수 없으며, 완벽한 결혼이라는 것도 존재하지 않는다.

다음은 사랑받는 아내가 되기 위한 십계명이다.

첫째, 완전한 결혼을 꿈꾸지 말라.

둘째, 사사건건 간섭하지 말라.

셋째, 질투 대신 사랑을 충만하게 하라.

넷째, 남편이 개선을 바라지 말라.

다섯째, 요구보다는 칭찬과 격려를 하라.

여섯째, 시집식구와 한가족처럼 지내라.

일곱째, 비판하거나 공격하지 말라.

여덟째, 포근하게 맞아 주어라.

아홉째, 따뜻한 말을 사용하라.

열째, 잘 먹어야 잘 살 수 있다.

『부부커뮤니케이션』의 저자 가끼다니 마사끼는 부부싸움에도 방법이 있다고 말한다. 살아가면서 부부 사이에 대화의 채널이 열려 있으면 무슨 문제든지 해결할 수 있는데, 대화 채널이 막혀 버리는 것은, 부부싸움의 방법에 문제가 있다는 것이다. 이에 여러 가지 규칙을 제시하고 있다.

첫째, 진실을 말한다.

둘째, 분노를 컨트롤한다.

셋째, 연장전을 하지 않는다.

넷째, 때를 맞춘다. 예컨대, 아이가 있는 앞에서는 하지 않는다.

다섯째, 긍정적인 제안을 한다.

여섯째, 덕을 세우는 말을 한다.

일곱째, 타인을 끌어들이지 않는다.

여덟째, 쓴 뿌리를 키우지 않는다.

아홉째, 복수를 하지 않는다.

열째, 서로 용서한다.

데일 카네기는 그의 저서 『인생은 살 만한 것이다』를 통해 가정을 행복하게 만들기 위해 해야 할 사항들을 아홉 가지나 제시하고 있다.

첫째, 잔소리를 하지 말 것.

둘째, 상대방의 장점을 인정해 줄 것.

셋째, 허물을 덮어줄 것.

넷째, 칭찬을 아끼지 말 것.

다섯째, 사소한 일에도 관심을 기울여줄 것.

여섯째, 공손하게 예절을 지킬 것.

일곱째, 올바른 성지식을 가질 것.

여덟째, 남편만의 오락을 갖도록 권할 것.

아홉째, 아내는 가정 이외의 일에도 관심을 가질 것.

또한 존 고트먼 교수가 알려준 방법을, 일 주일에 다섯 시간만 투자해 보자. 그러면 부부관계가 달라질 것이다.

첫째, 애정을 담아 스킨십을 할 것. 입맞춤, 토닥여 주기, 손 꼭 잡아 주기(5분×7일).

둘째, 부부가 각자 그날 할 일을 한 가지씩 찾으라(2분×5일).

셋째, 퇴근을 하고 돌아오면 가벼운 주제로 대화하라(20분×5일).

넷째, 일주일에 한 번씩 두 사람만이 편안한 분위기에서 데이트를 하라(2시간). 이를 위해 레스토랑이나 호텔을 미리 예약해 두는 것도 좋은 방법이다.

다섯째, 적어도 하루에 한 번씩 진심을 담아 칭찬하고 감사를 표하라(5분×7일).

결혼이 곧 행복이라고 생각하지 말아라. 결혼은 두 사람을 한 가정에 있게 할 뿐이고, 행복을 만드느냐 불행을 만드느냐는 전적으로 두 사람의 태도와 노력에 달려 있다.

행복한 결혼생활을 희망한다면, 부부평등을 실현하라. 양쪽 노를 동시에 저어야 잘 나아가는 보트처럼, 부부가 평등해야 순탄한 결혼생활이 이루어진다. 결혼 전에 크게 떴던 눈을 결혼 후에도 계속해서 뜨고 있어라. 다만 크게 뜬 눈을 배우자의 단점을 발견해서 헐뜯는 데 이용하지 말고, 배우자가 가진 장점을 발견해서 칭찬해 주는 데 이용하라.

"가정 속에 자기 세계를 가진 자야 말로 행복하다. 저녁 무렵이 되면 비로소 집의 고마움을 깨닫게 된다."
                                                                              ─괴테

③ 행복해지려면 성관계를 많이 하라

2004년 직장여성 1,000명을 대상으로 실시한 성관계에 관한 한 연구 결과에 의하면 성관계 즉, 섹스가 단독으로 가장 큰 행복을 만들어내는 활동이라고 조사됐다. 또, 미혼인 사람보다는 결혼을 한 사람이 더 많이 성관계의 중요성을 인정하고, 여러 명의 파트너보다 한 명과 섹스하는 것이 더 행복하다고 했다. 미혼자보다는 기혼자가 여러 명보다는 한 명과 성관계를 지속하는 편이 더 행복하다는 결론이다. 그러므로 결혼을 하여 안정적인 가정생활 속에서 부부간에 지속적으로 사랑하는 것이, 가장 행복하며, 그 다음으로 결혼은 하지 않았지만 1명의 파트너와 지속적으로 성관계를 갖는 것이 더 바람직하다고 볼 수 있다.

사랑하는 사람과의 친밀함이 행복을 가져다 주지만, 육체적으로 만족스런 성관계는 면역체계를 강화하고 혈액순환을 촉진시킨다. 사랑하는 사람을 애무하고 오르가슴을 느끼면, 기분을 좋게 하고 행복감을 유발시키는 화학물질 엔도르핀이, 평소보다 두 배까지 증가한다고 한다. 육체적, 정신적으로 건전한 성관계는 좋다고 하겠다.

성관계를 많이 하는 사람들이 그렇지 않은 사람보다 더 젊게 보이는 경우도 있으나, 무분별한 성관계는 오히려 노화를 촉진시키는 경향이 있고, 특히 20세 이전에는 기력을 양성하고 저축하는 시기이므로, 이 시기에 성관계를 하면 남자의 정기를 잃게 되고, 일생 동안 보존해야 할 기력의 기반이 무너져 건강 장수할 수 없다고 한다(가이 하라의 『양생훈』에서). 성생활에도 반드시 절제가 필요하며 무분별하고 과도한 것은 피해야 할 것이다.

또한 아이들이 있는 가정의 경우, 특정 시간을 따로 떼어내 둘만 함께할 수 있는 시간을 마련할 필요가 있으며, 암호를 정해 의사소통을 할 필요도 있다. 성관계를 하기 전과 후에도 즐거울 수 있도록, 안아 주고 애정 표시를 하는 것이 매우 중요하다. 그리고 상대방의 외도에도 흔들리지 않아야 한다. 단지 호기심 때문이므로 그것 때문에 파트너와의 관계에 손상이 가서는 안 된다.

"사랑은 욕구와 감정의 조화이며 결혼의 행복은 부부간의 마음의 화
합으로 생긴다."   발자그

자녀와 행복

① 태교의 중요성

남녀가 결혼을 하는 목적은 여러 가지가 있는데 그 중 행복한 삶이 큰
목적 중의 하나이다. 자녀를 갖는 것도 그에 못지않게 중요한 목적이다.

동양의 경우, 조상 대대로 이어온 대를 잇기 위해서 자녀를 낳는 것을
특히 강조하기도 했다. 지구상의 모든 생명이 있는 존재는 생식을 하여
자손을 낳아 종족을 번창시킨다. 다윈의 진화론을 빌릴 것도 없이, 사람
도 결혼하여 자녀를 낳아 기르는 것은 자연의 법칙에 부합하는 당연한
것이다. 자식을 낳는다는 것은 어쩌면 더 나은 유전자를 후손에게 전해
줌으로써 영원히 사는 것인지도 모른다. 이렇게 자녀를 낳아 기르는 것
이 인간의 삶과 결혼생활에 있어서 매우 중요하기 때문에, 아득히 먼 옛
날부터 우리 조상들은 그 중요성을 인식하여, 태어나고 난 후의 교육도
중시했지만, 임신 후 출산까지의 태아 교육도 중요시했다. 조선시대의
중고등학교인 향교나 서원 등에서 교과서로 채택한 『소학小學』의 제일
첫머리를 보자.

"옛날에 부인이 아이를 배면 잠잘 때는 그의 몸을 기울이지 않았으며,
앉을 때는 그의 몸을 한쪽에 치우치게 하지 않았고, 설 때에는 한쪽에만

치우쳐 의지하지 않았고, 야릇한 맛이 나는 음식은 먹지 않았고, 고기를 썬 것이 반듯하지 않으면 먹지 않았고, 좌석이 반듯하지 않으면 앉지 않았으며, 눈으로는 좋지 못한 빛깔을 보지 않았으며, 귀로는 바르지 않은 소리를 듣지 않았으며, 밤에는 소경으로 하여금 시를 낭송하게 하였으며, 바른 이야기를 하게 하였다"고 가르치고 있는 것이다.

이와 같이 하여 자식을 낳으면 체격과 얼굴이 단정하여 재주가 남보다 뛰어났다고 한다. 또, 『소학』은 태어나서 성년이 되기까지의 양육의 중요성을 강조하고 있다.

위 『소학』에서 말하고 있는 태교의 사례는 3,100여 년 전 주나라 문왕의 어머니인 태임의 이야기다. 조선시대를 대표하는 좋은 어머니인 신사임당이 표본으로 삼은 태임이었다. 사임당師任堂이란 당호는 문왕의 어머니 태임太任을 스승으로 삼아 문왕처럼 훌륭한 아들을 낳겠다는 각오로 지은 것으로 알려져 있다.

물론 현대에 와서 태교의 중요성을 인식하고 태교에 대하여 여러 가지 방법으로 교육이 시행되고 있으나, 우리 선조의 지혜를 살려서 태중의 아이에 대해서도 관심을 가지고 태교를 잘할 필요가 있다고 본다.

② 부모의 관심

자식이 자기보다 잘되고 행복하기를 바라지 않는 부모는 없을 것이다. 행복하게 자란 자녀가 학교에서나 직장에서 더 잘 적응하고 뛰어난 성과를 보인다.

아이들을 행복하게 만드는 데는 교육, 유전자, 건강과 환경이 영향을 미치지만 그 가운데서도 교육이 가장 큰 영향을 미친다. 자녀의 장래는 자녀에게 필요한 것을 알아차리고 적절한 조치를 취하고 관심 어린 애정으로 양육해 나가는 부모에게 달려 있다.

4~5세 아이와 부모를 보면 90% 정도 아이의 장래를 예측할 수 있다고 하는데 그것은 다음 네 가지 관점에서이다.

첫째, 아이와 아버지의 관계이다. 아버지가 아이를 가르치는 데 전혀 관여하지 않는 것은 위험하다. 잘 놀아주는 한편 엄하게 버릇을 가르치는 것이 중요하다.

둘째, 양친의 감독 범위이다. 자녀가 어디서 누구와 어떤 놀이를 하고 있는지 알고 있어야 한다. 이것은 특히 맞벌이 가정에서 주의해야 할 점이다. 자녀를 망치게 하는 주요 요인이 될 수 있다.

셋째, 부부관계이다. 가정 안에서 부부가 어떤 관계인가, 즉 으르렁거리고 있는가, 항상 화목한가의 차이는 아주 크다.

넷째, 가정에 단란함이 있는가. 전체 가족이 어떤 상황인가. 어느 조사 결과에 의하면 비행 소년 소녀의 가정 중 80%는 웃음이 없다고 한다.

③ 자녀를 행복하게 키우기

아이들을 행복하게 양육하는 방법을 찾아보자.

첫째, 아이들이 부모에게 사랑과 보살핌을 받고 있다고 느끼도록 항상 관심을 가지고 애정으로 놀아주고 양육해야 한다. 그래야 아이들이 놀이를 통해 신체적, 사회적, 정신적 기술을 배워 나갈 수 있다.

둘째, 사랑에는 경계가 필요하다. 아이를 행복하게 키우려면 무조건 사랑해 주어야 하나, 해서 되는 것과 안 되는 것에 규칙을 명확히 한 뒤에 부모는 뒤로 물러서고 아이들이 알아서 하도록 지켜보아야 한다.

셋째, 학교에서 배우는 지식, 기술과 경험은 행복의 토대가 된다. 올바른 교육으로 사회적, 감정적 경쟁, 적응 유연성, 배움에 대한 열정이 평생 동안 지속되도록 해준다. 적응 유연성을 길러주려면, 아이의 재능을 키우고, 아이의 선생, 즉 멘토가 되고, 자신을 안전하게 지킬 수 있는 기술과 방법을 가르쳐야 한다.

넷째, 하루 한 가지 이상 행복을 느끼게 훈련시켜라. 자녀를 집 안에만 머물게 하지 말고, 밖으로 나가 새로운 경험을 쌓게 하라. 실패도 있겠지만 그 새로운 경험을 통해 실패도 배우고 삶을 배우고 행복할 수 있는 방법을 배우게 하자. 어릴 때부터 이런 경험을 통해 행복을 연습한 자녀는 어른이 되어서도 행복을 느낄 수 있고, 가까운 곳에서 행복을 찾을 수 있다.

다섯째, 보다 큰 행복, 진정한 행복을 물려주자. 긍정심리학에서는 행복을, 첫째 의식주와 관련된 본능적 욕구가 충족되었을 때 느끼는 쾌락적 즐거움, 둘째 명예나 돈, 출세 등 성공했을 때 느끼는 만족과 즐거움, 셋째 남을 위해 헌신했을 때 느끼는 완전한 행복 즉, 충만감에 가득 찬 행복의 세 가지로 구분한다.

물질적 욕구나 목표 성취 등의 경우 그 행복을 누릴 수 있는 기간이 너무 짧아서, 끊임없이 더 자극적인 즐거움과 더 큰 목표를 찾게 한다. 이런 악순환은 끝이 없다. 그러나 남을 위해 무엇인가를 공헌했을 때 얻을 수 있는 즐거움은, 삶에 가치를 부여하며 인간으로서의 삶을 의미 있게 만들어 준다. 누구나 테레사 수녀처럼 살 수는 없다. 그렇지만 자신만을 위해 얻을 수 있는 순간적인 행복 외에 남과 더불어 살 때 느낄 수 있는 지속적인 행복이 있다는 것을 가르쳐 줄 의무는 있다.

항상 바르게 하라!
특히 아이들에게 대해서 바르게 하라!
아이들과 약속한 것은 반드시 지켜라!
그렇지 못하면 당신은 아이들에게 허위를 가르치는 것이다.
―탈무드

우정을 가꾸고, 이웃과 잘 지내라

우정은 좋은 포도주

미국의 초대 대통령 조지 워싱턴은 "누구에게나 친절히 대하라. 그리고 신뢰할 만한 몇 사람과는 아주 밀접하게 교제하라. 그러나 어떤 사람을 신뢰하기까지는 오랜 시간이 걸린다. 진정한 우정은 매우 천천히 자라는 식물이기 때문이다. 그 식물은 우정이라는 이름에 걸맞게 자랄 때까지 온갖 역경과 시련을 겪지 않으면 안 된다"고 우정에 대해 말했다.

또, 미국의 대통령 토머스 제퍼슨은 "우정은 좋은 포도주처럼 사람을 행복하고 기분 좋게 만들어 준다"고 말했다. 이처럼 우정은 벗에게 슬플 때는 슬픔을 반감시켜 주고, 기쁠 때는 기쁨을 배가시켜 주며, 고통스러울 때는 고통을 삭감시켜 주고 잘못을 바로잡아 준다.

영국의 옥스퍼드 사전이 친구에 대해 정의하기를 "성적 사랑이나 가족 간의 사랑과는 관계없이 친밀함과 상호 박애를 바탕으로 타인과 이어진 사람, 남을 위해 행동하는 사람, 지지자, 조력자, 보호자, 적이 아닌 사람, 같은 편에 서는 사람"이라고 하였다.

친구를 친한 정도에 따라 다음과 같이 분류하기도 한다.

첫째, 진정한 친구이다. 진실로 정이 통하는 친구 중의 친구이다. 진실한 마음을 주고받으며 슬픔도 기쁨도 함께 나눌 수 있는 친구이다. 상대방의 모든 일을 내일처럼 생각하여 내 마음의 모두를 내어 줄 수 있는 친구이다.

둘째, 친한 친구이다. 진정한 친구에는 이르지 못하지만, 자주 만나고 친하게 지내면서 어느 정도 허물이 있는 친구이다. 슬픔이나 고통을 당했을 때 발 벗고 나서 줄 수 있을까 하는 의문을 갖게 하는 우정이다.

셋째, 친구이다. 학교 동기생, 어릴 적 개구쟁이 친구, 취미 생활이나 사회 생활 속에서 만난 친구도 친구다. 자주 만나서 우정으로 진전되면 친한 친구가 된다.

넷째, 아는 사람. 한두 번 만난 사람을 친구라 할 수 없다.

서로 자주 만나 친구라는 감정을 갖게 될 때 친구가 된다. 시간이 가고 만나는 횟수가 늘어 갈수록 아는 사람에서 친구, 친한 친구, 진정한 친구로 발전한다.

그리스 철학자 에피쿠로스는 "행복한 삶에 도움이 되는 지혜 중에서 우정을 쌓으라는 충고가 가장 위대하다. 친구 없이 혼자 밥을 먹거나 술을 마시는 것은 사자나 늑대의 삶과 다름 없다"고 말했다.

이처럼 우정은 매우 소중하며, 최소 비용으로 행복해지는 방법이다.

모든 사람들은 친구와 함께 있을 때, 가장 긍정적인 기분이 된다고 한다. 인간관계는 돈, 명성, 성공이나 물질적 풍요보다도 육체적, 정신적으로 건강에 도움이 된다. 진정한 우정은 무조건적이다. 진정한 우정은 당신의 부족한 점을 메꾸어 준다. 행복이란 친구와 오래 살면서 함께 희로애락을 겪는 것이다.

가족 관계, 직장 동료가 해줄 수 없는 부분을 제2의 가족 즉, 친구로부터 보충받을 수 있다. 행복해지기 위해서는 벗과 사귀는 기술, 친밀한 유대와 사회적 격려가 필요하다.

진정한 우정의 조건

석가모니는 법구경에서 "질이 좋지 못한 친구와 사귀지 말 것이며 비천한 사람을 가까이 하지 말라. 마음이 청정한 친구와 사귀어야 한다. 자기 자신보다 인격이나 능력이 있는 사람과 가까이 하라"고 했다.

공자는 논어에서 "이익 되는 친구와 손해가 되는 친구, 각각 세 가지가 있다"고 하면서 벗을 잘 골라 사귀라고 강조했다.

> 이익이 되는 친구 : 첫째, 옳다고 생각하는 바를 직언해 주는 친구이며 둘째, 거짓이 없고 성실한 친구이며 셋째, 지식과 교양이 있는 친구이다.
>
> 손해가 되는 친구 : 첫째, 아첨을 잘하고 이익에 영합하는 친구이며 둘째, 말이 앞서고 성실하지 못한 친구이며 셋째, 행동이 천하고 교양이 없는 친구이다.

사람의 인간성은 유전에 의해서도 영향을 받지만 후천적으로 인간관계에서 받는 영향이 더 크다. 어렸을 때는 가정환경에 의해서, 학교생활에서는 스승과 친구로부터 영향을 받다가, 사회생활을 하면서부터는 친구로부터 절대적인 영향을 받는다고 사회 심리학자들은 말하고 있다.

일반적으로 선인들이 이야기하고 있는 진정한 우정의 조건은 다음과 같다.

첫째, 진정한 친구란 무조건 좋은 친구이다. 그 친구를 생각만 해도 금방이라도 만나고 싶고, 마음에 와닿는 뭉클함을 느끼게 되고 용기가 솟아오르는 친구로 단 한 명이라도 좋다.

둘째, 필요할 때 필요한 역할을 하는 친구이다. 기쁨과 슬픔을 같이 나눌 수 있는 친구로서 친구를 위하여 자기 희생과 봉사의 정신이 있을 때 가능하다.

셋째, 의리가 있는 친구이다. 의리의 우정은 마음과 마음으로 결합된 우정인 동시에 거짓이 없고 진실만 있을 뿐이며, 성실한 실천이 따르며 자신의 희생도 갖게 한다. 유교에서 "붕우유신朋友有信 즉, 친구를 사귀되 믿음이 있어야 한다"고 했는데 이는 사귐에 있어서 의리를 강조한 것이다.

넷째, 성실과 존경심이다. 진정한 친구는 거짓이 없이 최선을 다하며, 천박하게 행동하거나 가볍게 대하지 않고 예의를 지킨다.

위 네 가지를 동시에 갖추어야 진정한 친구라 할 수 있다.

중국의 역사학자 사마천의 『사기』에 소개되고 있는 춘추전국시대의 관중과 포숙의 사귐이나, 인상여와 염파장군의 사귐인 "문경지교刎頸之交 즉, 우정을 위해 목이 잘려도 후회하지 않는다"는 사귐이 진정한 우정에 대한 적절한 예라고 본다.

우정을 가꾸어라

유대감은 행복의 필수 조건이다. 우정을 통한 유대감을 형성하기 위해서는 우정을 쌓기 위하여 노력해야 한다. 일을 하고 가정을 꾸려 나가는 것과 마찬가지로 우정도 노력을 기울여 가꾸어야 한다.

행복하고 싶으면 우리 자신이 더 좋은 친구가 되어야 한다. 좋은 우정, 진정한 우정을 얻기 위해서는 개인적인 관계를 맺고 유지하는 기본적인 사회적 기술이 필요하다. 먼저 자신의 감정과 타인의 감정을 효과적으로 다룰 수 있어야 하고, 서로에 대해서 잘 알아야 한다. 그리고 스킨십 등을 통해 자주 접촉하고 유대감을 쌓기 위해서는 오랜 시간이 필요하다.

다른 사람과 잘 사귀기 위한 방법들이 소개되고 있다.

첫째, 타인에게 관심을 가질 것. 자기 중심적인 사람은 행복을 얻을 수 없다. 타인에게 관심을 가지는 사람이 자신밖에 모르는 사람보다 훨씬 행복하다.

둘째, 마음을 열 것. 친구들과 친해지려면 자신을 좀더 내보여야 한다.

셋째, 친구들과 새로운 도전을 하라. 친구 사이를 풍요롭게 만들고 싶으면, 공동의 목표를 가져 보라.

넷째, 자신 있게 활동적으로 생활할 것. 친구를 사귈 수 있는 모임에 참여하여 활동하는 것이 가장 사귀기 쉬운 방법 중 하나이다.

다섯째, 눈높이를 맞추고 먼저 말을 걸라. 귀담아 듣는 법을 배워라.

여섯째, 친구를 거울 삼아 자신을 들여다보라.

일곱째, 충고를 해주라. 그러나 충고하기 전에 그가 듣고 싶어하는지를 먼저 물어 보라.

> "한 사람의 진실한 벗은 천 명의 적이 우리들을 불행하게 만드는 그 힘 이상으로 우리들의 행복을 위해 이바지한다."
> —에센바흐

이웃과 잘 지내라

사람은 혼자 살 수 없다. 내 가족과 친구만으로 행복하게 살 수 없다. 이웃과 더불어 행복하게 살아가야 완전한 행복이라 할 수 있다. 불행한 이웃들이 주변에 가득하다면 우리는 불안 속에서 살아가야 할 것이다. 혼자서만 잘살고 행복할 수는 없다. 지역사회는 우리에게 소속감을 제공한다. 우리는 현재 살고 있는 주거 환경에 만족하고, 주변 환경에서 안전함을 인식할 때 비로소 인생의 즐거움을 느낄 수 있다.

공사의 여러 모임 단체에 참여하고 자원봉사를 하는 가운데 즐거움을 더 느낄 수 있고, 이런 활동을 통해 다른 사람들을 신뢰하게 된다.

자원봉사에 참여하자. 좋은 일을 하면 기분도 좋아진다. 자원봉사에 참여하는 사람은 더 오래 산다. 자원봉사를 많이 할수록 기쁨과 행복은 커진다. 자신이 행복해야 남을 더 잘 도울 수 있다. 친절을 베푸는 행위야 말로 행복을 가져다 준다.

믿음 즉, 타인에 대한 신뢰는 사회가 원활하게 돌아가도록 만드는 윤활유이다. 다양한 사람들과 더 자주 관계를 맺을수록 정상적이고 일반적인 수준의 상호관계를 맺을 수 있다.

이웃의 일과 지역사회 공동체의 일에 적극 참여하라. 이웃에 새로운 가족이 이사를 오면 환영회를 열어 주자. 반상회에 적극 참여하기, 지역 상점 애용하기, 모르는 이웃에게 인사하기, 학부모 모임에 참석하기, 지역 환경단체 가입하기, 이웃에 도움 청하기, 이웃의 도움에 보답하기, 자원봉사로 노인정 급식 돕기 등을 하라.

"보답을 바라지 않는 봉사는 남을 행복하게 할 뿐만 아니라, 우리 자신을 또한 행복하게 해준다."　　　　　—간디(인도 정치가, 1869~1948년)

우아하게 나이 들자

길어진 수명

1950년대 초만 하더라도 우리나라의 평균 수명은 50세를 넘지 못했으나, 50년이 지난 2000년대에 와서는 30년을 더 살게 되어 평균 수명이 80세를 바라보게 되었고, 이런 추세로 나간다면 머지않아 평균 수명 100세도 현실화되는 날이 오리라 예상된다. 나아가 이상적인 수명인 성장기간의 5배인 125세(25×5)도 실현되리라 예측된다.

한 사회에 대한 심리 조사 결과를 보면 평균적으로 70세 이상의 노인이 젊었을 때만큼 행복해하며, 살아온 인생에 대해서도 더 많이 만족해한다는 것을 알 수 있다. 노인고용자 포럼Employer Forum On Age(EFA)의 조사 결과 60~69세 노인 93%는 일을 할 때 가장 행복하다고 답했다. 40%는 70세까지 일을 하고 싶다고 했고, 50대 이상 74%는 첨단 기술에 뒤처지고 싶지 않다고 했다. 이런 통계 수치는 20대, 30대, 40대보다 높은 수치였고 직장에서 가장 큰 행복을 느끼는 세대는 60대인 것으로 나타났다.

노화 및 장수 연구 권위자인 서울대학교 박상철 교수는 『100세인 이야기』에서 "100세인은 하나같이 매일 무언가 일을 한다. 건강한 장수를 원한다면 어떤 것이든 몸을 움직일 수 있는 일이 있어야 한다"고 하면서 노동을 주된 장수 비결의 하나로 꼽고 있다.

사람은 나이가 들수록 세상을 바라보는 시야가 넓어진다.

평생에서 하루가 차지하는 비중은 나이가 어릴수록 크기 때문에 평생의 경험에서 그 시기의 실수나 실망이 차지하는 부분이 클 수밖에 없다.

그러나 오래 살수록 각각의 사건이 우리 삶에 미치는 영향력은 줄어든다. 그리고 경험은 지혜와 행복을 가져다 주며, 시간은 상처를 치유해 준다. 또한 분노는 수그러든다. 살아가면서 전진하는 한 우리의 삶은 점점 더 나아지고 행복해진다.

늙음은 우리들의 창조력을 갱신시켜 주고, 젊었을 때와는 비교할 수 없을 만큼 훌륭한 인격을 갖게 해준다. 젊었을 때 씨 뿌리고 만년에 이르러 거둬들이는 풍성한 무르익음을 보라.

일을 하라

사회적, 경제적 여건에 따라 정년이 빨라지기도 하고 늦어지기도 한다. 보통의 경우 60세가 정년이다. 우리 나라의 경우 한평생을 의미하는 60갑자가 다시 돌아오는 회갑이 60세이다. 회갑이란 옛 조상들이 수많은 인생 경험 끝에 만들어 둔 생활의 지혜의 한 모습이란 생각이 든다.

지금까지 살아온 인생을 찬찬히 되돌아보고 재출발하라는 충고이다. 시간의 흐름에 맞서려 하지 말고, 시간을 포용하고 시간의 흐름을 긍정적으로 생각하자. 그러면 죽음도 두려울 것 없으며 단지 연명하는 것이 아니라 진짜 사는 것처럼 살게 될 것이다. 그리고 재출발하자. 일을 하자. 100세 이상 장수인들의 최고 비결이 되는 일을 하자. 육체적 일이건 정신적 일이건 일은 우리로 하여금 성장을 계속할 수 있게 해주는 자연의 크나큰 선물이다.

정년을 잊어라. 그리고 일을 하자. 정신적으로 성장하는 일을 포기했을 때 비로소 노인이 된다. 우리는 끊임없이 성장함으로써 원숙해질 수 있다. 계속 노력한다면 80세가 되어도 지능 수준은 35세와 같다고 한다.

황혼기야말로 인생에서 가장 풍성한 시기이다.

장수하는 것은 유전이나 체질과는 무관하다. 성격, 감정 및 위기에 대처하는 능력 등 후천적 요인에 의해서 좌우된다. 그 중에서도 일을 하는 것이 노화를 방지하는 가장 중요한 요소이며, 하늘이 준 은총이다.

즐겁게 행복하게 살자

어릴 때 긍정적인 경험을 많이 한 사람들이 더 오래 살고, 지능지수는 인생의 만족도에 영향을 미치지 않는다고 한다. 매일매일 주어지는 일을 처리하는 능력만 있으면 그것으로 충분하다.

노인들은 즐거움도 젊은 사람들에 비해 더 잘 느낀다. 살아오면서 무수한 시행착오 끝에 유쾌함을 최대화하며 불쾌함을 최소화하는 생활방식을 터득했기 때문에 가능한 것이다. 인생에 대한 만족감은 나이를 먹으면서 서서히 증가한다. "세상을 다 얻은 기분" 같은 극단적인 감정은 연륜과 경험이 쌓여 갈수록 옅어지지만, 가족과 친구들과의 깊은 유대감에서 행복을 느낀다.

시간을 잘 활용하며 시간의 흐름은 좋은 것이라는 긍정적인 생각을 갖는다면 하루하루가 어제보다 더 나아질 것이다. 친구들과의 우정은 더 깊어지고 아이들은 더 건강하게 무럭무럭 성장하니 자랑스럽고 대견스럽다. 아내에 대한 사랑도 더 깊어진다. 현실이 점점 나아지고 있다고 생각하면 모든 것이 달라 보이고 행복은 곳곳에 널려 있음을 알 수 있다.

영국의 BBC 행복위원회는 "나이 들면서 행복을 키워가는 방법"을 제시하고 있다.

첫째, 친구들과 자주 연락하라.

둘째, 좋았던 일들은 되새겨 보라.

셋째, 항산화제를 섭취하라(호박, 당근).

넷째, 야외활동을 즐기되 반드시 자외선 차단제를 바르라.

다섯째, 생선을 많이 먹어라.

여섯째, 몸을 움직이는 활동을 하라.

일곱째, 철분을 섭취하라.

여덟째, 하루에 8~10잔씩 물을 마셔라.

아홉째, 섹스를 하라.

열째, 적어도 하루에 한 번은 신나게 웃어라.

재미있는 인생을 보냈으므로, 언제 죽어도 괜찮다고 생각할 정도로 후회 없이 행복하게 살아보자.

살아 있는 동안 행복하게 지내라. 죽어 있는 시간은 길지니.
—스코틀랜드 속담

늙어가는 것은 아무도 막을 수 없다.
인간이 늙어가는 것을 인정하지 않으면 자기를 속이는 결과가 된다.
자연에 대해 아무것도 반항할 필요가 없으므로 우아하게 늙어 가는 편이 낫다.
인생의 교향악은 평화, 고요, 안락, 정신적 만족의 위대한 피날레로 끝나야 할 것이며,
고장난 북이나 찌그러진 심벌즈의 소리로 끝나서는 안 된다.
—임어당

5 즐거움으로 가득 찬 인생

자연이 주는 즐거움

나를 둘러싸고 있는 우주, 자연, 삼라만상이 어찌 그저 존재하겠는가! 그 속에서 더불어 살아가야 하는 우리로서는 각자 즐거움을 누리고 행복을 발견하는 삶을 살아갈 수 있도록 노력해야 한다. 그리하면, 우리 몸의 감각기관이 무한한 행복을 발견할 수 있게 해준다.

중국의 석학 임어당 박사는 1937년 발간한 『생활의 발견』이란 책에서 인생의 즐거움에 관해서 말하고 있다.

인생의 즐거움에 관해서는 우리 자신의 즐거움, 가정생활의 즐거움, 나무, 꽃, 구름, 시내, 폭포, 그 밖의 삼라만상을 보는 즐거움, 그리고 어떤 형태의 마음의 교류, 시가, 미술, 사색, 우정, 유쾌한 대화, 독서의 즐거움 등이 그것이다. 맛있는 음식, 유쾌한 모임, 가족의 단란함, 아름다운 봄날의 소풍 등의 즐거움처럼 분명한 것도 있고, 시가, 미술, 사색의 즐거움처럼 분명하지 않은 것도 있다.

그리고 또 자연의 즐거움에 관하여 이렇게 이야기한다.

아아, 지구야말로 얼마나 아름다운가.

첫째, 주야 조석의 순환이 있다. 분주한 아침의 예보로서 고요하고 맑은 새벽이 있다. 이보다 더 좋은 것이 어디 있겠는가!

둘째, 여름과 겨울의 변화. 그 자체가 이미 더할 나위 없거늘 더욱이 봄은 여름으로, 가을은 겨울로 자연히 변신해 가는 완전무결한 사계절의 모습이 있으니, 이보다 더 좋은 것이 어디 있겠는가!

셋째, 숭고하고 우거진 숲이 있다. 여름은 녹음, 겨울은 따스한 햇볕, 이보다 더 좋은 것이 어디 있겠는가!

넷째, 다달이 꽃은 피고 과일은 무르익는다. 이보다 더 좋은 것이 어디 있겠는가!

다섯째, 구름 짙고 안개 자욱한 날, 하늘 맑고 청명한 날, 그 시시각각의 변천이 있으니, 이보다 더 좋은 것이 어디 있겠는가!

여섯째, 봄의 소나기, 여름의 뇌우, 삽상한 가을 바람과 겨울의 눈이 있으니, 이보다 더 좋은 것이 어디 있겠는가.

일곱째, 공작, 비둘기, 종달새, 카나리아의 신비로운 노랫소리가 있으니, 이보다 더 좋은 것이 있겠는가.

여덟째, 동물원에 가면, 원숭이, 범, 곰, 낙타, 코끼리, 코뿔소, 악어, 물개, 소, 말, 개, 고양이, 여우, 다람쥐, 들쥐 등 생각지도 못했던 각종 다양한 동물이 있으니, 이보다 더 좋은 것이 어디 있겠는가.

아홉째, 홍어, 갈치, 전기 장어, 고래, 가시고기, 조개, 전복, 새우, 대하, 거북 등 상상을 초월하는 다채로운 종류의 물고기가 있으니, 이보다 더 좋은 것이 어디 있겠는가.

열째, 장대한 삼나무의 큰 줄기, 불을 뿜는 화산, 웅장한 동굴, 장엄한 산마루, 기복 있는 구름, 고요한 호수, 굽이쳐 흐르는 물, 숲속의 길과 푸르른 둑이 있으니, 이보다 더 좋은 것이 어디 있겠는가.

이렇듯 자연이 우리에게 줄 수 있는 행복은 무궁무진한데 문제는 우리가 어떻게 그 행복을 찾는가에 달려 있다. 자연 속으로 여행을 가든지, 개나 고양이를 애완동물로 키운다든지, 화초를 가꾸고 전원을 손질하는 것 등 그 방법은 사람에 따라서 다양할 수 있다.

중국의 진나라 때 도연명은 405년 11월 태수 자리를 그만두고 전원으로 돌아가고자 결심하고, 유명한 『귀거래사去歸來辭』를 남겼다.

돌아가리로다. 고향의 전원이 황폐해 가는데 어찌 돌아가지 않으리요.

이미 마음은 육신의 종이 되었으니, 어찌 헛되이 홀로 슬퍼하리요.

지난 일은 어쩔 수 없음을 깨닫고, 장래 일은 이제부터라도 늦지 않음을 알았다.

실로 길 잃음이 오래지 않았으니, 오늘이 옳고 어제가 잘못되었음을 알겠노라.

배는 가볍게 미끄러지고, 바람은 가만히 옷깃을 스친다.

길손에게 앞길을 물으니, 새벽빛의 희미함을 원망한다.

이제 누추한 내 집을 보고 기뻐 달려가니,

하인들이 반겨 맞이하고 아이들은 문에 나와 기다린다.

정원의 세 오솔길은 황폐했으나, 송나무와 국화만은 여전하구나.

한 손으로 어린 것의 손을 잡고 방에 드니 술독에 술이 가득하다.

술잔을 당겨 자작하며, 뜰의 나뭇가지를 보고 기쁜 미소를 짓는다.

남창南窓에 기대어 편히 앉으니, 집은 좁으나 편안함이 그만이다.

뜰을 날마다 거닐어 정을 붙이고, 문은 있으나 종일 닫혀 있다.

지팡이에 의지하여 뜰을 거닐다가, 때로 고개를 들어 먼 곳을 본다.

구름은 무심히 산간을 빠져 나가고, 날기에 지친 새는 둥지로 돌아올 줄 아는구나.

바야흐로 해는 뉘엿뉘엿 지려 하는데, 나는 외로운 소나무를 쓰다듬으며 거니노라.

돌아가리로다! 세상과 인연을 끊으련다.

세상도 나도 서로 잊어버렸으니, 다시 수레를 타서 무엇을 구하리요.

친척과의 정담을 즐기고 금서琴書를 벗 삼아 세상사를 잊으리라.

농부가 내게 봄이 옴을 고하니, 장차 서쪽 밭에 일이 생기겠구나.

혹은 포장 달구지를 몰고, 혹은 외딴 배를 젓는다.

때로는 조용한 골짜기를 찾고, 또 허위허위 언덕을 오르내린다.

초목은 나날이 무성해 가고, 샘물은 졸졸 흐르기 시작한다.

만물이 때를 만나 생동함을 볼 때, 내 인생은 휴식을 찾는도다.

두어라, 몸이 이 세상에 삶이 또 얼마나 되랴.

가고 머무는 일을 어찌 자연에 맡기지 않으랴. 어찌 황황히 어딜 가고자 하랴.

부귀는 내 소원이 아니며, 하늘나라는 기약할 바 못 되니,

알맞은 때에 혼자 생각에 잠겨 거닐며, 혹은 지팡이를 세워 놓고 밭도 갈리라.

동쪽 언덕에 올라 조용히 읊조리고, 맑은 냇가에 앉아 시를 짓는다.

얼마간 자연의 조화에 따르다가 천명대로 돌아가리니, 천명을 한껏 즐긴다면 또 무엇을 염려하랴.

인생에 있어서 일어난 일을 어떻게 받아들이느냐 하는 것은
일어난 일 못지않게 우리들의 행·불행과 중요한 관련이 있다.
—훔볼트

인생도처 유청산

인생은 우리가 어떻게 생각하며 살아가느냐에 따라 행·불행이 결정된다. 긍정적, 적극적으로 생각하고 살아간다면 인생행로에 있어서 가는 곳 머무는 곳마다 청산, 즉 행복을 맛볼 수 있을 것이요, 그렇지 않고 부정적으로 생각한다면 천하절경에 진수성찬도 그 사람을 행복으로 이끌지를 못한다.

지금보다 경제적 물질적 여건이 훨씬 열악했던 시절을 살았던 중국의 17세기 평론가 김성탄은 그의 저서 『서상기』라는 희곡의 평석 속에 "33절에 걸쳐 유쾌한 한때"를 다음과 같이 열거하고 있다. 이는 김성탄이 한 친구와 비 때문에 10일간 어느 절에 피해 있을 때 두 사람이 생각해 본 것들이다. 33가지 중에서 일부만 소개하고자 한다.

1. 때는 6월의 어느 무더운 날, 해는 중천에 걸려 있어 바람 한 점 없

고, 하늘에는 한 조각의 구름도 보이지 않는다. 앞뜰과 뒤뜰은 마치 둥근 화로 속과 같다. 하늘을 나는 새는 그 자취를 감추고, 땀은 온몸으로 폭포처럼 흘러내린다. 점심상을 받았으나 더위 때문에 수저를 들 기분도 나지 않는다. 그래서 자리를 가져오게 해서 땅바닥에 깔고 그 위에 누웠다. 그런데 자리는 눅눅하고 파리가 코언저리에 어른거리며, 쫓아도 사라지지 않는다. 이렇게 되면 나는 아무 힘도 없다. 그때 돌연 천둥소리가 요란하게 울리고 먹구름이 하늘을 가득 덮으며 전쟁터로 향하는 군대처럼 기세당당하게 밀어닥친다. 이윽고 추녀에서 빗물이 폭포수처럼 떨어진다. 그러면 땀이 들어가고, 땅의 눅눅함도 없어지며, 파리도 어디론지 숨어 버려, 간신히 밥을 먹을 수 있게 된다. 아, 이 또한 유쾌한 일이 아니겠는가.

2. 십 년 동안이나 만나지 못했던 친구가 해질녘에 갑자기 찾아온다. 문을 열고 그를 맞아들여, 배편으로 왔는지 육로로 왔는지도 묻지 않고 침대나 의자 위에서 잠시 쉬라고 이르지도 않은 채, 먼저 내실에 가서 조심스럽게 아내에게 "소동파의 부인처럼 술을 듬뿍 사다줄 수 있겠소"라고 말한다. 그러면 아내는 선뜻 금비녀를 빼며, "이것을 팔지요"라고 한다. 사흘은 충분히 마실 수 있을 것 같다. 아, 이 또한 유쾌한 일이.아니겠는가.

3. 서재 앞의 해당화와 박태기나무를 뽑고 열 그루나 스무 그루의 파릇파릇한 파초를 심는다. 아, 이 또한 유쾌한 일이 아니겠는가.

4. 봄날 저녁을 로맨틱한 벗들과 술잔을 주고받아 꽤 취기가 돈다. 술잔을 놓기도 싫지만 더 마시기도 어렵다. 그러면 사정을 눈치챈 곁의 동자童子가 열두세 자루의 큰 폭죽을 담은 바구니를 즉시 가져온다. 나는

술자리에서 일어나 뜰에 나가 폭죽을 터뜨린다. 유황 냄새가 코를 찌르고 머리를 자극하여 기분이 썩 좋다. 아, 이 또한 유쾌한 일이 아니겠는가.

5. 어느 여름날 맨머리에 맨발로 문 밖에 나가서, 젊은이들이 수차水車를 밟으며 소주蘇州 민요를 부르는 것을 양산을 쓰고 곧똑히 듣는다. 논물은 백은白銀이나 백설이 녹은 것처럼 거품을 내며 수차 속으로 퍼올려진다. 아, 이 또한 유쾌한 일이 아니겠는가.

6. 아침에 눈을 뜨니, 집 안 사람들이 엊저녁에 누가 죽었다고 수군거린다. 나는 곧 누가 죽었냐고 집 안 사람들에게 묻는다. 그리고 그게 마을에서 제일 타산적인 놈이라는 걸 안다. 아, 이 또한 유쾌한 일이 아니겠는가.

7. 여름날 아침 일찍 잠을 깨니, 홈통으로 쓴다며 소나무 선반 밑에서 커다란 대나무를 톱으로 자르는 것이 보인다. 아, 이 또한 유쾌한 일이 아니겠는가.

8. 한 달 내내 계속되는 장마 때문에 술취한 사람이나 병자처럼 늦잠을 자서 이젠 일어나기도 싫다. 그러자 창 밖에 비가 그쳤음을 알리는 새소리가 들린다. 나는 급히 침실의 커튼을 제치고 창문을 연다. 아름다운 태양이 눈부시고, 나무들은 방금 목욕을 한 듯이 산뜻하다. 아, 이 또한 유쾌한 일이 아니겠는가.

9. 여름날 오후 크고 새빨간 소반에 새파란 수박을 올려놓고, 잘 드는 칼로 자른다. 아, 이 또한 유쾌한 일이 아니겠는가.

10. 신체의 음부에 약간의 습진이 생겼으므로, 문을 꼭 닫고 가끔 김을 쐬기도 하고 더운 물에 담그기도 한다. 아, 이 또한 유쾌한 일이 아니겠는가.

11. 가방 속에서 우연히 옛 친구들의 자필 편지를 발견한다. 아, 이 또한 유쾌한 일이 아니겠는가.

12. 가난한 선비가 돈을 꾸러 온다. 그러나 이야기를 꺼내지도 못하고 우물쭈물하며 화제를 엉뚱한 곳으로 돌리려고 한다. 참으로 딱하게 생각하고 둘만이 있는 곳으로 데리고 가서, 얼마나 필요하냐고 묻는다. 그리고 나서 방에 들어가 돈을 건네주고 "자네는 지금 가서 문제를 해결해야 하나, 좀더 앉아서 한잔 하고 가면 어떤가?"라고 묻는다. 아, 이 또한 유쾌한 일이 아니겠는가.

13. 나그네가 먼 여행에서 돌아온다. 그리운 성문이 보이고 냇물의 양쪽 둑에서 여자와 아이들이 우리말로 떠들고 있다. 아, 이 또한 유쾌한 일이 아니겠는가.

14. 길이가 한 자쯤 될 만한 큰 글씨를 누군가가 쓰고 있다. 그걸 옆에서 바라보고 있다. 아, 이 또한 유쾌한 일이 아니겠는가.

15. 창문을 활짝 열어젖히고 방 안에서 말벌을 내쫓는다. 아, 이 또한 즐거운 일이 아니겠는가.

16. 고을의 관원에게 북을 치도록 하여 퇴청 때를 알리게 한다. 아, 이 또한 유쾌한 일이 아니겠는가.

17. 누군가가 날리던 연줄이 끊어져서 연이 날아가는 것을 바라본다. 아, 이 또한 유쾌한 일이 아니겠는가.

18. 벌판에 들불이 타고 있다. 그것을 본다. 아, 이 또한 유쾌한 일이 아니겠는가.

19. 빚을 다 갚아 버린다. 아, 이 또한 유쾌한 일이 아니겠는가.

한 구절 한 구절이 인생의 행복은 잘살고 못사는 것, 또는 좋은 환경, 나쁜 환경이냐의 실제적 여건에 따라 좌우되는 것이 아니라 그때마다 자신이 어떻게 마음먹고 대처하느냐에 달려 있음을 잘 나타내주고 있다.

우리가 살고 있는 현재는 김성탄이 살았던 시대보다 물질적, 문화적으로 비교할 수 없이 더 좋은 여건이지만, 행복은 경제적, 문화적 여건 등에 비례하는 것이 아니고 자신이 어떻게 대처하고 마음먹느냐에 달려 있음을 깨닫게 해준다. 항상 긍정적, 적극적인 사고로 대처하여 가는 곳마다 머무는 곳마다 행복을 맛보도록 하자.

행복에 이르는 길

삶에 대한 쾌락은 우리 모두 태어날 때부터 타고난 것이다. 그러므로 사람은 거의 모든 상태에서 행복을 느낄 수 있다. 당신이 어디에 있든지 간에 행복하고 유쾌하게 생활하려는 마음가짐이 가장 중요하다. 긍정적이고 적극적인 생각으로 자아상을 강화시키고 할 수 있다는 용기를 갖고 실천에 옮긴다면 즐겁고 활기찬 생활을 할 수 있다.

인간의 뇌는 유동적이다. 어른이 되어서도 변화될 수 있고, 감정과 인간관계를 맺는 방식은 훈련할 수 있다. 또한 뇌는 좋은 감정을 위한 고유의 회로를 가지고 있어서, 이 회로를 통해서 기쁨과 쾌락은 공포나 슬픔 같은 부정적 느낌에 대항하여, 그런 감정으로부터 벗어날 수 있게 해준다. 따라서, 우리는 의식적인 연습을 통해 좋은 감정을 위한 뇌 속의 회로를 강화시켜 기쁨과 즐거움을 느낄 수 있는 상황을 만들 수 있다.

오늘 이 순간을 즐겁게 생활하자. 오늘 살아 있다는 것이 축복이요, 즐거운 일이다. 자신을 즐겁게 하기 위하여 작은 목표를 세우자. 매일, 매주, 매달, 매년의 목표를 세우자. 목표를 향해 매진할 때 즐거움을 느낄 수 있다. 무위보다는 생산적인 일을 하자. 자신의 일을 사랑하고 열중할 때, 기쁨을 맛볼 수 있고, 또 성공의 기회도 거기서 나온다.

일과 여가 시간을 조화롭게 운용하는 편이 즐거움을 더해 준다.

사람들과 친화력을 유지하고 그것을 발전시켜 나가는 능력이 행복을 만드는 기본 요소이다. 우정과 사랑을 행복과 동일하게 간주하는 것은 결코 과장된 일이 아니다. 가정은 행복의 근원이다. 부부, 부모와 자식, 형제자매, 온 가족이 화목하고 단란하게 생활하는 것만큼 행복한 생활을 보장하는 것은 없다. 가정생활을 행복하게 하라.

사람은 각자의 고유한 욕구와 성향을 지니고 있다. 어떤 방식을 선택할 것인가는 각자의 몫이다. 행복을 찾아나서는 길에서 가장 중요한 연습은 바로 자기 자신을 아는 것이다. 일상적으로 마주치는 자극들에 자신이 어떤 방식으로 반응하는지 주의 깊게 살펴보기만 하면 된다.

자기 자신을 있는 그대로 받아들인다면 당신은 활기찬 생활의 기초를 구축한 것이 되고, 점차 우리에게 좋은 영향을 미치는 것이 무엇인지를 알 수 있게 된다.

우리에게 좋은 영향을 끼치는 것, 즉 행복에 이르는 길은 사람마다 다를 수도 있고 공통된 점도 있을 수 있다. 행복하게 살 책임과 권리는 우리 자신의 것이다. 긍정적이고 적극적인 사고로 오늘 현재에 의미를 부여하고, 최선을 다해 사는 것이야 말로 행복에 이르는 지름길이라 할 수 있을 것이다.

남이 하는 일을 잘 알고 있는 사람은 똑똑한 사람이다.
자기 자신을 잘 알고 있는 사람은 그 이상으로 총명한 사람이다.
그리고 남을 설복시킬 수 있는 사람은 강한 사람이다.
그러나 자기 자신을 이겨내는 사람은 그 이상으로 강한 사람이다.
— 노자

제4장 바람직한 삶

인생은 평화와 행복만으로 시종할 수 없다.
괴로움이 필요하다. 그리고 노력이 필요하고 투쟁이 필요하다.
괴로움을 두려워하지 말고 슬퍼하지도 말라!
참고 견디며 이겨 나가는 것이 인생이다.
인생의 희망은 늘 괴로운 언덕길 너머에 기다리고 있다.
—베를렌느

⏳ 바람직한 삶

우리는 흔히 지나간 과거를 후회하거나, 과거 영광의 순간들을 회상하면서 현실을 소홀히 하거나, 미래의 찬란한 꿈에 젖어 공상에 빠져 현실을 망각하기도 한다. 그러나 곰곰이 따져 보면 사람이 사는 곳은 과거도 미래도 아닌 현재이다. 과거는 이미 지나간 일로, 돌이킬 수 없는 기억 속의 일이다. 미래 역시 마찬가지이다. 이루어질지 알 수 없는 무지갯빛 찬란한 꿈을 좇는 희망 사항일 뿐이다. 아무리 찬란하고 바람직한 미래라 할지라도 현실은 아닌 것이다.

과거에서 미래로 마음대로 오갈 수 있다는 상상 속의 타임머신이란 기계가 없는 한, 아무리 갈망한다 하더라도 과거로 되돌아가 살 수는 없다. 우리가 살고 있는 것은 현재이며, 현재에서 삶이 이루어지고 있는 것이다. 따라서 지나간 과거나 미래보다는 현재가 중요할 수밖에 없다.

사람의 일생이란 태어나서부터 죽을 때까지 현재의 순간순간을 모두 합한 것에 다름 아니다. 따라서 일생을(인생을) 가장 바람직하게 살려면 지금 현재의 매순간 최선을 다해 사는 수밖에 방법이 없을 것이다.

수많은 시간들이 흐르고 모여서 만든 현재의 축적은 훌륭한 과거의 업적이 되어, 간혹 뒤돌아볼 때마다 아름다운 추억으로 회상된다. 또한 과거의 영광된 모습들은 현재의 삶을 살아가는 데 자양분이 되어, 자신감을 더해 주고 현실을 살아갈 수 있는 힘이 되기도 한다. 한편 미래에 대한 설계를 하는 데도 경험이 되어 훌륭한 길잡이 역할을 하기도 한다. 그러므로 인간은 최선의 삶을 살아가기 위해서 오늘 하루 현재의 매순간 최선을 다하며 살아가야 할 것이다.

인생은 짧고 예술은 길며, 기회는 달아나기 쉽고,
실험은 정확하지 못하며, 판단은 곤란하다
— 히포크라테스

2 충실한 인생 설계

인생 설계의 필요성

사람은 태어날 때부터 신체적으로나 인격적으로 완전한 상태로 태어나는 것이 아니다. 다른 동물들은 대개 생후 1년이 되면 후손을 생산할 정도로 성숙되고 또 그 수명이 10~30년 정도로 짧다. 반면 사람은 성장기간이 대략 25년 정도 걸리며, 나이가 들어갈 때마다 교육과 경험의 축적으로 능력과 지혜가 계발되는 한편, 노령에 이르러서는 신체적 기능이 약화되어 능력도 점점 쇠퇴되어 가므로 그 연령대에 맞는 인생 설계를 할 필요가 있다.

아무 목적지 없이 항해하는 배는 난파당하기 쉽고, 과녁이 없는 화살은 허공에다 쏠 뿐이다. 마찬가지로, 인생의 좌표와 설계가 없는 삶은 최선의 삶이 될 수 없고 능력과 정력 및 시간을 허비하여, 인생의 황혼기에 수확할 것이 별로 없는 후회하는 삶이 될 뿐이다. 따라서 인생 전체에 대한 설계는 보다 알찬 삶을 살기 위해 필요 불가결한 것이라 하겠다.

인생 설계의 유형

인생 전체의 설계(계획)에 대해서는 여러 가지 방법이 있을 수 있다. 지금까지 알려져 온 대표적인 것을 살펴보면 다음과 같다.

서구형 인생 계획

영국의 속담에 "20대에 아름답지 않다면, 30대에 강직하지 않다면, 40대에 기재가 없다면, 그리고 50대에 와서 재물이 없다면, 그 인생은 모든 것을 잃은 것이다"라고 인생에 대해 전한다. 이를 다음과 같이 해석해 볼 수 있을 것이다.

❶ 20대는 젊음이 재산이다. 대신 재물이 없는 시절이고 가난한 것이 당연한 시절이다. 넘치는 패기와 싱싱한 젊음의 청순함이 있어 청춘은 아름다우므로 경험을 많이 해야 할 시기이다.

❷ 30대는 강직해야 한다. 30대는 인생 도전의 시기이므로 강직한 불굴의 의지가 있어야 실패를 극복할 수 있다. 강력한 추진력을 요구하는 시기이다.

❸ 40대는 기재機才가 있어야 한다. 기재란 기회가 있을 때 재빨리 슬기와 재간을 동원해서 일을 해결할 수 있는 능력을 말한다. 40대는 육체적 기능보다 경험을 바탕으로 한 두뇌를 활용할 시기이다.

❹ 50대는 인생을 총결산하는 시기이다. 재물을 비롯한 모든 면에서 부족함이 없고 여유가 있어야 할 시기이다.

주신중의 인생 5계五計

중국의 송나라 때 주신중이란 학자가 주장한 인생 계획이다.

❶ 생계生計 : 생계는 인생을 살아가는 방도를 말한다. 직업, 인생관 등 살아가는 계획을 세우는, 주로 10대에서 20대의 시기로 부모의 양육과 가르침이 중요한 시기이다.

❷ 신계身計 : 건강 관리 문제이다. 건강은 인생의 모든 가치 추구를 가능하게 하는 기본적인 가치 수단이다. 주로 20대에 부단한 노력으로 내 몸을 튼튼하게 해야 한다. 간디는 "인간의 첫째 의무는 자기의 심신을 강건케하는 것이다"라고 말했다.

❸ 가계家計 : 30~40대에 가정의 살림살이를 잘 꾸려나가는 것을 말한다. 식구를 먹여 살리는 경제문제와 가정의 질서와 화목을 도모하는 일이다. 가화만사성家和万事成 수신제가修身齊家야말로 행복한 가정의 표본이다.

❹ 노계老計 : 노후 관리 문제이다. 50대와 60대에 걸쳐 어떻게 나이를 먹고 늙어갈 것인가에 대한 계획과 실천, 자녀의 장래를 위한 마지막 지도 단계이다. 정년 이후 고령화 시대를 대비하여 정신적 준비와 대책을 세워야 한다.

❺ 사계死計 : 사생관의 확립 문제이다. 60대 이후 인생을 정리하면서 생자필멸의 마지막 죽음에 이르기까지 후회 없고, 후손에게 무엇을 최선의 유산으로 물려줄 것인가에 대한 계획과 실천 시기이다.

공자의 인생관

유교의 시조로 성인으로 받들어지고 있는 공자는 어려웠던 청소년기를 보내고 장년기에 14년의 열국 순방 등을 마친 후 만년에 자신의 인생을 이렇게 평했다.

❶ 15세에 학문에 뜻을 두었고(지학志學),

❷ 30세에 이르러 학문적으로나 경험적으로 남의 도움 없이 혼자 할 자신감이 생겼고(이립而立),

❸ 40세에 이르러 어떤 유혹이나 불의에도 흔들림 없는 뚜렷한 가치관을 확립할 수 있었고(불혹不惑),

❹ 50세가 되어 인간으로 태어난 자신이 세상을 위해 무엇을 해야 할 것인가를 철학적으로 터득했으며(지천명知天命),

❺ 60세가 되어 노여움이나 불쾌감을 이겨내는 관용과 관대함을 터득했으며(이순耳順),

❻ 70세에 이르러 비로소 인격적으로 성숙하여 언행에서 도덕적으로 잘못을 범하지 않게 되었다(종심소욕불유구從心所慾不踰矩).

인생 3분론(일본의 어느 학자의 인생론)

0~25세 : 학문을 배우는 시기

26~50세 : 경험을 쌓는 시기

51~75세 : 경륜을 펴는 시기

안병욱의 인생 4주론人生 四株論

철학자 안병욱 씨는 집에 네 개의 기둥이 있듯이 인생에도 네 개의 기둥이 있다고 설명한다.

첫째 기둥은 건강이다.

건강은 인간의 생물학적 지주이다. 인간의 첫째가는 재산이요, 가장 중요한 자본이다. 우리는 체력이 강장하고 기력이 왕성하고, 심신에 활기가 충만한 건강인이 되어야 한다.

둘째 기둥은 직업이다.

직업은 인간의 경제적 지주이다. 직업은 생계를 위한 기본 수단이요, 경제적 독립의 기초이다. 경제적 독립은 인간 독립의 근본이다. 직업에 헌신함으로써 가정을 지키고, 사회에 공헌하고 인간으로서 자신감과 긍지를 느낄 수 있다.

셋째 기둥은 가정이다.

가정은 인간의 사회적 지주이다. 가정은 효를 근본으로 하여 부모 형제가 같이 살아가는 생활공동체요, 인간의 성격을 형성하고 도덕의 기초를 확립하는 윤리 공동체요, 행복을 창조하는 인생의 안식처이다. 가정은 사회의 기본 단위이다. 행복한 사회와 건전한 국가의 기본 단위가 되는 가정이 먼저 바로 세워져야 한다. (치국治國의 근본根本)

가정은 사랑의 학교다. 사랑과 신뢰와 핏줄기로 얽힌 애정공동체이며, 부모는 인간 최고의 스승이다. 가정을 잘 관리하는 것이 인생에서 가장 중요하다.

넷째 기둥은 인생관과 가치관이다. 이는 인간의 정신적 지주에 해당한다. 한 번뿐인 인생에 있어서 인생관, 가치관, 정신 자세, 생활 태도는 인생 전체를 좌우하는 가장 중요한 문제이다.

건전하고 올바른 인생관과 가치관을 가지고 살아간다면 인생은 건전하고 행복할 것이다.

직업 발달의 이론에 의한 인생 설계

직업 발달이란 개인의 직업적 소양, 가치, 지식, 기술 등의 습작을 통하여 궁극적으로는 직업 적성에 부합되는 행동, 판단력을 배양하며 직업 성숙의 결과를 낳는 과정을 말한다. 진로 발달과 같은 의미로 사용된다.

도날드 슈퍼Donald E.Super의 『진로유형연구』에 의하면 다음과 같다.

❶ 성장기growth stage : 출생에서 14세까지

자아개념이 가정과 학교에서의 주요 인물과 동일시함으로써 발전한다. 초기에는 욕구와 환상이 지배적이나 사회 참여와 현실 검증이 증가함에 따라 흥미와 능력을 중요시하게 된다.

환상기(4~10세) : 욕구가 지배적이며 역할 수행이 중시된다.

흥미기(11~12세) : 개인의 취향이 목표와 내용을 결정하는 요인이 된다.

능력기(13~14세) : 능력을 보다 중요시하며 직업 훈련 조건을 고려한다.

❷ 탐색기exploration stage : 15세~24세

학교생활, 여가 활동, 시간제 일을 통해서 자아 검증, 역할 수행, 직업적 탐색을 시도하는 시기이다.

잠정기(15~17세) : 욕구, 흥미, 능력, 가치와 직업적인 기회 등을 고려하는 시기.

전환기(18~21세) : 개인이 취업을 하거나 취업에 필요한 훈련이나 교육을 받으며 자신의 자아 개념을 실천하려는 시기.

시행기(22~24세) : 자신에게 적합해 보이는 직업을 선택하여 시험해 보는 시기.

❸ 확립기establishment stage : 25~44세

자신에게 적합한 분야를 발견하고 영구적인 위치를 확보하기 위한 노력을 기울이는 시기

시행기(25~30세) : 자신이 선택한 일의 분야가 적합하지 않을 경우, 적합한 일을 발견할 때까지 한두 번의 변화를 가져오는 시기.

안정기(31~44세) : 진로 유형이 분명해짐에 따라 그것을 안정시키고 직업 세계에서 안정된 위치를 구축하기 위하여 노력하는 시기.

❹ 유지기maintenance stage : 45~64세

직업 세계의 확고한 위치가 설정되면 그것을 유지하기 위한 노력이 필요하고 또 그것을 계속 유지되면서 안정된 생활 속에서 지낼 수 있다.

❺ 쇠퇴기decline stage : 65세 이후

정신적, 육체적 힘이 약해짐에 따라 일의 활동이 변화되고, 끝나게 된다. 새로운 역할이나 활동을 찾게 된다.

개인적 특성, 차이, 능력, 노력, 환경적 특성, 문화적 배경에 따라 진로 유형은 달라진다.

어려서 겸손해져라, 젊어서 온화해져라,
장년에 공정해져라, 늙어서는 신중해져라.
— 소크라테스(그리스철학자, BC 470~399)

바람직한 인생 설계

위에서 본 선조들의 인생 전반에 대한 설계를 참고하여 우리의 인생을 설계해 보면 어떨까. 사람마다 소질, 능력, 성격, 환경 등이 각각 다르므로 선조들의 인생설계를 자신에게 맞게 취사·선택하여 만드는 것이 바람직할 것이다.

인생 전체의 큰 테두리를 그린 다음 5년, 10년 단위로 세분하여 구체적으로 설계하는 것이 실천하는 데 용이하다. 경우에 따라서는 돌발의 예측 불가능한 상황의 변화로 계획대로 추진할 수 없어 좌절을 겪는 등, 정신적 혼란이 초래되어 전체 계획을 수정할 경우가 생길 수도 있을 것이다.

이런 경우를 대비하여 제2, 제3의 설계를 마련해 둘 필요도 있을 것이고, 특정 목적을 이루는 데 필요한 소요 기간을 5년, 10년 단위보다 더 넉넉하게 잡아둔다면, 일시적 좌절로 인한 정신적 혼란을 극복하는 데 도움이 될 것이다. 기간이 넉넉하다면 한두 번의 좌절로 절망하거나 포기하지 않고 바로 수정하거나 재도전하여 소기의 목표를 달성할 수 있기 때문이다.

나도 인생 구분론(0~25세 학문기, 25~50세 경험기, 51~75 경륜 펴는 시기)을 가끔 참고하면서 좌절이 있을 때마다, 다시 도전할 수 있는 시간적 여유가 있음을 위로삼아 계속 노력하며 도전한 경험이 있다.

나는 중학교를 졸업하고 바로 취업하였고, 주로 야간을 이용하여 독학 자습하여, 다음 해에 비교적 쉽게 대학 입학 자격 검정고시(현재 고등학교 졸업 학력 인정 검정고시)에 합격하였다. 그때부터 4차례나 대학 입시에 도전하였으나 실패하였다. 낮에는 꼬박 직장에 나가 생활비를 버느라 대학입시 준비를 거의 하지 못하였기 때문이었다. 3년간의 국방의무를 마치고 다시 도전했다. 역시 실패했다. 그래서 직장을 그만두고 바로 행정고시에 도전했다. 1차 시험에서 두 번이나 실패하고, 2차도 두 번 실패 끝에 합격했다. 그 당시는 1년에 두 번 시험을 볼 수 있었기 때문에 당초 목표했던 3년 안에 합격할 수 있었던 것이다.

그후, 3년간 공직 생활을 하다가 다시 사법 시험에 도전했다. 그때는 31세로 이미 결혼하여 4살과 2살배기의 아들 2명이 있는 가장이었다. 그래서 더욱 빨리 합격해야겠다는 욕심이 앞서고 무리하게 준비한 탓에 1차에서 실패하고 말았다. 그 뒤 1차 합격은 했으나 2차에서 실패, 그 다음에 또 2차 시험에서 실패했을 때는 정말 크게 낙담했다. 나이도 35세나 되고 목표했던 3년을 다 까먹어 앞이 막막했다. 나는 친지와 선배들의 조언을 구하고, 특히 인생 3분론에 힘을 얻어 다시 도전하여 그 다음 해 1, 2차 동시에 합격할 수 있었다.

지나고 보니 그 당시 너무 성급했던 것이 후회가 된다. 물은 웅덩이를 다 채우고 넘쳐나야 나아갈 수 있다는 것을 깨닫는 좋은 경험이 되기도 했다. 인생이란 계획대로 순조롭게 나아가지 않는 다는 것, 길이 막히면 조금 더 시간이 걸리더라도 돌아서 가는 방법도 있다는 것을 알게 되었다. 그러므로 인생 설계에는 어느 정도 융통성이 있어야 한다. 그 편이 더 슬기롭게 인생 목적을 달성하며 행복하게 살아갈 수 있다. 나의 경험을 참고하기 바란다.

> 20대에는 의지가 지배하고, 30대에는 지혜가 지배하며, 40대에는 판단력이 지배한다.
> —B. 플랭클린 (미국 문필가, 정치가, 1706-1790)

3 성공을 위한 덕목

살아가는 방식은 다양할 수 있으나 순간순간 최선의 상태로 살아가려면 그때마다 적절한 목표가 있어야 한다. 그 목표로 인해 집중하고 최선을 다할 수 있으며, 목표가 달성되면 또 다른 목표를 설정하고 그것을 이루기 위해 다시 최선의 노력을 할 것이다.

작은 목표의 설정과 최선을 다하는 과정에서 삶은 이루어지고, 목표가 달성되면 삶의 의미와 희열, 그리고 자신만의 성취감을 느끼며 행복하게 살아갈 수 있다.

성공적인 삶을 살아가려면

목표를 설정하라

목표를 설정하되 가능하면 원대하고 구체적이고 명확해야 한다. 또한 측정 가능하며, 행동 중심적이어야 한다. 시간 배정도 적절히 하여 실현 가능해야 하고, 즉시 실천에 옮겨야 한다.

긍정적, 적극적 신념체계를 확립하라

인간의 가능성의 믿음에는 한계가 없다. 소극적, 부정적 사고보다는 긍정적, 낙천적, 적극적으로 생각하는 신념체계를 자기 것으로 하라. 그러면 보다 쉽게 난관을 극복하고 자기가 원하는 것을 이룰 수 있다

습관을 길들여라

어릴 때부터 나쁜 습관을 버리고 좋은 습관을 길들여야 한다. 좋은 습관은 농작물과 같다. 처음에는 아무런 수확이 없지만 노력을 기울여 정성껏 가꾸면 많은 수확을 할 수 있는 것이다. 나쁜 습관을 솎아내고 좋은 습관을 잘 가꾸어 자신의 삶을 경작하는 것과 같다.

소중한 것부터 먼저 하라

시간을 다스리는 자가 인생의 승리자이다. 그러려면 효율적인 시간 관리가 필수이며, 긴급한 것보다는 소중한 것부터 먼저 해야 하고 자투리 시간을 활용하고 집중하여 일할 필요가 있다.

말을 다스려라

평소에 아무런 생각 없이 하는 한마디 말이 많은 것을 변화시킨다. 그러므로 한마디 말을 할 때에도 활력 있는 긍정적인 말, 칭찬의 말, 사랑의 말, 친절한 말, 유머 있는 말을 하도록 노력해야 한다.

인간관계의 비결을 터득하라

인생 성공의 85%가 대인관계에서 결정된다. 외톨이보다는 대인관계

에 능숙한 사람이 성공할 가능성이 높다. 남을 비난하지 말고 원하는 것을 충족시켜 주고, 입장을 바꾸어서 생각해 보자. 상대방에게 진심어린 관심을 가지고 이름을 기억하라. 마음으로부터 칭찬하고, 사귀고 설득하는 능력도 갖추어야 한다.

끝까지 인내하고 포기하지 말라

세상에 공짜는 없다. 일과 성실성은 성공의 토대이다. 받는 것 이상으로 즐겁게 일하자. 중단하는 자는 실패자이다. 인내력, 끈기, 땀 없이는 아무것도 이룩할 수 없다. 성공하려면 급히 서둘지 말고 노력하면서 때를 기다리지 않으면 안 된다. 그리고 포기하지 말라. 성공의 비결은 목적의 일정불변에 있다.

즉시 실행에 옮겨라

이상의 기본 덕목을 몸에 익히고 길러서 자신의 것으로 하라. 진심으로 원한다면 누구나 목표를 달성하여 성공적인 삶을 살 수 있다. 성공한 사람들이 행한 방법을 자기의 여건에 맞추어 목표 달성을 위해 실행에 옮겨 보자.

구하라. 믿어라. 받아라. 그림을 그려 붙여라. 긍정적, 암시적 말을 반복하라. 감사하라. 성공의 일기를 써라.

그러나 무엇보다 중요한 것은 지금 당장 시작하는 것이다.

4 행복한 삶

삶의 목표는 행복에 있다

인생은 단 한 번뿐이다. 변화무쌍한 세상사를 즐기면서 존재하는 모든 것에 감사하고, 자기 인생을 행복하게 살아가는 것만큼 의미 있는 삶, 잘 사는 삶은 없을 것이다.

행복이란 단순히 슬프거나 우울하지 않은 상태가 아니라 다음 3요소 에 기인한다.

첫째, 쾌락으로 현재 기분이 좋은 감정, 감각적 경험을 향유하는 것이 다.

둘째, 불쾌감의 부재이다. 고통, 불안이 없는 상태로 가족, 일, 사랑, 취미에 관심을 가지고 있는 것을 말한다.

셋째, 만족감이다. 되돌아보았을 때 만족스러운 인생이라고 스스로 판 단하고 자신보다 더 큰 무엇을 위해 봉사하는 데 삶의 의미를 찾는다. 이 세 가지 요소 중 쾌락은 그 비중이 가장 적다. 인생을 즐기면서 사회 를 위해 봉사하고, 세상에서 의미를 찾는 편이 지속적인 행복감을 맛볼 수 있다.

성공과 마찬가지로 행복도 뇌가 몸으로부터 신호를 받아 이것을 가공할 수 있다는 것이다. 연습과 훈련으로 뇌를 변화시켜 불행을 조절하고 행복을 배울 수 있다. 행복의 감정은 우연이 아니라 올바른 생각과 행동의 결과이다. 긍정적인 측면을 강조하고 강점을 키우고 몰입하라. 일을 즐길지의 여부는 모두 자신의 태도에 달려 있다.

행복을 위한 마음 다스림

현대 사회는 스트레스가 상존하는 사회이다. 병원을 찾는 사람 70%가 스트레스와 관련된 병 때문이라고 한다. 스트레스를 적절히 다스리고 완화시켜 이로 인한 질병 등을 완치시키는 것도 삶의 목적인 행복 추구를 위해 중요한 방법이라 하겠다. 분노와 스트레스를 다스리는 한 방편으로 명상을 생각할 수 있다.

명상은 우리의 마음이 산란해질 때 이것을 가라앉히고 순일한 본성으로 돌아가게 한다. 가톨릭의 묵주기도와 같은 반복적인 기도도 명상과 같은 효능이 있다. 자신에게 알맞은 명상법을 선택해 명상을 해보자.

명상 이외에도 마음 다스림의 한 방편으로 다음과 같은 것을 생각해볼 수 있다.

첫째, 용서하라. 용서는 분노를 없애고 다른 사람을 동정하고 사랑하는 것이다. 용서한 사람은 기쁨을 느끼고 근심과 우울감이 줄어든다.

둘째, 주도적인 삶을 살자. 운명에 끌려 다니지 말고 스스로의 삶의 주인이 되라. 행복을 선택하고 자신을 사랑하자. 이 순간을 잡아라.

셋째, 비교하지 말자. 비교하는 습관을 버리자. 비교는 불행의 원인이다. 자신에게 집중하자.

넷째, 과거에 대한 후회, 내일에 대한 걱정에서 벗어나라.

다섯째, 최고보다는 최선을 택하라. 의무에 끌려 다니지 말고 정의의 덫을 피하라.

여섯째, 미루지 말고, 때로는 도움을 청하라. 망설이면 두려움만 커진다. 완벽주의에서 벗어나라.

행복하게 하는 것들

우리가 행복해질 수 있는 요소들은 도처에 널려 있다. 문제는 이러한 요소들에 어떻게 대처하느냐에 따라 행복이 크게 좌우된다는 점을 명심해야 한다. 긍정적, 적극적, 낙관적 사고방식은 행복에도 절대적인 힘을 발휘한다.

첫째, 건강은 행복의 근본이다. 건강 장수는 인간의 첫째 재산이다. 건강할 때 건강을 지켜라.

둘째, 돈과 행복 : 분수를 지키는 데 좌우된다.

셋째, 식사 : 행복하게 먹자.

넷째, 운동은 최고의 보약이다.

다섯째, 일이 즐거우면 인생도 즐겁다.

여섯째, 가정은 행복의 요람이다. 모든 행복은 가정의 안락에서 출발한다. 결혼은 인생의 전환점으로 행복한 가정을 만들 책임도 따른다. 자녀의 교육은 태교에서부터 시작해야 한다. 자녀의 교육과 행복은 부모에게 달려 있다.

일곱째, 친구와 잘 사귀고 이웃과 잘 지내라.

여덟째, 우아하게 나이 들자. 일을 하면서 즐겁게 행복하게 살자.

이밖에도 애완동물을 키운다든가, 정원 손질을 하는 것, 꽃꽂이 등 취미생활, 자연 풍경 감상 등 우리를 둘러싸고 있는 모든 것에 대해 조금만 관심을 가지고 주의를 기울인다면, 우리 몸의 감각 기관이 행복의 요소를 발견할 수 있게 해준다. 우리에게 좋은 영향을 끼치는 것, 즉 행복에 이르는 길은 사람마다 다를 수도 있고 공통된 것도 있다.

행복하게 살 책임과 권리는 우리 자신의 것이다. 긍정적, 적극적 사고로 현재, 오늘에 의미를 부여하고 최선을 다해 사는 것이야말로 행복에 이르는 지름길이라 할 수 있다.

하늘은 큰 임무를 맡기고자 하는 사람에게는
반드시 그의 마음과 뜻에 시련을 겪게 한다.
__맹자

참고한 자료들

가끼다니 마사끼 지음, 조영상 옮김, 『부부 커뮤니케이션』, 예영커뮤니케이션,
　　1995.

게리 게이블 지음, 나선숙 옮김, 『마인드 혁명』, 베텔스만코리아, 2003.

고바야시 가쓰미 지음, 김삼렬 옮김, 『성공을 원하면 사귐에 능하라』, 청담문화사,
　　1996.

구메유타카 지음, 문계원 옮김, 『숏타쿠 기회』, 유레카기획, 1995.

김광섭 옮김, 『마음의 샘터』, 문영출판사, 1979.

김구용 옮김, 『열국지』, 민음사, 1990.

김성원 옮김, 『소학』, 명문당, 1985.

김승용 지음, 『성공하는 사람들의 말하는 기술』, 신라원, 1994.

김용옥 지음, 『도올논어』, 통나무, 2000.

김유숙 지음, 『가족치료 이론과 실제』, 학지사, 2006.

김정일 지음, 『단전호흡명상법』, 태웅출판사, 1997.

김진배 지음, 『성공의 주문을 걸어라』, 파인트리, 2006.

김환태 지음, 『인생을 사는 지혜』, 도서출판쟁기, 1995.

나시하라 카츠나리 지음, 김현정 옮김, 『건강3습관』, 동동원, 2004.

노우먼 V. 피일 지음, 정봉화 옮김, 『적극적 사고방식』, 정음사, 1981.

노태준 옮김, 『도덕경(노자)』, 홍신문화사, 1987.

니체 지음, 최명역 옮김, 『짜라투스투라는 이렇게 말했다』, 학원사, 1990.

달라이 라마 · 하워드 커틀러 지음, 류시화 옮김, 『달라이 라마의 행복론』, 김영사, 2008.

데이빗 A. 씨맨즈 지음, 송헌복 옮김, 『상한 감정의 치유』, 두란노, 2006.

데일 카데기 지음, 손풍삼 옮김, 『사람의 마음을 움직여라』, 고려원, 1996.

데일 카네기 지음, 손풍삼 옮김, 『인생은 살 만한 것이다』, 고려원, 1996.

데일 카네기 지음, 조용규 옮김, 『성공하려면 대인관계에 승부를 걸어라』, 삼성서적, 1993.

데일 카네기 지음, 채해원 옮김, 『어떻게 친구를 만들고 상대를 설득할 것인가』, 팬더북, 1994.

디팩 초프라 지음, 도솔 옮김, 『마음의 기적』, 황금부엉이, 2008.

로렌스 베인즈 · 댄맥브래이어 지음, 김시형 옮김, 『삶이 아름다운 이유』, 대교베텔만, 2005.

로버트 루번스타인 · 미셸 루트번스타인 지음, 박종성 옮김, 『생각의 탄생』, 에코의 서재, 2008.

로버트 치알디니 지음, 이현우 옮김, 『설득의 심리학』, 21세기북스, 2008.

론다번 지음, 김우열 옮김, 『시크릿』, 살림출판사, 2008.

리즈 호가드 지음, 이경아 옮김, 『행복』, 위즈덤하우스, 2008.

리처드 니스벳 지음, 최인철 옮김, 『생각의 지도』, 김영사, 2007.

리처드 칼슨 지음, 강정 옮김, 『사소한 것에 목숨걸지 말라』, 도솔출판사, 2007.

마시 시모프 지음, 안진환 옮김, 『이유 없이 행복하라』, 황금가지, 2009.

마이클 르고 지음, 임옥희 옮김, 『싱크』, 웅진싱크빅, 2006.

마이클 린버그 지음, 유혜경 옮김, 『너만의 명작을 그려라』, 한언, 2003.

말콤 알프레드 지음, 이무열 옮김, 『블링크』, 21세기북스, 2006.

모조하시 데츠지 지음, 심우성 옮김, 『공자 노자 석가』, 동아시아, 2001.

모치즈키 도시타카 지음, 은영미 옮김, 『보물지도』, 나라원, 2007.

문용린 지음, 『최고의 유산』, 웅진씽크빅, 2009.

문종술 지음, 『행복지도』, 세종출판사, 2007.

박문호 지음, 『생각의 출현』, 휴머니스트출판그룹, 2008.

발타자르 그라시안 지음, 김영근 옮김, 『성공을 위해 밑줄 긋고 싶은 말들』, 청담
　　문화사, 1996.

발타자르 그라시안 지음, 박민수 옮김, 『세상을 보는 지혜』, 도서출판 둥지, 1995.

백정군 지음, 『열정의 중심에 서라』, 오늘의 책, 2006.

벤자민 P. 토마스 지음, 안병욱 옮김, 『아브라함 링컨』, 삼육출판사, 1990.

보성편집부 지음, 『세계명언』, 보성출판사, 1993.

사마천 지음, 남면성 옮김, 『사기열전』, 을유문화사, 2000.

사무엘 스마일즈 지음, 박달규 옮김, 『인생을 최고로 사는 지혜』, 한국산업훈련소,
　　1989.

사이쇼 히로시 지음, 최현숙 옮김, 『아침형 인간』, 한스미디어, 2005.

서림능력개발자료실 옮김, 『마인드 콘트롤』, 서림문화사, 1992.

소노 아야코 지음, 오경순 옮김, 『나는 이렇게 나이 들고 싶다』, 리수, 2009.

슈테판 클라인 지음, 김영옥 옮김, 『행복의 공식』, 웅진싱크빅, 2006.

스테판 M. 폴란 · 마크레빈 지음, 노혜숙 옮김, 『8가지만 버리면 인생은 축복』, 명
　　진출판, 2007.

스티브 모빈 지음, 박재호 옮김, 『성공하는 사람들의 7가지 습관』, 김영사, 1994.

스펜스 존슨 지음, 안진환 옮김, 『행복』, 비즈니스북스, 2007.

시무라 가이찌로 지음, 김상영 옮김, 『21세기에 남길 유산』, 범우사, 1988.

시오야 노부오 지음, 박광종 옮김, 『자제력』, 기원전출판사, 2002.

신명호 지음, 『조선왕실의 자녀교육법』, 시공사, 2005.

신영복 지음, 『강의(나의동양고전독법)』, 돌베개, 2007.

아우렐리우스 지음, 한형곤 옮김, 『명상록』, 거암, 1987.

안병욱 지음, 『때를 알아라』, 자유문화사, 1998.

안지추 지음, 임동석 옮김, 『안씨가훈』, 고즈원, 2004.

안토니오 다마지오 지음, 안지원 옮김, 『스피노자의 뇌』, 사이언스북스, 2007.

앤드류 카네기 지음, 최광열 옮김, 『카네기 자서전』, 선영사, 1998.

앤소니 라빈스 지음, 조진형 옮김, 『네 안에 잠든 거인을 깨워라』, 씨앗을뿌리는사
　　람, 2008.

야마모토 다이스케 지음, 박서무 · 고윤선 옮김, 『3일 만에 읽는 뇌의 신비』, 서울
　　문화사, 2002.

엘리자베스 퀴블러로스 · 데이비드 케슬러 지음, 류시화 옮김, 『인생수업』, 도서출
　　판 이레, 2008.

M. 토케이어 지음, 백우암 옮김, 『몸을 굽히면 진리를 줍는다』, 동천사, 1992.

M. 토케이어 지음, 주덕명 옮김, 『영원히 살 것처럼 배우고 내일 죽을 것처럼 살
　　아라』, 도서출판 함께, 2006.

오쇼 라즈니쉬 지음, 이연화 옮김, 『탄트라비전 Ⅰ.Ⅱ.Ⅲ.Ⅳ』, 태일출판사, 1997.

월트 프리먼 지음, 진성록 옮김, 『뇌의 마음』, 도서출판부글북스, 2007.

웨인 다이어 지음, 오현정 옮김, 『행복한 이기주의자』, 21세기북스, 2007.

윤두근 지음, 『참 인생관』, 세종출판사, 1996.

윤재근 옮김, 『주역』, 동학사, 2004.

이거룡 지음, 『두려워하면 갇혀 버린다』, 명진출판, 1998.

이기섭 옮김, 『주례사 소프트』, 미래미디어, 1997.

이민규 지음, 『끌리는 사람은 1%가 다르다』, 더난출판, 2008.

이민규 지음, 『생각을 바꾸면 세상이 달라진다』, 양서원, 1996.

이민규 지음, 『1%만 바꿔도 인생이 달라진다』, 더난출판, 2008.

이상진 옮김, 『서경』, 자유문고, 2004.

이영돈 지음, 『마음』, 위즈덤하우스, 2006.

이종선 지음, 『따뜻한 카리스마』, 랜덤하우스코리아, 2007.

이호선 지음, 『질문이 답이다』, 청림출판, 2007.

임어당 지음, 지경사 옮김, 『생활의 발견』, 홍신문화사, 1990.

장병주박사화갑기념문집발간위원회 지음, 『비슬 산기슭의 오동나무』, 문창사, 1994.

장향숙 지음, 『깊은 긍정』, 지식의 숲, 2006.

정태혁 지음, 『명상의 세계』, 정신세계사, 2007.

제롬 그루프먼 지음, 이무희 옮김, 『희망의 힘』, 넥서스Books, 2005.

조셉 스토웰 지음, 이지영 옮김, 『혀를 다스리는 지혜』, 하늘기획, 1997.

조엘 오스틴 지음, 정성묵 옮김, 『긍정의 힘』, 사단법인 두란노서원, 2006.

조영재 지음, 『떡장수 아들의 꿈』, 고려원, 1999.

죠지싱 지음, 김양호 옮김, 『변화의 힘』, 미래북, 2006.

짐 로허 · 토니 슈워츠 지음, 유영민 · 송동근 옮김, 『몸과 영혼의 에너지발전소』, 한언, 2005.

차동엽 지음, 『무지개원리』, 동이, 2007.

최효찬 지음, 『세계명문가의 자녀교육』, 위즈덤하우스., 2008.

최효찬 지음, 『500년 명문가의 자녀교육』, 위즈덤하우스, 2008.

캔블랜차드 지음, 조천제 옮김, 『칭찬은 고래도 춤추게 한다』, 북21, 2004.

토마스 J. 어버크돈비 지음, 노병식 옮김, 『코오란』, 태종문화사, 1985.

톨스토이 지음, 신윤표 옮김, 『인생독본』, 배제서관, 1987.

편집부 지음, 『뇌와 마음의 구조』, 뉴턴코리아, 2007.

프란체스코 귀차르디니 지음, 김대웅 옮김, 『처세의 지혜』, 노브16, 2006.

필립 체스터필드 지음, 권오갑 옮김, 『내 아들아 너는 인생을 이렇게 살아라』, 을유문화사, 1999.

하루야마 시게오 지음, 반광식 옮김, 『뇌내혁명』, 사람과 책, 1996.

한비 지음, 성동호 옮김, 『한비자』, 홍신문화사, 1983.

한상복 지음, 『배려』, 위즈덤하우스, 2007.

한창욱, 『나를 변화시키는 좋은 습관』, 새론북스, 2007.

할어반 지음, 박정길 옮김, 『긍정적인 말의 힘』, 웅진싱크빅, 2008.

혼다·이마이즈미·사구라기 지음, 백우암 옮김, 『결단으로 행하면 귀신도 피한
    다』, 동천사, 1993.

황인수 지음, 『내 아들의 멋진 인생을 위하여』, 도서출판 밀알, 1992.